ANDREAS ELLEGAST

Bodensee SCHIFFERPATENT

und Hochrhein-Patent
mit Streckenführer

Übungs- & Lehrbuch für **Segler & Motorbootfahrer A + D**

STADLER 1815

VERLAG STADLER

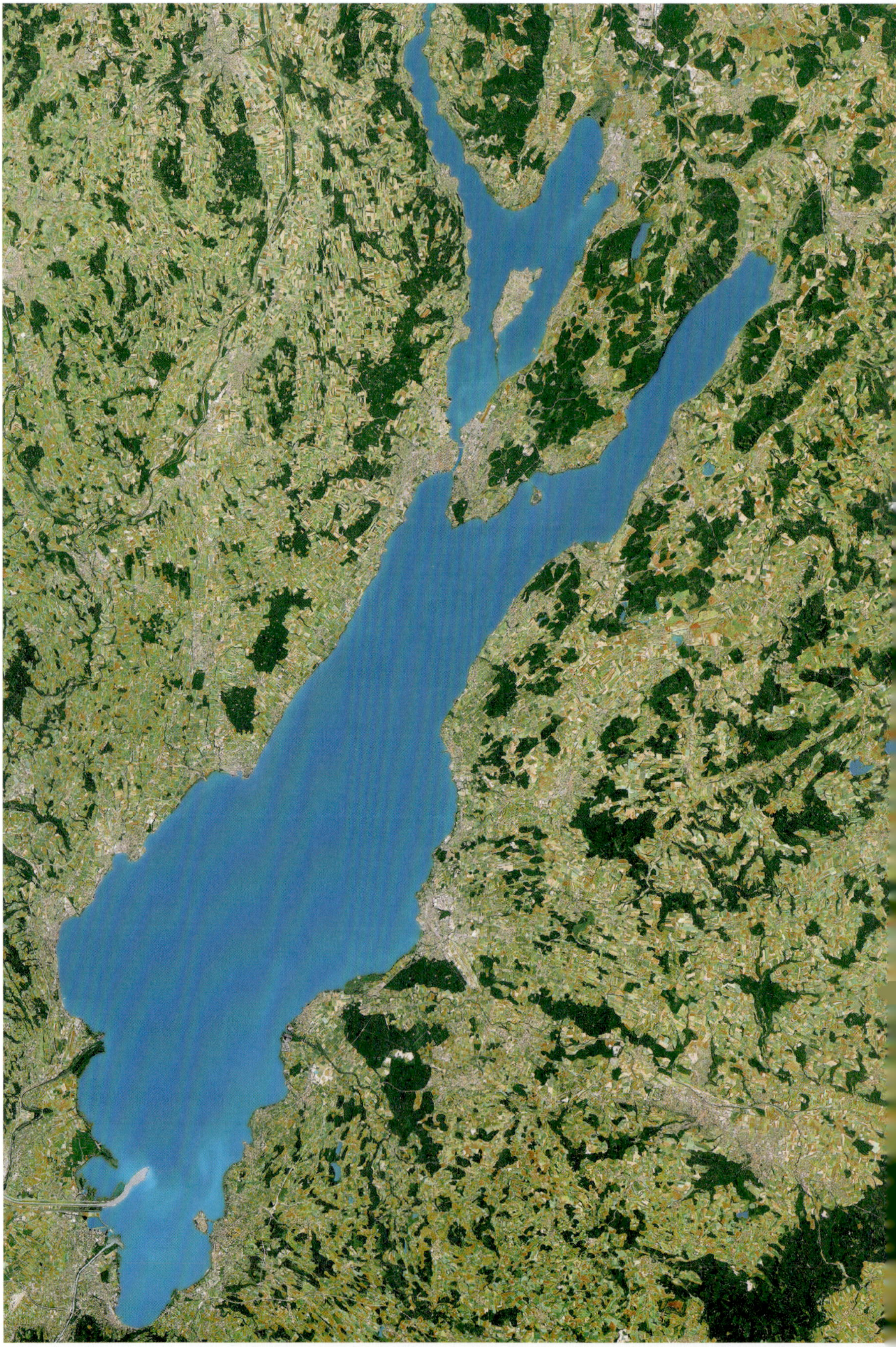

Vorwort

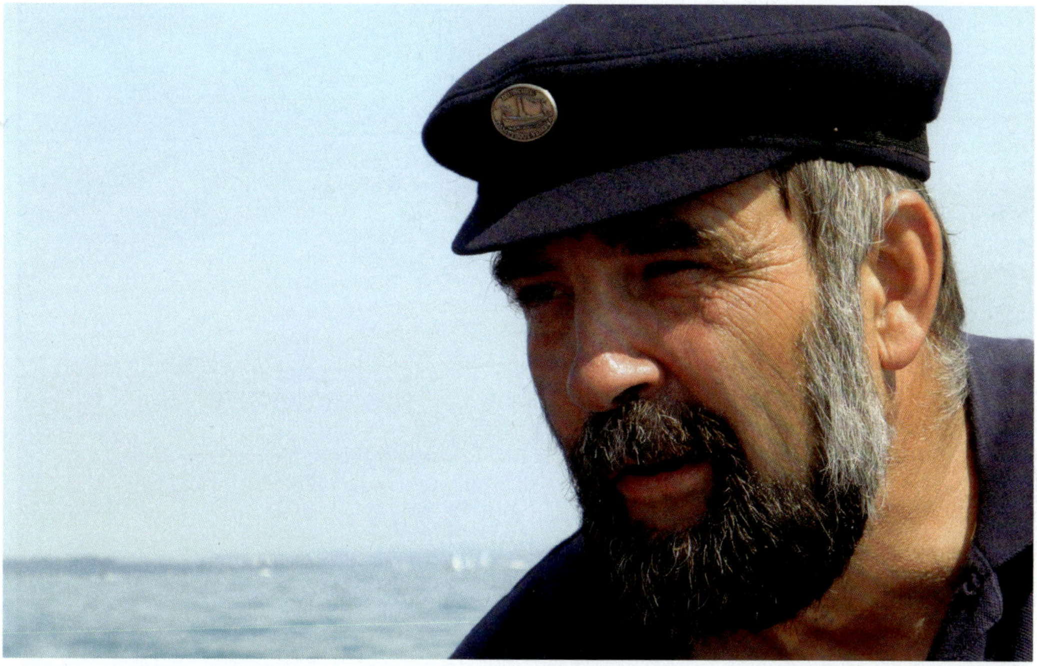

Ein Bodenseeschifferpatent zu erhalten ist gar nicht so schwer. Zugegeben, man muss eine Menge Fragen beantworten können und die in der praktischen Prüfung verlangten Manöver beherrschen.

Die Durchfallquoten der Patentprüfungen über die letzten Jahre zeigen aber, dass es leicht zu machen ist. Was aber völlig unbeachtet bleibt, ist das richtige Verhalten auf dem See nach der bestandenen Patentprüfung. Wenn man sich auf dem See befindet, hat man oft den Eindruck, dass die erlernten Vorschriften und Regel aber auch die Knoten völlig in Vergessenheit geraten sind. Man kann Schiffsführer beobachten, die Ihr Können überschätzen und dadurch sich und andere gefährden. Mit einem Boot auf unserem schönen Bodensee zu fahren, macht sehr viel Vergnügen, wenn man gegenseitig aufeinander Rücksicht nimmt. Die Väter der Bodensee Schifffahrtsordung haben den Begriff Vergnügungsfahrzeug gewählt. Es macht aber kein Vergnügen, wenn ein Motorboot mit starkem Wellenschlag und viel zu nahe an anderen Booten vorbeifährt, dass der gerade frisch eingeschenkte heiße Kaffee sich über die Oberschenkel ergießt. Der besagte Motorbootfahrer bemerkt sein Fehlverhalten nicht einmal, da er ja nie nach hinten schaut und sieht, was er mit seinem Wellenschlag anrichtet.

Dies ist nur ein kleines Beispiel über mangelnde Seemannschaft. Ich bitte Sie als Neulinge im Wassersport, dass Sie mit viel Umsicht und Rücksicht zum guten Miteinander aller Wassersportfahrzeuge beitragen.

In diesem Sinne wünsche ich Ihnen für Ihre Patentprüfung viel Erfolg!
Andreas Ellegast

Inhalt

Allgemeine Vorschriften

Verkehrsvorschriften

Kennzeichen der Fahrzeuge

Sichtzeichen der Fahrzeuge

Schallzeichen und Sprechfunk

Schifffahrtszeichen

Fahrregeln

Regeln für das Stillliegen

Wassergefährdende Stoffe und gefährliche Güter

Fahrgastschifffahrt

Besondere Vorschriften für den Rhein

Verschiedenes

Zulassungsvorschriften / Berechtigung zum Führen von Fahrzeugen

Hochrheinpatent

Bau und Ausrüstung von Fahrzeugen

Eine Zeichenerklärung der verschiedenen Wasserfahrzeuge finden Sie auf der hinteren Umschlagklappe

Allgemeine Vorschriften

Geltungsbereich — Artikel 0.01

Diese Verordnung gilt

1. für den Bodensee einschließlich Untersee,
2. den Alten Rhein von der Brücke Rheineck-Gaissau bis zur Mündung in den Bodensee,
3. den Neuen Rhein von der Brücke Hard-Fussach bis zur Mündung in den Bodensee und
4. die Rheinstrecken zwischen Konstanz und der Straßenbrücke Schaffhausen-Feuerthalen.

Fragen	Antworten
Für welche Seeteile und Rheinstrecken gilt die Bodensee-Schifffahrts-Ordnung?	☒ Bodensee einschließlich Untersee, Alter Rhein und Rheinstrecken zwischen Konstanz und Schaffhausen
Welche Behörden sind für den Vollzug der Bodensee-Schifffahrts-Ordnung am deutschen Ufer zuständig?	☒ Landratsämter Bodenseekreis, Konstanz, Lindau und Wasserschutzpolizei
Welche in den Bodenseeanliegerstaaten einheitlich erlassene Bestimmung regelt die Schifffahrt auf dem Bodensee?	☒ Bodensee-Schifffahrts-Ordnung
Welche besonderen Aufgaben nehmen die Schifffahrtsbehörden/Schifffahrtsämter wahr?	☒ Erteilung von Zulassungen und Patenten
Was für Aufgaben obliegen den Wasserschutzpolizeien/Seepolizeien?	☒ Überwachung und Kontrolle der Schifffahrt

Beschreibung des Bodensees

Rauminhalt	48,5	Kubikkilometer

Oberfläche:

gesamt	536	Quadratkilometer
– Obersee	473	Quadratkilometer
– Untersee	63	Quadratkilometer
tiefste Stelle	254	Meter

Inseln:
Die 3 größten Inseln im Bodensee sind die Reichenau, die Mainau und Lindau.

Uferlänge:

gesamt	273	Kilometer	=	100 %
Baden-Württemberg	155	Kilometer	=	57 %
Bayern	18	Kilometer	=	7 %
Österreich	28	Kilometer	=	10 %
Schweiz	72	Kilometer	=	26 %

Abstufung des Seebodens

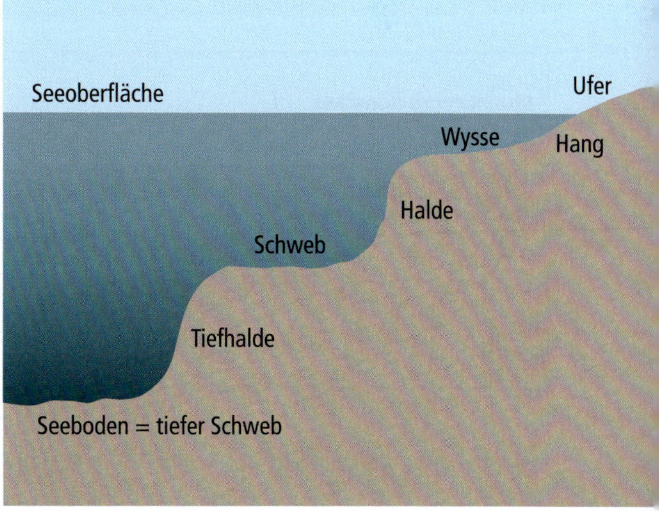

Zuflüsse:
- Einzugsgebiet des Bodensees 11 500 Quadratkilometer
- mittlere jährliche Wasserzuführung ca. 370 Kubikmeter / Sekunde

Die mittlere Verdunstung ist doppelt so groß wie die Höchstmenge an Wasser, die dem See durch die Wasserwerke entnommen werden darf.

Fragen		Antworten
Wie heißen die drei größten Inseln im Bodensee?	☒	Mainau, Reichenau, Lindau
Wie groß ist die Fläche des Bodensees?	☒	536 qkm
Wie groß ist die Entfernung zwischen Ludwigshafen und Bregenz?	☒	63 km
Wie breit ist der Bodensee zwischen Friedrichshafen und Arbon?	☒	14 km
Wo befindet sich die größte Tiefe des Obersees?	☒	zwischen Fischbach und Uttwil
Wie tief ist die tiefste Stelle des Bodensees?	☒	254 m
Wie wird der Seeboden eingeteilt?	☒	Ufer, Hang, Wysse, Halde, Schweb, Tiefhalde, Tiefer Schweb
Wie groß ist die Entfernung zwischen Konstanz und Bregenz?	☒	46 km
Wie groß ist die Entfernung zwischen Ludwigshafen und der Insel Mainau?	☒	17 km
Wie groß ist die Entfernung zwischen Konstanz und Stein am Rhein?	☒	27 km
Welches ist die größte Breite des Bodensees und wo befindet sich diese?	☒	14 km zwischen Friedrichshafen und Arbon
Wie heißt die Verbindung zwischen Obersee und Untersee?	☒	Seerhein

Rheinbrücke Konstanz

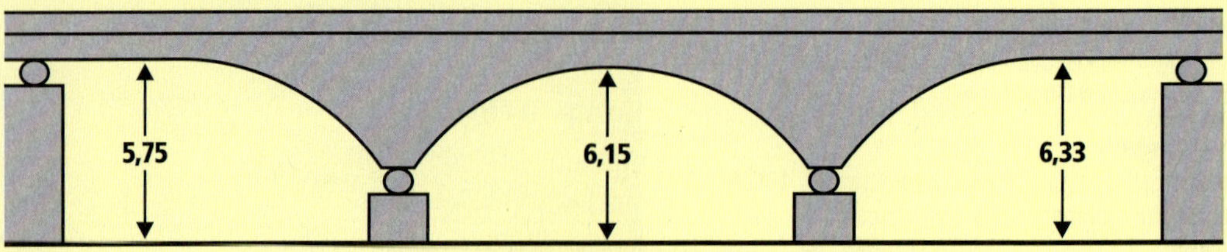

Durchfahrtshöhe bei Pegel 2,5m

Achtung: Betrachtung immer in Fließrichtung

Wasserstand/Pegel

Alle Tiefenangaben in der Bodenseekarte beziehen sich auf den Pegelstand von 2,5 Meter. Der amtliche Pegel wird im Konstanzer Bundesbahnhafen gemessen. Der Nullpunkt des Pegel »Konstanz« ist mit 391,894 Meter über NN (Meereshöhe) festgelegt.

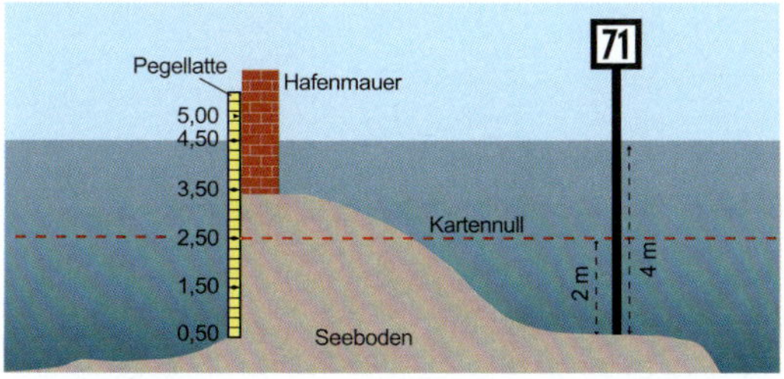

Erklärung, wie sich der Bezugspegel (Kartennull) an einem Seezeichen bei Pegelstand von 4,50 m verhält. (Siehe hierzu auch Seite 49 E 6)

Rechenbeispiel für den tatsächlichen Wasserstand

Wie tief ist das Wasser an einer Stelle im Bodensee, die in der Seekarte mit 2 m angegeben ist, bei einem Pegel von 3,5 m?

heutiger Pegelstand	3,5 m
abzüglich	2,5 m*
Wasserstand über Kartenangabe	1,0 m
Eintrag aus der Seekarte	2,0 m
zuzüglich	
Wasserstand über Kartenangabe	1,0 m
tatsächliche Wassertiefe	3 ,0 m

Für Boote, die sehr hoch gebaut sind, ist bei Brückendurchfahrten der Pegelstand von ganz besonderer Bedeutung. Die alte Konstanzer Rheinbrücke hat drei mögliche Brückendurchfahrten (siehe Zeichnung). Für den Schiffsführer stellt sich die Frage, ob er unter der Brücke hindurchkommt oder nicht.
Beispiel: Das Boot hat eine Höhe über dem Wasserspiegel von 3,75 m. Der heutige Pegel ist mit 4,2 m angegeben. Kann der Schiffsführer durch die rechte Öffnung der alten Konstanzer Rheinbrücke (6,33 m bei Pegel 2,5 m !!) fahren?

heutiger Pegelstand :	4,2 m
abzüglich	2,5 m *
Wasserstand über Bezugspegel	1,7 m
Brückendurchfahrtshöhe nach Karte	6,33 m
minus	1,70 m
heutige Durchfahrtshöhe	4,63 m

Ergebnis: Da das Boot eine Höhe von 3,75 m über dem Wasserspiegel hat, kann es bei einer momentanen Durchfahrtshöhe von 4,63 m ohne weiteres durchfahren.

Bemerkung: Bei starkem Wellengang ist es wichig, dass man genügend Reserve berücksichtigt!

* Kartenbezugspegel auch Kartennull genannt

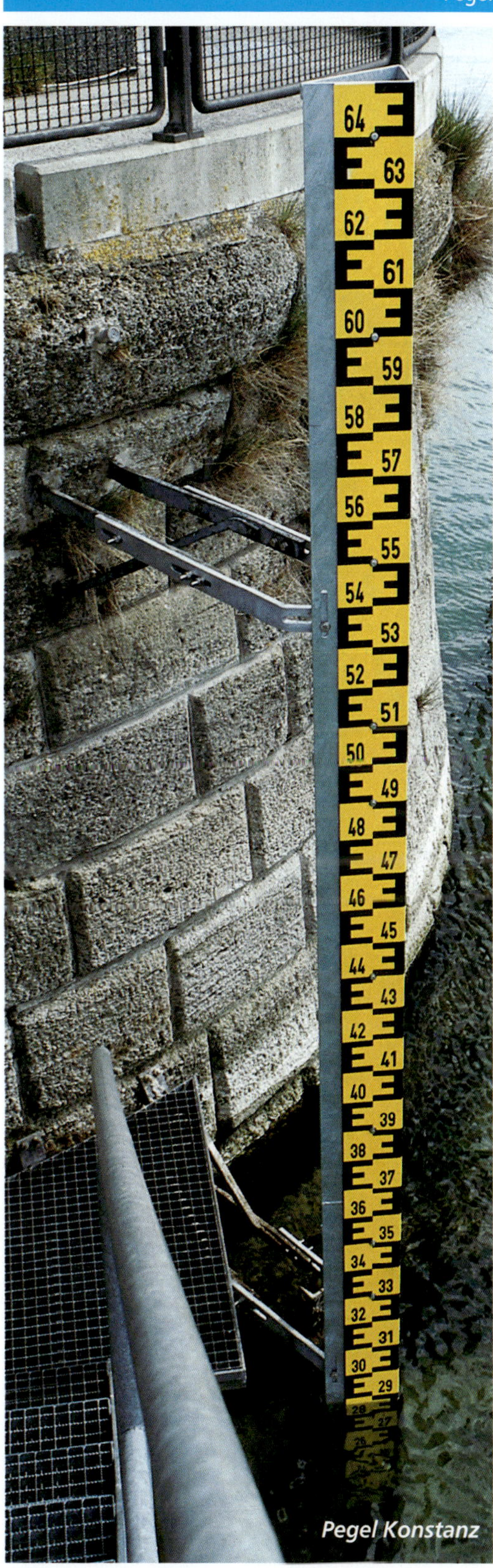

Pegel Konstanz

Fragen	Antworten
Wo befindet sich der amtliche Pegel am Bodensee?	☒ im Hafen Konstanz
Auf welchen Pegelstand beziehen sich die Tiefenangaben in der Bodenseeschifffahrtskarte?	☒ 2,50 Meter am Pegel Konstanz
Geben Sie die Wassertiefe bei 3,50 Meter Wasserstand (Pegel) und einer Kartentiefe von 5 Metern an.	☒ 6,00 Meter
Welche Durchfahrtshöhen haben die Brückenbögen der Alten Rheinbrücke bei Konstanz bei einem Pegel von 2,50 Meter?	☒ 5,75 Meter; 6,15 Meter; 6,33 Meter
Wieviel lichte Durchfahrtshöhe haben Sie bei einem Pegel von 3,80 Meter bei der mittleren Brückendurchfahrt der Alten Rheinbrücke Konstanz?	☒ 4,85 Meter <u>Rechenweg</u>: 3,80 − 2,50 = 1,30; 6,15 − 1,30 = 4,85
Kann eine Motoryacht (Höhe über Wasserlinie 3,15 Meter) durch den mittleren Brückenbogen der Alten Rheinbrücke (Straßen- und Eisenbahnbrücke) bei Konstanz fahren? – Pegelstand: 4,50 Meter –	☒ ja
Die Wassertiefe am Ankerplatz beträgt laut Seekarte 2 m. Ihr Fahrzeug hat einen Tiefgang von 1,50 m. Wieviel Wasser haben Sie bei einem Pegelstand von 3 m unter dem Kiel?	☒ 1,00 Meter <u>Rechenweg</u>: 2,00 + 0,50 = 2,50; 2,50 − 1,50 = 1,00
Wie hoch sind die Brückendurchfahrten der Konstanzer Alten Rheinbrücke? – Pegelstand 2,50 m –	☒ links 5,75 m, Mitte 6,15 m, rechts 6,33 m
Sie befinden sich im Konstanzer Trichter und wollen die Alte Rheinbrücke im mittleren Bogen durchfahren. Heutiger Pegelstand 3,50 m. Schiffshöhe ab Wasserlinie 3 m. Errechnen Sie den Abstand zwischen Oberkannte Wasserfahrzeug und Brückenbogen.	☒ 2,15 m <u>Rechenweg</u>: 6,15 − 1,00 = 5,15; 5,15 − 3,00 = 2,15 (2,50 − 3,50 = −1,00)
Errechnen Sie den Abstand zwischen Oberkante Wasserfahrzeug und Brückenbogen bei der linken Brückendurchfahrt der alten Rheinbrücke Konstanz. Der Pegel liegt bei 3,40 m; die Höhe des Wasserfahrzeuges ab der Wasserlinie beträgt 3,00 m.	☒ 1,85 m <u>Rechenweg</u>: 5,75 − 3,00 = 2,75; 2,75 − 0,90 = 1,85
Errechnen Sie die lichte Durchfahrtshöhe bei einem Pegel von 4,10 m bei der rechten Brückendurchfahrt zur Alten Rheinbrücke Konstanz?	☒ 4,73 m <u>Rechenweg</u>: 4,10 − 2,50 = 1,60; 6,33 − 1,60 = 4,73
Errechnen Sie die lichte Durchfahrtshöhe bei einem Pegelstand von 2,45 m vor der linken Brückendurchfahrt zur Alten Rheinbrücke Konstanz?	☒ 5,80 m <u>Rechenweg</u>: 2,50 − 2,45 = 0,05; 5,75 + 0,05 = 5,80

Fragen	Antworten
Errechnen Sie den Abstand zwischen Oberkante Wasserfahrzeug und Brückenbogen bei der mittleren Brückendurchfahrt der alten Rheinbrücke Konstanz. Der Pegel liegt bei 3,10 m; die Höhe des Wasserfahrzeuges ab der Wasserlinie beträgt 3,74 m.	☒ 1,81 m Rechenweg: 6,15 − 0,60 = 5,55; 5,55 − 3,74 = 1,81 (2,50 −3,10 −0,60)
Errechnen Sie die lichte Durchfahrtshöhe bei einem Pegelstand von 3,23 m vor der mittleren Brückendurchfahrt zur Alten Rheinbrücke Konstanz?	☒ 5,42 m Rechenweg: 3,23 − 2,50 = 0,73; 6,15 − 0,73 = 5,42
Errechnen Sie die lichte Durchfahrtshöhe bei einem Pegelstand von 4,42 m vor der rechten Brückendurchfahrt zur Alten Rheinbrücke Konstanz?	☒ 4,41 m Rechenweg: 4,42 − 2,50 = 1,92; 6,33 − 1,92 = 4,41

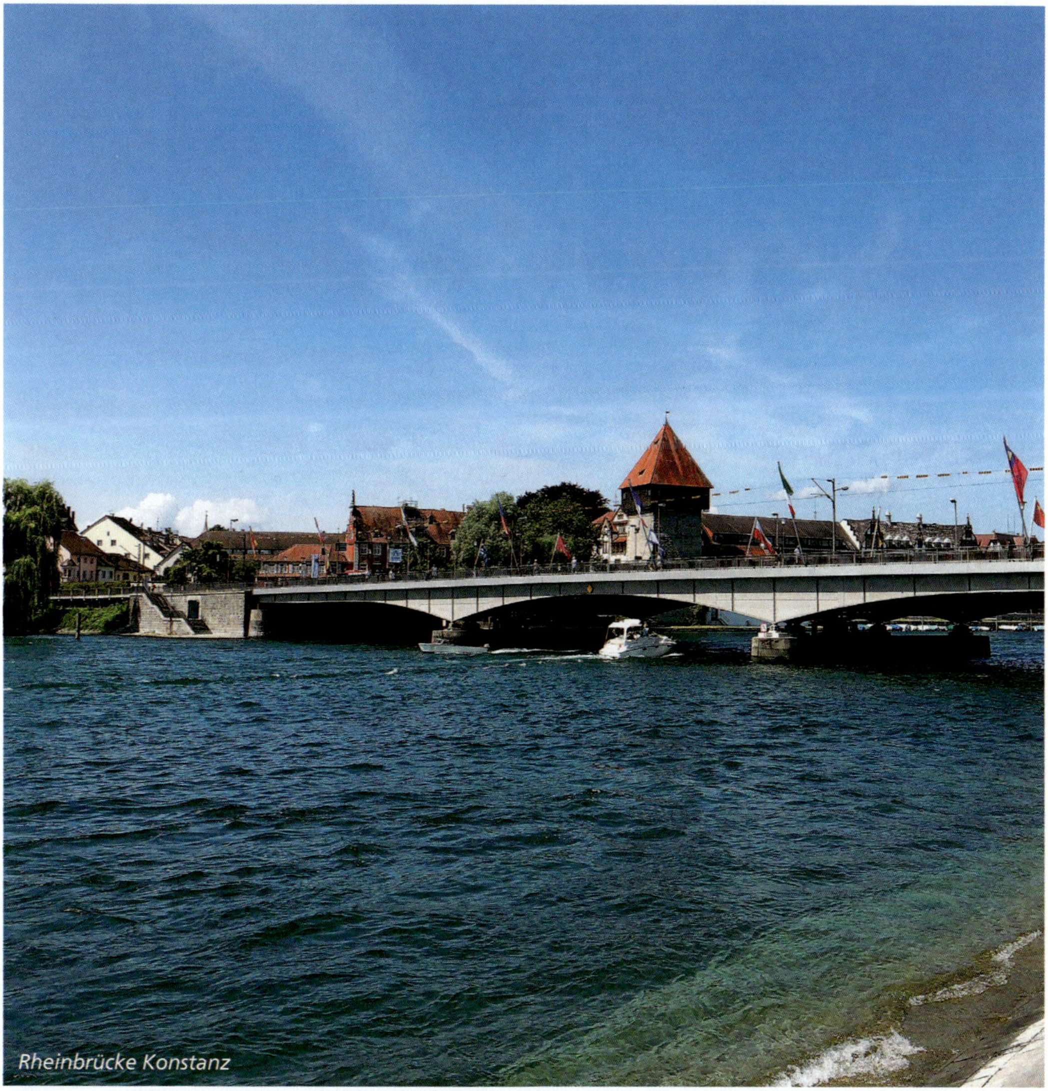

Rheinbrücke Konstanz

Eigene Notizen zur Pegelberechnung

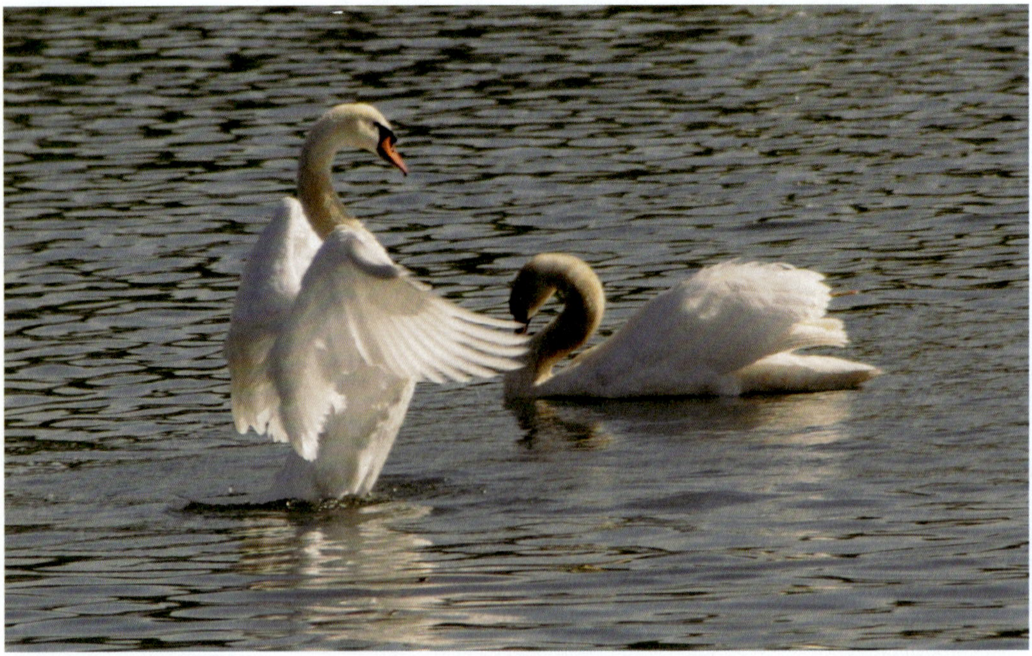

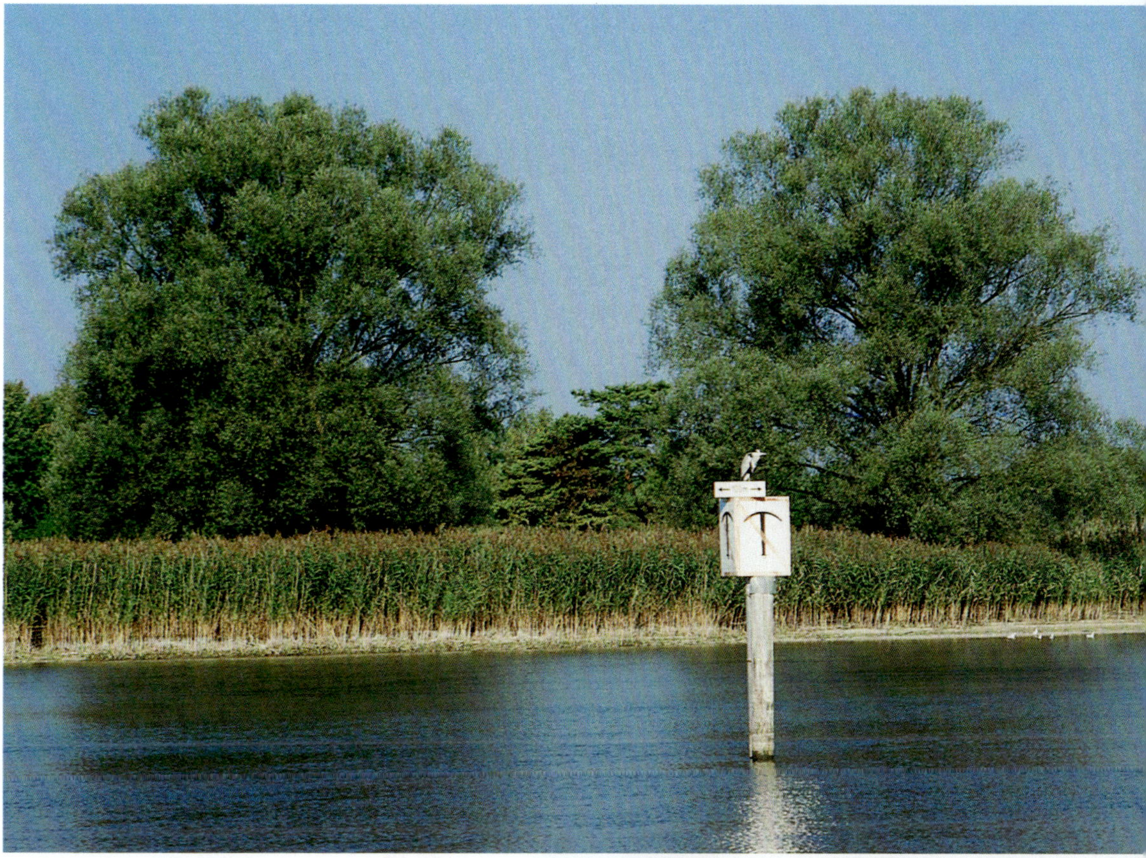

Naturschutzgebiete

Die wichtigsten Naturschutzgebiete in der Bodenseeregion sind das Rheindelta, Mehrerauer Seeufer, Bregenzerach-Mündung, Wollmatinger Ried mit Ermatinger Becken und Eriskircher Ried. Naturschutzgebiete sind meistens als gesperrte Wasserflächen ausgewiesen (siehe Schifffahrtskarte). Eine hervorragende Information über die Natur am See hat die Bodensee-Stiftung mit einer Freizeitkarte herausgegeben.

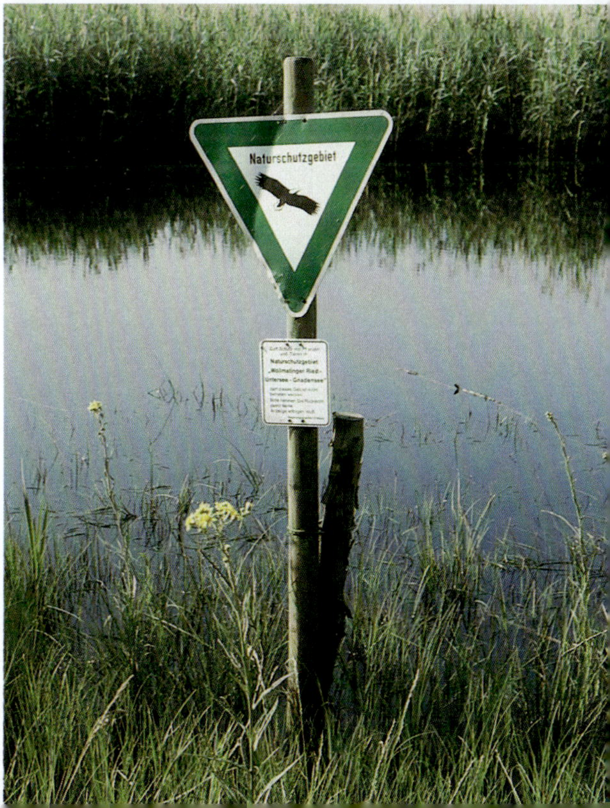

Eine Seekarte mit den Naturschutzgebieten rund um den Bodensee finden Sie in der vorderen Umschlagklappe.

Fragen	Antworten
Wie sind Naturschutzgebiete gekennzeichnet?	☒ durch weiße Dreiecktafeln, grüner Rand, schwarzer Adler und der Aufschrift »Naturschutzgebiet«
Welche Vorschriften müssen Sie als Sportbootfahrer bei Naturschutzgebieten beachten?	☒ Abstand halten, nicht hineinfahren, »Anlanden verboten«
Nennen Sie die wichtigsten Naturschutzgebiete am Bodensee?	☒ Eriskircher Ried, Wollmatinger Ried, Halbinsel Mettnau
In welchen besonders gekennzeichneten Gebieten dürfen Sie mit Ihrem Vergnügungsfahrzeug nicht anlanden?	☒ in Naturschutzgebieten
Welchen Mindestabstand müssen Sie zu Beständen von Wasserpflanzen wie Binsen, Schilf und Seerosen einhalten?	☒ 25 m
Welchen Abstand zu Schilfufern müssen Sie mindestens einhalten?	☒ mindestens 25 m
Wann ist mit einer großen Fluchtdistanz von Wasservögeln zu rechnen?	☒ bei großen Vogelansammlungen
Dürfen Bestände von Wasserpflanzen wie Schilf etc. befahren werden?	☒ nein, in keinem Fall
Welche Vogelgruppen sind im Winter besonders gefährdet?	☒ überwinternde Wasservögel

Grenzverhältnisse

Der Bodensee ist ein Grenzgewässer. Deutschland, Schweiz und Österreich sind die Uferstaaten. Im Bereich des Obersees sind die Rechtsverhältnisse mit Ausnahme der Konstanzer Bucht nicht geregelt (Kondominium). Im Untersee wurde die Hoheitsgrenze mit der geographischen Mittellinie zwischen Thurgau und dem damaligen Land Baden festgelegt, wobei der Gnadensee und der Zellersee komplett zu Deutschland gehören (siehe Karte).

Fragen	Antworten
Welche Staaten grenzen heute an den Bodensee?	☒ Deutschland, Österreich, Schweiz
Wo gibt es auf dem Obersee Hoheitsgrenzen?	☒ in der Konstanzer Bucht
Wie sind die Hoheitsgrenzen auf den Rheinstrecken festgelegt?	☒ in der Gewässermitte
Was verstehen Sie unter einem Kondominium?	☒ gemeinsam verwaltetes Hoheitsgebiet
Was verstehen Sie unter einer Realteilung in Bezug auf den Bodensee?	☒ Gewässerteilung in der Mitte
Welche Aufgaben obliegen den Zolldienststellen?	☒ Grenzkontrolle von Personen und Waren
Welche grundsätzlichen Zoll-und Passvorschriften müssen Sie bei einem Grenzübertritt mit Ihrem Fahrzeug am Bodensee beachten?	☒ gültige Ausweispapiere für Personen und Boot mitführen, erforderlichenfalls beim Zoll melden

Begriffsbestimmungen

Artikel 0.02

In dieser Verordnung gelten als

a) **»Fahrzeug«:**
Binnenschiffe, einschließlich Boote und Fähren, andere zur Fortbewegung bestimmte Schwimmkörper sowie schwimmende Geräte;

b) **»Fahrzeug mit Maschinenantrieb«:**
ein Fahrzeug mit eigener in Tätigkeit gesetzter Antriebskraft;

c) **»Schleppverband«:**
jede Zusammenstellung, die aus einem oder mehreren geschleppten Fahrzeugen und einem oder mehreren schleppenden Fahrzeugen mit Maschinenantrieb besteht; werden Vergnügungsfahrzeuge geschleppt, so gilt dies nicht als Schleppverband;

d) **»Schwimmendes Gerät«:**
ein Schwimmkörper mit mechanischen Einrichtungen, der dazu bestimmt ist, auf dem Wasser zur Arbeit eingesetzt zu werden, wie Bagger, Hebeböcke, Kräne;

e) **»Schwimmende Anlage«:**
eine schwimmende Einrichtung, die in der Regel nicht zur Fortbewegung bestimmt ist, wie Badeanstalten, Docks, Landebrücken, Bootshäuser sowie solche Einrichtungen, die dem Wohnen oder dem Sport dienen;

f) **»Vorrangfahrzeug«:**
ein Fahrzeug, dem die zuständige Behörde nach Artikel 1.15 einen Vorrang eingeräumt hat;

g) **»Fahrgastschiff«:**
ein Fahrzeug, das für die Beförderung von Fahrgästen bestimmt ist oder hierfür verwendet wird;

h) **»Güterschiff«:**
ein Fahrzeug, das für die Beförderung von Gütern bestimmt ist oder hierfür verwendet wird;

i) **»Segelfahrzeug«:**
ein Fahrzeug, das unter Segel fährt. Ein Fahrzeug das unter Segel fährt und gleichzeitig auch einen Maschinenantrieb verwendet, gilt als Fahrzeug mit Maschinenantrieb;

j) **»Ruderboot«:**
ein Fahrzeug, das nur durch Ruder oder andere mit menschlicher Kraft betriebene Einrichtungen fortbewegt wird;

k) **»Vergnügungsfahrzeug«:**
ein Fahrzeug, das für Sport- oder Vergnügungszwecke bestimmt ist oder hierfür verwendet wird;

l) **»stillliegend«:**
Fahrzeuge, Schwimmkörper oder schwimmende Anlagen, die unmittelbar oder mittelbar vor Anker liegen oder am Ufer festgemacht sind;

m) **»fahrend«** oder **»in Fahrt befindlich«:**
Fahrzeuge, Schwimmkörper oder schwimmende Anlagen, die weder unmittelbar noch mittelbar vor Anker liegen, am Ufer festgemacht oder festgefahren sind;

n) **»Nacht«:**
der Zeitraum zwischen Sonnenuntergang und Sonnenaufgang;

o) **»Tag«:**
der Zeitraum zwischen Sonnenaufgang und Sonnenuntergang.

p) **»Sportboot-Richtlinie«:**
Richtlinie 2013/53/EU des Europäischen Parlaments und des Rates vom 20. November 2013 über Sportboote und Wassermotorräder und zur Aufhebung der Richtlinie 94/25/EG (ABl. L 354 vom 28. 12. 2013, S. 90, ber. ABl. L 297 vom 13. 11. 2015, S. 9);

Begriffsbestimmungen

Fortsetzung Artikel 0.02

q) **»wassergefährdende Stoffe«:**
Stoffe und Gemische, die nach Anhang I Teil 4 der Verordnung (EG) Nr. 1272/2008 des Europäischen Parlaments und des Rates vom 16. Dezember 2008 über die Einstufung, Kennzeichnung und Verpackung von Stoffen und Gemischen, zur Änderung und Aufhebung der Richtlinien 67/548/EWG und 1999/45/EG und zur Änderung der Verordnung (EG) Nr. 1907/2006 (ABl. L 353 vom 31. 12. 2008, S. 1, zuletzt ber. Abl. L 214 vom 17. 6. 2021, S. 72), die zuletzt durch Delegierte Verordnung (EU) 2021/1962 der Kommission vom 12. August 2021 (ABl. L 400 vom 12. 11. 2021, S. 16) geändert worden ist, als umweltgefährlich eingestuft werden und mit dem Gefahrenpiktogramm GHS09 sowie dem Gefahrenhinweis H400, H410 oder H411 zu kennzeichnen sind;

r) **»gefährliche Güter«:**
Stoffe und Gegenstände, deren Beförderung gemäß der Anlage zum Europäischen Übereinkommen vom 26. Mai 2000 über die internationale Beförderung von gefährlichen Gütern auf Binnenwasserstraßen (ADN) (BGBl. II 2007 S. 1906, 1908 - Anlagenband), zuletzt geändert durch Verordnung vom 3. Dezember 2012 (BGBl. II 2012, S. 1386), in der jeweils geltenden Fassung und gemäß den Anlagen A und B des Europäischen Übereinkommens über die internationale Beförderung gefährlicher Güter auf der Straße (ADR) in der Fassung vom 3. Juni 2013 (BGBl. II S. 648 - Anlagenband) in der jeweils geltenden Fassung verboten oder nur unter den in diesen Übereinkommen vorgesehenen Bedingungen gestattet ist.

s) **»Fähre«:**
ein Fahrzeug, das für den Übersetzverkehr bestimmt ist oder hierfür verwendet wird.

t) **»unsichtiges Wetter«:**
Bedingung, bei welcher die Sicht durch Nebel, Dunst, Schneefall, Starkregen oder ähnliche Wetterphänomene eingeschränkt ist.

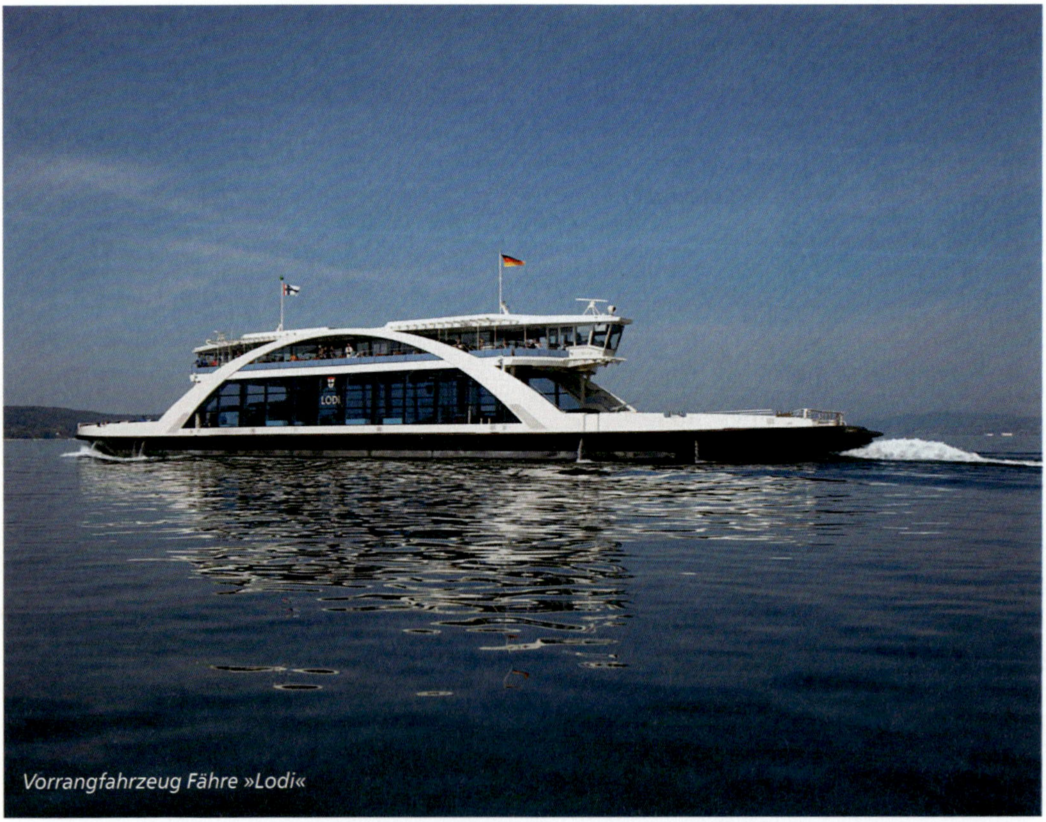

Vorrangfahrzeug Fähre »Lodi«

Fragen	Antworten
Welche Fahrzeuge sind »fahrend« oder »in Fahrt« befindlich?	☒ Fahrzeuge, die weder unmittelbar noch mittelbar vor Anker liegen, am Ufer festgemacht oder festgefahren sind
Welche Fahrzeuge sind »stillliegend«?	☒ Fahrzeuge, die unmittelbar oder mittelbar vor Anker liegen oder am Ufer festgemacht sind
Was hat der Schiffsführer zu beachten, wenn er sein Schiff treiben lässt?	☒ die allgemeinen Fahrregeln und Sorgfaltspflichten, denn sein Schiff befindet sich in Fahrt
Was verstehen Sie unter dem Begriff »Stillliegen«?	☒ Fahrzeug, das unmittelbar vor Anker liegt oder am Ufer festgemacht ist

Schwimmendes Gerät (Arbeitsschiff)

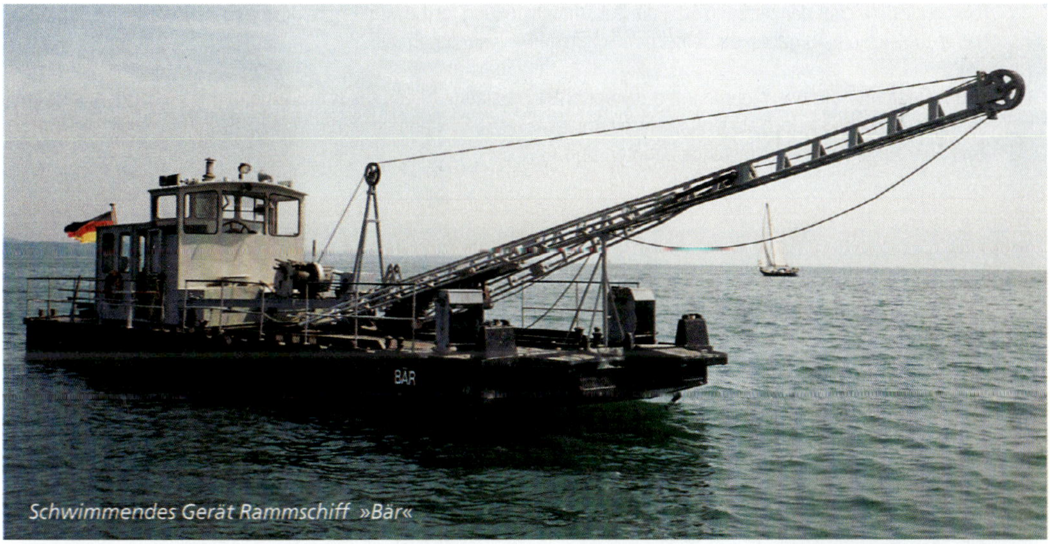

Schwimmendes Gerät Rammschiff »Bär«

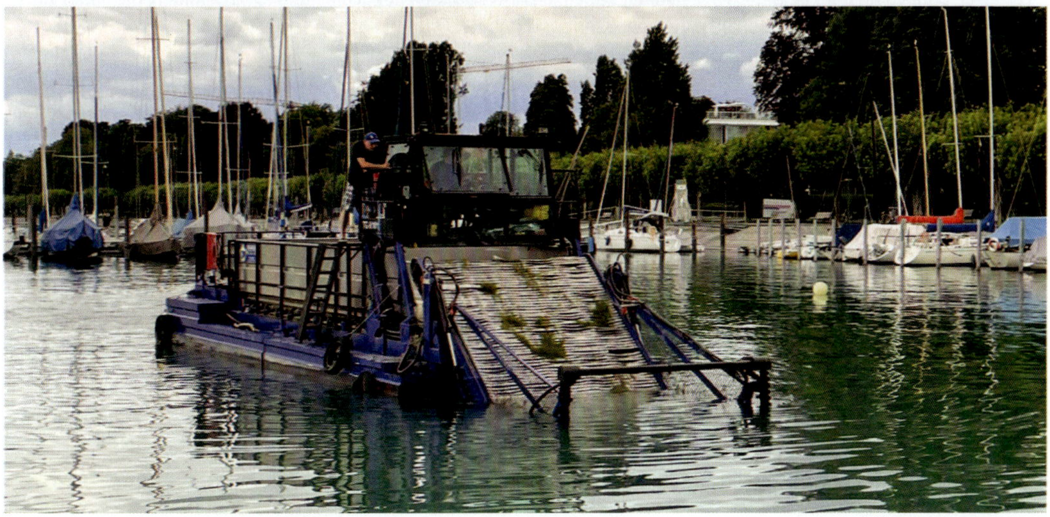

Schwimmendes Gerät Mähboot

Verkehrsvorschriften

Allgemeines

Schiffsführer — Artikel 1.01

(1) Jedes in Fahrt befindliche Fahrzeug muss unter der Führung einer hierfür geeigneten Person stehen. Diese wird im folgenden als **»Schiffsführer«** bezeichnet.

(2) Unbeschadet der Vorschriften über das Schifferpatent muss der Schiffsführer eines Fahrzeuges mit Maschinenantrieb mindestens 14 Jahre alt sein.

(3) Der Schiffsführer muss während der Fahrt an Bord sein. Er ist für die Befolgung der Vorschriften dieser Verordnung auf seinem Fahrzeug verantwortlich. Auf schwimmenden Geräten bei der Arbeit kann der Führer des Geräts an die Stelle des Schiffsführers treten. Der Führer des Geräts muss kein Schifferpatent besitzen.

(4) Geschleppte und gekuppelte Fahrzeuge müssen nur dann einen Schiffsführer haben, wenn es der Schiffsführer des Fahrzeuges, welches den Verband oder die Zusammenstellung fortbewegt (Verbandsführer), anordnet. Andernfalls hat er zugleich die Aufgaben der fehlenden Schiffsführer wahrzunehmen.

(5) Die Schiffsführer der geschleppten und gekuppelten Fahrzeuge haben die Anweisungen des Verbandsführers zu befolgen. Sie haben jedoch auch ohne solche Anweisungen alle Maßnahmen zu treffen, die für die sichere Führung ihrer Fahrzeuge durch die Umstände geboten sind.

Fragen	Antworten
Wer ist für Fahrzeug und Ausrüstung verantwortlich?	☒ der Schiffsführer

Pflichten der Schiffsmannschaft und sonstiger Personen an Bord — Artikel 1.02

(1) Die Schiffsmannschaft hat die Anweisungen zu befolgen, die der Schiffsführer im Rahmen seiner Verantwortlichkeit erteilt. Sie hat zur Einhaltung der Vorschriften dieser Verordnung beizutragen.

(2) Alle übrigen an Bord befindlichen Personen haben die Anweisungen des Schiffsführers zu befolgen, die ihnen vom Schiffsführer im Interesse der Sicherheit der Schifffahrt und der Ordnung an Bord erteilt werden.

Fragen	Antworten
Welche Aufgaben und Pflichten hat ein Mitglied der Schiffsmannschaft zu erfüllen?	☒ alle Anordnungen des Schiffsführers im Rahmen seiner Verantwortung sind zu befolgen
Welche Anweisungen des Schiffsführers haben die an Bord befindlichen Personen zu befolgen, die nicht zur Schiffsmannschaft gehören?	☒ alle Anordnungen, die der Sicherheit und Ordnung an Bord dienen

Allgemeine Sorgfaltspflicht — Artikel 1.03

(1) Über die Vorschriften dieser Verordnung hinaus haben die Schiffsführer alle Vorsichtsmaßnahmen zu treffen, welche die allgemeine Sorgfaltspflicht oder die Praxis der Schifffahrt gebieten, um insbesondere

a) die Gefährdung oder Belästigung von Menschen,
b) Beschädigungen anderer Fahrzeuge oder Schwimmkörper, der Ufer und von Anlagen jeder Art in dem Gewässer und an dessen Ufer,
c) Behinderungen der Schifffahrt und der Berufsfischerei,
d) eine Verunreinigung des Wassers oder eine sonstige nachteilige Veränderung seiner Eigenschaften zu vermeiden.

(2) Absatz 1 gilt auch für Personen, unter deren Obhut schwimmende Anlagen gestellt sind.

Fragen	Antworten
Welche allgemeinen Pflichten hat ein Schiffsführer im Sinne der Bodensee-Schifffahrts-Ordnung zu erfüllen, ohne dass sie im Einzelnen geregelt sind?	☒ allgemeine Sorgfaltspflicht, keine Behinderung und Gefährdung anderer

Verhalten unter besonderen Umständen — Artikel 1.04

Bei unmittelbar drohender Gefahr müssen die Schiffsführer alle Maßnahmen treffen, welche die Umstände gebieten, auch wenn sie dabei gezwungen sind, von den Vorschriften dieser Verordnung abzuweichen.

Fragen	Antworten
Dürfen Sie von den Vorschriften der Bodensee-Schifffahrts-Ordnung abweichen?	☒ ja, zur Abwendung einer unmittelbaren Gefahr

Belastung und Personenzahl — Artikel 1.05

(1) Fahrzeuge dürfen nicht über die zulässige Belastung hinaus beladen werden. Wenn Einsenkungsmarken angebracht sind, dürfen Fahrzeuge nicht tiefer als bis zur Unterkante der Einsenkungsmarken eintauchen.

(2) Die Ladung muss so angeordnet werden, dass sie die Sicherheit des Fahrzeuges und die Sicht vom Steuerstand aus nicht beeinträchtigt.

(3) Eine von der zuständigen Behörde festgesetzte zulässige Personenzahl darf nicht überschritten werden. Wenn die Platzverhältnisse es erlauben, dürfen auf Vergnügungsfahrzeugen drei Kinder unter 12 Jahren als zwei Erwachsene gerechnet werden. Keinesfalls darf ein Fahrzeug so belastet werden, dass seine Sicherheit beeinträchtigt ist.

Urkunden — Artikel 1.06

Wenn für den Betrieb eines Fahrzeuges eine Zulassung (Artikel 14.01) oder ein Bootsausweis (Artikel 2.01 Absatz 3) oder Führung eines Fahrzeuges ein Schifferpatent (Artikel 12.02) oder ein Radarpatent (Artikel 6.12 Absatz 1 Nummer 1) erforderlich ist, müssen die entsprechenden Urkunden an Bord mitgeführt werden. Die Urkunden sind auf Verlangen den Organen der zuständigen Behörde vorzulegen.

Fragen	Antworten
Welche Urkunden hat der Schiffsführer an Bord mitzuführen, wenn es die Bodensee-Schifffahrts-Ordnung verlangt?	☒ Zulassungsurkunde, Bootsausweis, Schifferpatent, Radarpatent

Schifffahrtshindernisse — Artikel 1.07

Bemerkt der Schiffsführer ein Hindernis, das die Schifffahrt gefährden kann, so hat er unverzüglich die nächsterreichbare Polizeidienststelle zu benachrichtigen.

Schutz der Schifffahrtszeichen — Artikel 1.08

(1) Es ist verboten, Schifffahrtszeichen zu entfernen, zu verändern, zu beschädigen, unbrauchbar zu machen oder an ihnen festzumachen.

(2) Der Schiffsführer hat die nächsterreichbare Polizeidienststelle zu benachrichtigen, wenn er feststellt, dass ein Schifffahrtszeichen entfernt, verändert, beschädigt oder unbrauchbar ist.

Fragen	Antworten
Welchen Schutz genießen die Schifffahrtszeichen?	☒ Festmachen, Verändern, Beschädigen und Entfernen verboten

Gewässerverunreinigung — Artikel 1.09

(1) Es ist verboten, von Fahrzeugen oder schwimmenden Anlagen aus Stoffe, die das Wasser verunreinigen oder die Eigenschaften des Wassers nachteilig verändern können, in das Gewässer einzubringen oder einzuleiten. Sind derartige Stoffe unbeabsichtigt in das Gewässer gelangt oder drohen sie, in das Gewässer zu gelangen, so muss der Schiffsführer unverzüglich die nächsterreichbare Polizeidienststelle benachrichtigen, sofern er nicht in der Lage ist, die Gefahr oder die Verunreinigung selbst zu beseitigen.

(2) Wenn ein Schiffsführer oder eine Person, unter dessen Obhut eine schwimmende Anlage gestellt ist, Kraftstoff, Öl oder sonstige wassergefährdende Stoffe im Gewässer feststellt, ist unverzüglich die nächsterreichbare Polizeidienststelle zu benachrichtigen.

(3) Das Betanken von Fahrzeugen mit eingebautem Tank mittels Kanister oder einem anderen Betankungssystem ist nur mit selbstschließenden oder manuell regelbaren Systemen zulässig, die ein Überlaufen oder Verschütten des Treibstoffs verhindern.

Fragen	Antworten
Mit welchen Maßnahmen kann der Sportbootfahrer zur Reinhaltung des Bodensees beitragen?	☒ keine wassergefährdenden Stoffe und Abfall in den Bodensee einbringen
Was müssen Sie beim Reinigen Ihrer Wasserfahrzeuge beachten?	☒ nur mit Wasser reinigen
Welche Anforderungen hinsichtlich des Umweltschutzes werden an die für den Bodensee zugelassenen Fahrzeuge gestellt?	☒ Lärm- und Abgasgrenzwerte müssen eingehalten werden, Abwasserentsorgung nur an Land zugelassen

Fragen	Antworten
Welche Anforderungen hinsichtlich des Gewässerschutzes werden an die für den Bodensee zugelassenen Fahrzeuge gestellt?	☒ Fäkalien, Abwasser und Abfall müssen ordnungsgemäß an Land entsorgt werden
Welche Anforderungen werden hinsichtlich des Gewässerschutzes an Kraftstoffbehälter auf Wasserfahrzeugen gestellt?	☒ geeigneter Werkstoff, sichere Befestigung, die Schiffsaußenhaut darf nicht gleichzeitig eine Wand des Kraftstoffbehälters bilden
Wie darf ein Boot im Wasser gereinigt werden?	☒ nur mit Wasser
Wem müssen Sie eine Gewässerverunreinigung melden?	☒ der nächsten Polizeidienststelle

Schutz vor Lärm, Rauch, Abgas und Geruchsbelästigungen — Artikel 1.10

Durch den Betrieb der Fahrzeuge darf nicht mehr Lärm, Rauch, Abgas oder Geruch erzeugt werden, als dies bei ordnungsgemäßem Zustand und sachgemäßem Betrieb des Fahrzeuges unvermeidbar ist.

Verhalten bei Schiffsunfällen, Hilfeleistung — Artikel 1.11

(1) Der Schiffsführer muss bei Unfällen, die Menschen an Bord gefährden, alle zu ihrer Rettung erforderlichen Maßnahmen treffen.

(2) Nach einem Schiffsunfall hat jeder Beteiligte sich über die Unfallfolgen zu vergewissern und die Feststellung seiner Person, seines Fahrzeuges und der Art seiner Beteiligung an dem Unfall zu ermöglichen. Beteiligt an einem Schiffsunfall ist jeder, dessen Verhalten nach den Umständen zum Unfall beigetragen haben kann.

(3) Wenn ein Schiffsführer feststellt, dass auf dem Gewässer Menschen in Gefahr oder Fahrzeuge in Seenot sind, hat er unverzüglich Hilfe zu leisten, soweit dies mit der Sicherheit seines eigenen Fahrzeuges vereinbar ist. Kann der Schiffsführer nicht selbst helfen, so muss er unverzüglich fremde Hilfe herbeirufen.

Fragen	Antworten
Wie hat sich ein Schiffsführer, der an einem Unfall beteiligt war, zu verhalten?	☒ Angaben über seine Person und über die Art der Beteiligung ermöglichen
Welche Pflichten zur Hilfeleistung bei der Rettung von Menschen und in Seenot geratener Fahrzeuge bestehen für den Schiffsführer und seine Besatzung?	☒ unverzüglich Hilfe leisten
Wann dürfen Sie nach Kollisionen Ihre Fahrt fortsetzen?	☒ wenn keine Gefahr für Boot und Besatzung des anderen besteht und die Adressen ausgetauscht sind
Was müssen Sie bei Unglücksfällen grundsätzlich beachten?	☒ zuerst Rettung von Personen, dann Bergung der Boote, bei Gefahr Notruf absetzen
Was tun Sie, wenn ein Mitglied Ihrer Crew über Bord geht?	☒ Ruf »Mensch über Bord«, Rettungsmittel zuwerfen, und versuchen, Person an Bord zu nehmen

Festgefahrene und gesunkene Fahrzeuge — Artikel 1.12

Ist ein Fahrzeug festgefahren oder gesunken und wird dadurch die Sicherheit der Schifffahrt beeinträchtigt, so muss dessen Schiffsführer die Zeichen entsprechend den Artikeln 3.08 und 3.11 setzen und unverzüglich die zur Beseitigung der Gefahr erforderlichen Maßnahmen treffen. Ist dies nicht möglich, so hat er unverzüglich die nächsterreichbare Polizeidienststelle zu benachrichtigen.

Fragen	Antworten
Wie muss sich ein Schiffsführer verhalten, wenn sein Schiff gesunken ist?	☒ Kennzeichnung der Unfallstelle, wenn die übrige Schifffahrt gefährdet wird
Wie muss sich ein Schiffsführer verhalten, wenn sein Sportboot festgefahren ist?	☒ das Fahrzeug entsprechend kennzeichnen

Anordnungen in Einzelfällen — Artikel 1.13

Die Schiffsführer sowie Personen, unter deren Obhut schwimmende Anlagen gestellt sind, haben die Anordnungen zu befolgen, die ihnen von den Organen der zuständigen Behörde zur Aufrechterhaltung der Sicherheit und Leichtigkeit des Verkehrs sowie zur Abwendung von Gefahren oder Nachteilen, die durch die Schifffahrt verursacht werden können, erteilt werden.

Anordnungen vorübergehender Art — Artikel 1.14

Die zuständige Behörde kann zur Aufrechterhaltung der Sicherheit und Leichtigkeit des Verkehrs sowie zur Abwendung von Gefahren oder Nachteilen, die durch die Schifffahrt verursacht werden können, Anordnungen vorübergehender Art erlassen, die aus besonderen Anlässen, insbesondere bei Veranstaltungen nach Artikel 11.05, bei Arbeiten im oder am Gewässer oder bei Hochwassergefahr, erforderlich werden.

Vorrangfahrzeuge — Artikel 1.15

Fahrgastschiffen, die im Linienverkehr nach einem veröffentlichten Fahrplan eingesetzt sind, hat die zuständige Behörde auf Antrag einen Vorrang nach Maßgabe dieser Verordnung einzuräumen. Anderen Fahrzeugen, ausgenommen Vergnügungsfahrzeugen, kann die zuständige Behörde auf Antrag einen solchen Vorrang einräumen, wenn es die Sicherheit und Leichtigkeit des Verkehrs erfordert.

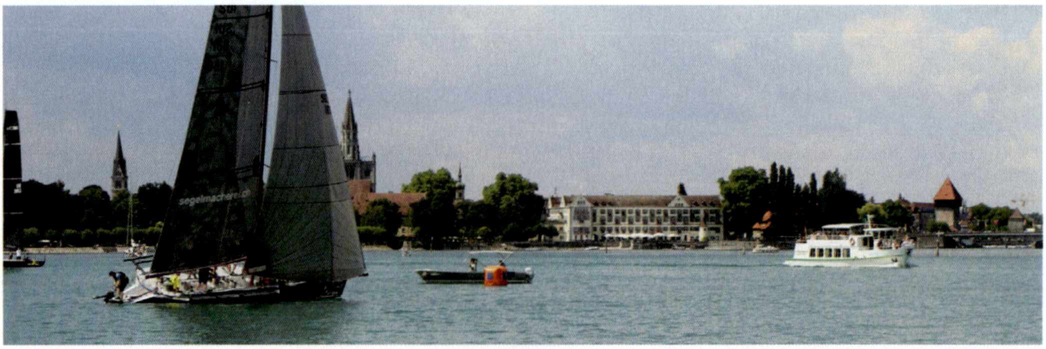

Überwachung — Artikel 1.16

Die Schiffsführer sowie Personen, unter deren Obhut schwimmende Anlagen gestellt sind, haben den Organen der zuständigen Behörde, welche die Einhaltung der Vorschriften dieser Verordnung überwachen, die erforderliche Unterstützung zu geben.

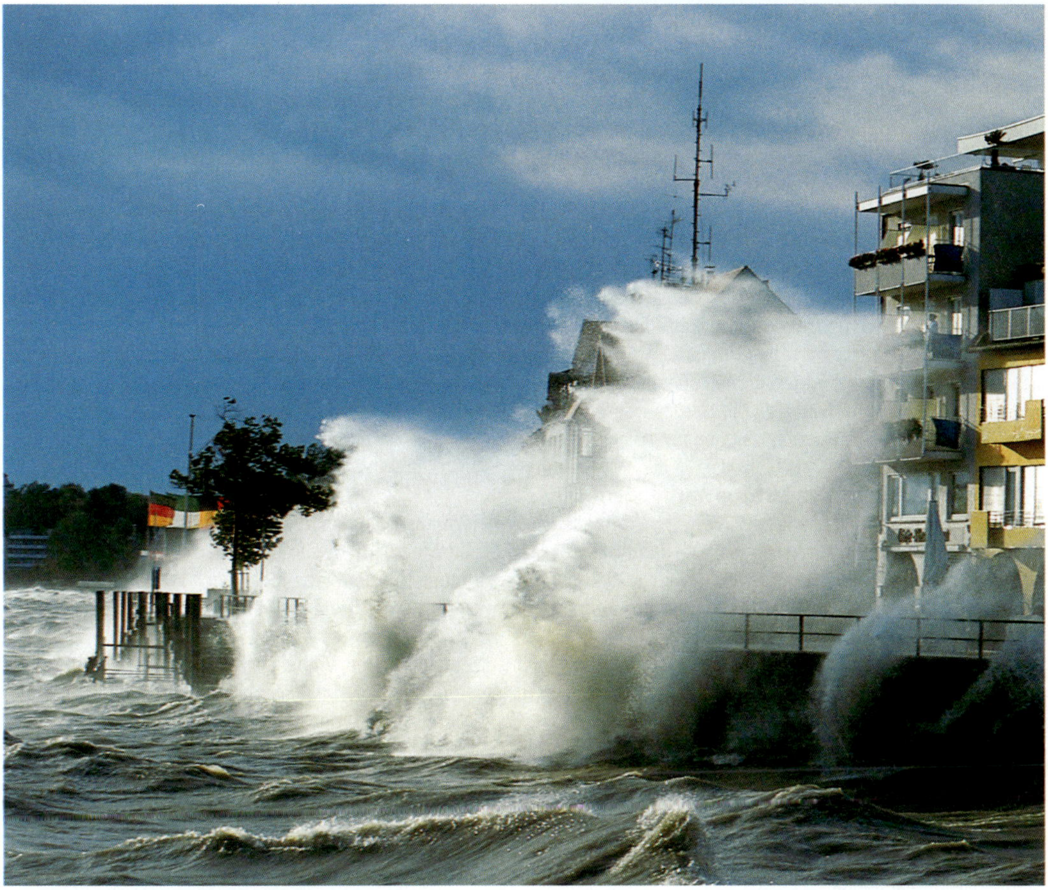

Sturm vor der Uferpromenade Friedrichshafen

Wetter und Sturmwarnung

Immer wieder geschehen auf dem Bodensee Unfälle, die zeigen, dass die von den Wetterdiensten ausgegebenen und von orange blinkenden Sturmwarnleuchten signalisierten Warnungen über aufkommende Winde von den Seebenutzern nicht ernst genommen werden. Dabei ist aber die Eintreffenswahrscheinlichkeit von starken Winden bei eingeschaltenen Sturmleuchten recht hoch. Viel höher auf jeden Fall als die meisten vermuten.

Windverhältnisse

Im Sommer ist der Bodensee ein wunderschönes Revier für Wassersportfreunde. Die einen genießen das Schwimmen und den Sonnenschein, die anderen tummeln sich mit »Fahrzeugen«, die von der Luftmatratze bis zur Hochsee-Yacht reichen, auf dem riesigen See.

Der Bodensee, der eine Fläche von ca. 500 Quadratkilometern aufweist, bietet allen Wassersportlern etwas. Auch wetter- und windmäßig ist der Bodensee, der sich im Übergangsbereich zwischen Alpen und dem Flachland befindet, ein ausgesprochen interessantes »Gewässer«. In Seglerkreisen wird oft abschätzig der Begriff »Flautenteich« verwendet. Dass dies nicht immer so ist, beweist die Tatsache, dass regelmäßig Jahr für Jahr Unfälle auftreten, die eindeutig auf eine falsche Einschätzung der zu erwartenden Windstärken zurückzuführen sind. Recht häufig bringen im Sommerhalbjahr aufziehende Gewitter starke Sturmböen mit sich. In der kälteren Jahreszeit sind es die aufgrund von großen Druckunterschieden entstehenden Gradientwinde, die für unangenehme Überraschungen sorgen können. Zu beachten ist aber auch der Föhn im östlichen Teil des Bodensees, der plötzlich mit Wucht hereinbricht und das Wasser innerhalb kurzer Zeit aufzupeitschen vermag. Besonderes Interesse finden natürlich die Wetterlagen, welche scheinbar aus dem Nichts einen plötzlichen Übergang von »friedlichem« Wetter zu Starkwind oder gar Sturm mit sich bringen.

Grundlagen für Sturmwarnungen

Auch für einen aufmerksamen Wetterbeobachter ist es oft nicht möglich, einen sich abzeichnenden Wetterumschwung frühzeitig zu erkennen. Beeinträchtigungen der Sichtweite gibt es im Gebiet des Bodensees einerseits wegen Hügeln und zudem auch wegen der über den Niederungen häufig liegenden sichtbehindernden Dunstglocke. In solchen Situationen ist eine Unterstützung durch den Wetterdienst notwendig. Die Ausgabestellen von Sturmwarnungen können sich nämlich mit technischen Hilfsmitteln trotz allem einen großräumigen Überblick über die Wettersysteme verschaffen, die für das Aufkommen von Stürmen verantwortlich sein können.

Mit den Wetterkarten kann sich der Meteorologe ein Bild über den großräumigen Wetterzustand verschaffen. Sie gestatten eine erste Grobbeurteilung, ob eine Wetterlage »sturmträchtig« ist oder nicht. Nebst dem Netz mit den automatischen Messstationen sind aber auch stationäre Wetterradargeräte für den Sturmwarndienst nicht mehr wegzudenkende Hilfsmittel. Für den Bodensee besonders wichtige Radarsysteme befinden sich auf dem Albis in der Nähe von Zürich, auf den Flughäfen in München und in Stuttgart, sowie auf dem Feldberg im Schwarzwald.

Mit dem Wetterradar können alle 10 Minuten Niederschlagsgebiete bis auf 230 km Entfernung erfasst werden. Es lassen sich damit beispielsweise Informationen über Entwicklung und Verlagerung von Gewitterzellen gewinnen. Da es im Bereich von solchen Zellen recht häufig zu jäh einsetzenden Windböen kommt, könne durch die Fachleute der Wetterzentralen mit guter Trefferrate gezielt Sturmwarnungen für die entsprechenden Regionen herausgegeben werden.

Starkwindwarnungen und Sturmwarnungen

Beabsichtigt der Schweizer oder der Deutsche Wetterdienst eine Warnung auszugeben, so nehmen die beteiligten Stellen miteinander Verbindung auf. Verantwortlich dafür ist in der Schweiz die Meteo Schweiz in Zürich, in Deutschland die Regionalzentraledes des Deutschen Wetterdienstes in Stuttgart. Die Warnungen können getrennt nach Warnregionen (West, Mitte, Ost) ausgegeben werden. Den Verlauf der Trennlinie entnehmen Sie der Karte auf Seite 27. Grundsätzlich werden zwei Stufen von Warnungen ausgegeben:

Die **Starkwindwarnung** warnt vor dem Aufkommen von einsetzenden Winden, wobei stellenweise Geschwindigkeiten von mehr als 25 Knoten, aber nicht mehr als 35 Knoten erwartet werden. Sie wird am See mit 40 Blitzen pro Minute der Sturmwarnleuchten signalisiert und die Seebenutzer werden damit aufgefordert, die örtlichen Wetterverhältnisse aufmerksam bzw. noch aufmerksamer als üblich zu beobachten.

Die **Sturmwarnung** kündet dagegen das »sichere« Eintreffen eines Sturmes an, wobei verbreitet Windgeschwindigkeiten von mehr als 35 Knoten zu erwarten sind. Sie wird mit 90 Blitzen pro Minute signalisiert und die Schiffsführer haben die nötigen Sicherheitsvorkehrungen zu treffen. Bei Sturmwarnung sind die Seebenutzer angehalten, den nächsten Hafen oder einen windgeschützten Ort anzulaufen. Auf jeden Fall sind Rettungswesten zu tragen und die Anweisungen der Wasserschutzpolizei zu befolgen.

Der Sturmwarndienst findet ganzjährig statt.
In der Zeit vom 1.4. bis 31.10. ab 6.00 Uhr bis 22.00 Uhr.
In der Zeit vom 1.11. bis 31.3. ab 7.00 Uhr bis 20.00 Uhr.
Der Ausgabezeitpunkt der Warnung ist so festgelegt, dass diese im **Idealfall eine Stunde** vor dem Eintreffen des Sturmes beim Empfänger eintrifft. Diese Zeitspanne sollte noch ausreichen, um die notwendigen Maßnahmen einzuleiten. Werden vom Wetterdienst Sturmwarnungen herausgegeben und durch die Sturmwarnleuchten angezeigt, so sind diese von einem verantwortungsbewussten Bootsführer immer ernstzunehmen.

Qualität der Warnungen

Viele Wassersportfreunde behaupten immer wieder, die Sturmwarnungen würden erst dann signalisiert, wenn es schon einen halben Tag bläst. Umgekehrt soll es auch vorkommen, dass tagelang gewarnt wird, ohne dass auch nur der leiseste Hauch eines Sturmes auf dem See spürbar sei. Diese Aussagen sind sicherlich übertrieben. Trotzdem muss ehrlicherweise zugegeben werden, dass nicht alle Sturmwarnungen zutreffend sind. Auch können die Winde plötzlich auffrischen, ohne dass ein Schiffsführer davor gewarnt worden wäre.

Es gibt keine Prognosen, die mit Sicherheit richtig sind. Das trifft beim Wetter besonders zu. So schlecht, wie es viele wahrhaben wollen, sind Sturmwarnungen aber bei weitem nicht. Aufgrund von langjährigen systematischen Kontrollen kann gesagt werden, dass die »Trefferrate« von Warnungen bei etwa 80% liegt, was etwa der üblichen Güte für meteorologische Prognosen entspricht.

Die beteiligten Wetterdienste hoffen natürlich, dass dank gemeinsamer Anstrengungen und mit der Unterstützung von neuen Hilfsmitteln die Qualität der Prognose weiter verbessert werden kann.

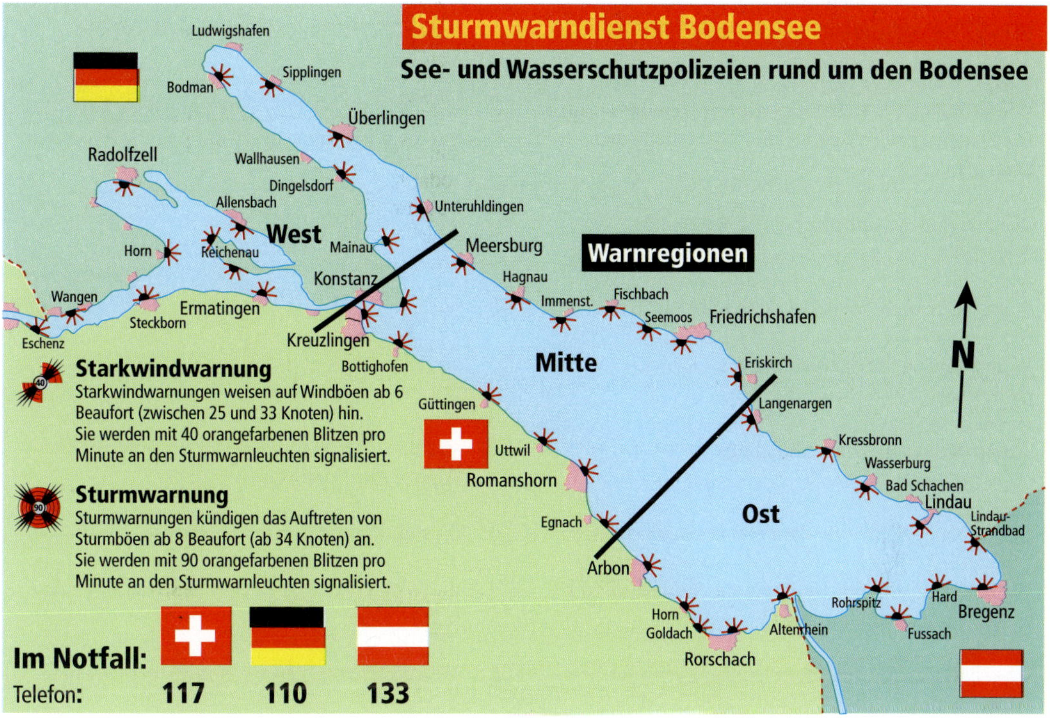

Starkwindwarnung des Sturmwarndienstes

Aufleuchten von orangenfarbigen Blinklichtern mit ca. 40 Blitzen pro Minute. Die Starkwindwarnung ist eine Orientierung über das wahrscheinliche Aufkommen von Sturmwinden, ohne nähere Zeitangabe. Sie wird möglichst frühzeitig ausgegeben, um auf die evtl. auftretende Gefahr aufmerksam zu machen.

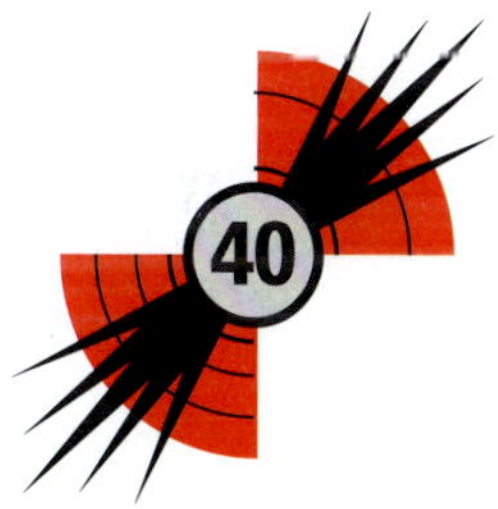

Sturmwarnung des Sturmwarndienstes

Aufleuchten von orangenfarbigen Blinklichtern mit ca. 90 Blitzen pro Minute. Die Sturmwarnung kündigt immer eine unmittelbare Sturmgefahr an.

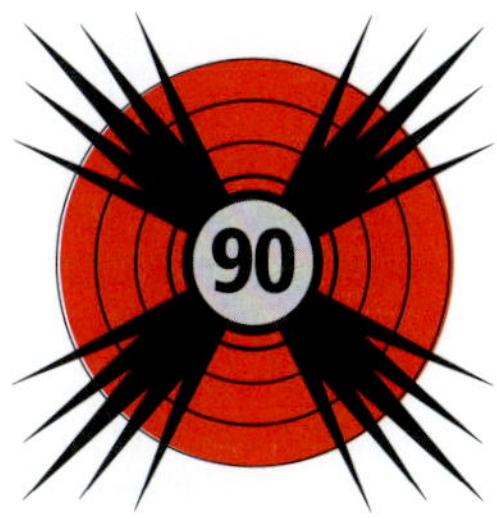

Fragen		Antworten
Welche Sicherheitsmaßnahmen trifft der Bootsführer vor Hereinbrechen eines Sturmes?	☒	Luken und Öffnungen schließen, lose Gegenstände verstauen, Rettungswesten anziehen, ggf. Segel reffen
Wie verhalten Sie sich, wenn Sie vor Hereinbrechen des Sturmes keinen Schutzhafen mehr aufsuchen können?	☒	windgeschütztes Ufer aufsuchen oder freien Seeraum gewinnen, nicht auf Legerwall geraten
Welches sind die vorherrschenden Winde am Bodensee?	☒	westliche Winde
Wann treten insbesondere Landwinde auf?	☒	nachts
Woran können Sie das Nahen eines Gewitters erkennnen?	☒	an fallendem Luftdruck und Wolkenbildung
Woran erkennen Sie eine Föhnlage?	☒	strahlender Sonnenschein, klare Sicht auf die Alpenkette, Föhnwolken
In welchem Seeteil weht der Föhn besonders häufig?	☒	im südöstlichen Teil des Obersees
Weshalb können Föhnwinde für die Sportschifffahrt besonders gefährlich werden?	☒	durch plötzlich und unregelmäßig auftretende heftige Böen
Was schließen Sie aus jäh fallendem Luftdruck und starker Wolkenbildung?	☒	Wetterverschlechterung, Sturm oder Gewitter
Wann treten insbesondere Seewinde auf?	☒	tagsüber
In welcher Zeit wird der Sturmwarndienst durchgeführt?	☒	ganzjährig
Wie erfolgt die Warnung vor aufkommenden Stürmen?	☒	durch Sturmwarnleuchten an markanten Uferstellen
Welche Farbe haben die Sturmwarnleuchten?	☒	orangefarbene Blinklichter
Welche Bedeutung hat das Aufblinken von orangefarbenen Blinklichtern mit 40 Blitzen pro Minute?	☒	Starkwindwarnung
Wie wird am Bodensee die Starkwindwarnung und die Sturmwarnung signalisiert?	☒	Starkwindwarnung = 40 Blitze pro Minute, Sturmwarnung = 90 Blitze pro Minute
Welche Windgeschwindigkeiten haben Sie bei der Auslösung der Starkwindwarnung (40 Blitze/Minute) zu erwarten?	☒	25 bis 33 Knoten, entsprechend 6 Beaufort und mehr
Welche Windgeschwindigkeiten haben Sie bei der Auslösung der Sturmwarnung (90 Blitze/Minute) zu erwarten?	☒	34 Knoten und mehr, entsprechend mehr als 8 Beaufort
Wie hat sich ein Schiffsführer bei Sturmwarnung zu verhalten?	☒	Schiff sturmfest machen, Rettungsmittel anlegen, notfalls Hafen aufsuchen

Fragen	Antworten
Wo verläuft die Trennlinie zwischen den Warngebieten West und Mitte?	☒ Meersburg – Konstanz
Wo verläuft die Trennlinie zwischen den Warngebieten Mitte und Ost?	☒ Langenargen – Arbon
Nennen Sie die Anzahl der Blitze pro Minute bei einer Starkwindwarnung!	☒ 40 Blitze
Nennen Sie die Anzahl der Blitze pro Minute bei einer Sturmwarnung!	☒ 90 Blitze
Wo verlaufen die Trennlinien zwischen den Warngebieten?	☒ Linie Konstanz – Meersburg und Linie Arbon – Langenargen
Sie beobachten eine heranziehende Gewitterfront, können jedoch keine Warnung durch Sturmwarnleuchten ausmachen. Wie verhalten Sie sich?	☒ ich mache mein Schiff sturmfest, ziehe Rettungsmittel an und laufe ggf. den nächsten Hafen an
Worauf weist die Starkwindwarnung hin und was haben Sie als Schiffsführer zu beachten?	☒ Orientierung über das wahrscheinliche Aufkommen eines Starkwindes, Wetterentwicklung beobachten
Was sollen Sie als Schiffsführer unternehmen, wenn sie durch schlechtes Wetter oder andere Umstände längere Zeit an einem fremden Ort aufgehalten und möglicherweise vermisst werden können?	☒ Angehörige, Hafenmeister oder Polizei verständigen
Was tun Sie, wenn ein Mitglied Ihrer Crew über Bord geht?	☒ Ruf »Mensch über Bord«, Rettungsmittel zuwerfen und versuchen, Person an Bord zu nehmen

Anlage H der BSO

Starkwind und Sturmwarnungen

H1 Starkwindwarnung

Aufleuchten von orangefarbigen Blinklichtern mitr ca. 40 orangefarbigen Blitzen pro Minute an den Sturmwarnleuchten. Starkwindwarnungen weisen auf starke Windböen zwischen 25 Knoten + 33 Knoten hin (ab Beaufort 6).

H2 Sturmwarnung

Aufleuchten von orangefarbigen Blitzen mit ca. 90 orangefarbigen Blitzen pro Minute an den Sturmwarnleuchten. Sturmwarnungen kündigen das Auftreten von Windböen größer/gleich 34 Knoten an (Beaufort 8 und größer).

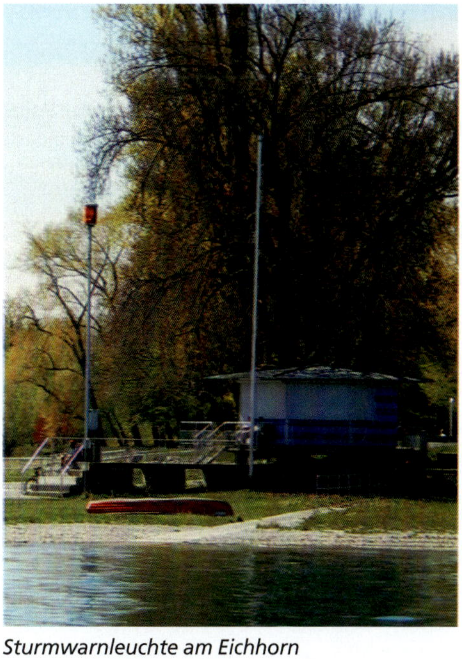

Sturmwarnleuchte am Eichhorn

Kennzeichen der Fahrzeuge

Kennzeichen — Artikel 2.01

(1) Jedes Fahrzeug muss mit einem von der zuständigen Behörde zugeteilten Kennzeichen versehen sein, das auf beiden Seiten des Fahrzeuges an gut sichtbarer Stelle anzubringen ist. Ausgenommen hiervon sind
  a) Fahrzeuge, deren Länge, gemessen über alles, unter 2,50 m liegt und die nicht mit Maschinenantrieb ausgestattet sind.
  b) Segelsurfbretter, Drachensegelbretter, Stand-Up-Paddles, Paddelboote und Rennruderboote, die nicht mit Maschinenantrieb ausgestattet sind. Fahrzeuge nach Buchstabe b müssen ohne Rücksicht auf ihre Länge den Namen und die Anschrift des Eigentümers oder sonst Verfügungsberechtigten tragen.

(2) Absatz 1 Satz 1 gilt als erfüllt bei einem Fahrzeug mit amtlichen Kennzeichen, das von einer für andere schiffbare Gewässer zuständigen Behörde eines Vertragsstaates des Übereinkommens über die Schifffahrt auf dem Bodensee erteilt wurde.

(3) Über die Zuteilung des Kennzeichens für ein nicht zulassungspflichtiges Fahrzeug wird eine Urkunde (Bootsausweis) ausgestellt; Artikel 14.02, ausgenommen Buchstaben f, g, i und l, und Artikel 14.07 gelten entsprechend.

Fragen	Antworten
Welche Fahrzeuge müssen mit einem amtlichen Kennzeichen versehen sein?	☒ alle Fahrzeuge über 2,50 Meter Länge, ausgenommen Surfbretter, Paddelboote, Rennruderboote und Stand-Up-Paddelbretter
Wer erteilt die Kennzeichen für Wasserfahrzeuge am deutschen Bodenseeufer?	☒ Landratsämter Bodenseekreis, Konstanz und Lindau
Wie müssen Segelsurfbretter, Paddelboote, Rennruderboote und Stand-up-Paddelbretter gekennzeichnet sein?	☒ mit Namen und Anschrift des Eigners
Ab welcher Bootslänge muss ein Boot ohne Maschinenantrieb, Wohn-, Koch- oder sanitärer Einrichtung bei der Zulassungsstelle registriert werden?	☒ alle Fahrzeuge ab einer Länge von 2,50 Meter, ausgenommen Surfbretter, Paddel- und Rennruderboote ohne Motor sowie Stand-up-Paddelbretter

Anbringung der Kennzeichen — Artikel 2.02

Die Kennzeichen nach Artikel 2.01 sind in gut lesbaren lateinischen Schriftzeichen und arabischen Ziffern anzubringen. Die Schriftzeichen und die Ziffern müssen mindestens 8 cm hoch sein. Ihre Breite und die Stärke der Striche sind entsprechend der Höhe zu bemessen. Die Schriftzeichen und Ziffern müssen hell auf dunklem Grunde oder dunkel auf hellem Grunde sein.

Fragen	Anworten
Wie hoch müssen die Kennzeichen mindestens sein?	☒ 8 cm
Wo müssen die Kennzeichen angebracht sein?	☒ an gut sichtbarer Stelle auf beiden Seiten des Schiffes
Wie sind Fahrzeuge mit eingebauten Lithium-Ionen-Akkumulatoren für den Antrieb oder die Stromversorgung zu kennzeichnen?	☒ mit dem Warnzeichen W012
Wo muss das Warnzeichen W012 angebracht werden?	☒ gut sichtbar auf beiden Seiten des Fahrzeugs neben dem Kennzeichen und am Heck

Sichtzeichen der Fahrzeuge

Lichter **Artikel 3.01**

(1) Die in dieser Verordnung vorgeschriebenen Lichter müssen ihrer Funktion entsprechend sichtbar sein und ein gleichmäßiges, ununterbrochenes Licht werfen. Die Lichter müssen so angebracht sein, dass sie den Schiffsführer nicht blenden und sie dürfen nicht durch feste Aufbauten oder zusätzliche Geräte unter üblichen Betriebsbedingungen verdeckt werden.

(2) In dieser Verordnung gelten als:
a. »Topplicht« (Buglicht): ein weißes, helles Licht, das über einen Horizontbogen von 225° sichtbar sein muss, und zwar 112°30′ nach jeder Seite (d. h. von vorne bis beiderseits 22°30′ hinter die Querschiffslinie), und nur in diesem Bogen sichtbar sein darf; das Topplicht muss in der Mittellängsebene des Fahrzeuges angebracht sein;
b. »Seitenlichter«: an Steuerbord ein grünes helles Licht und an Backbord ein rotes helles Licht, von denen jedes über einen Horizontbogen von 112°30′ sichtbar sein muss (das heißt von vorne bis 22°30′ hinter die Querschiffslinie), und nur in diesem Bogen sichtbar sein darf; die Seitenlichter müssen in gleicher Höhe über der Wasserlinie angebracht sein;
c. »Hecklicht«: ein weißes gewöhnliches Licht oder ein weißes helles Licht, das über einen Horizontbogen von 135° sichtbar sein muss, und zwar 67°30′ von hinten nach jeder Seite, und nur in diesem Bogen sichtbar sein darf; das Hecklicht muss so nahe wie möglich am Heck des Fahrzeuges angebracht sein;
d. »Weißes Rundumlicht«: ein weißes, von allen Seiten sichtbares (360°), gewöhnliches Licht; das weiße Rundumlicht muss in der Mittellängsebene des Fahrzeuges angebracht sein;
e. »Kombinations-Seitenlicht«: eine Leuchte, in der die Seitenlichter zusammengefasst sind; das Kombinations-Seitenlicht muss in der Mittellängsebene des Fahrzeuges angebracht sein;
f. »Dreifarben-Topplicht«: eine Leuchte, in der die Seitenlichter sowie das Hecklicht zusammengefasst sind; das Dreifarben-Topplicht muss am oder so nahe wie möglich am Masttopp angebracht sein.

Auf Fahrzeugen mit Maschinenantrieb mit einer Rumpflänge von weniger als 12 m darf das Topp- oder das Rundumlicht seitlich aus der Mittellängsebene versetzt angebracht sein, sofern das Anbringen in der Mittellängsebene nicht möglich ist. In diesem Fall muss ein Kombinations-Seitenlicht in der Mittellängsebene des Fahrzeuges oder so nahe wie möglich der Längsebene angebracht sein, in der das seitlich versetzte Topp- oder Rundumlicht montiert ist.

(3) Die Sichtweite der Lichter hat in dunkler Nacht bei klarer Luft zu betragen:

a. weißes helles Licht	4 km (2,2 Seemeilen)
b. rotes oder grünes helles Licht	3 km (1,6 Seemeilen)
c. weißes gewöhnliches Licht	2 km (1,1 Seemeilen)
d. rotes oder grünes gewöhnliches Licht	1,5 km (0,8 Seemeilen).

(4) Abweichend von Absatz 2 und 3 hat die Sichtweite der Lichter auf Fahrzeugen, die nach dem 31. März 2022 erstmals am Bodensee zugelassen werden, in dunkler Nacht bei klarer Luft zu betragen:

a. auf Fahrzeugen mit einer Rumpflänge von weniger als 12 m:

1. Seitenlichter oder Kombinations-Seitenlicht	1,85 km (1 Seemeile)
2. Topplicht, Hecklicht und weißes Rundumlicht	3,7 km (2 Seemeilen)
3. beim Dreifarben-Topplicht	
3.1. für den Backbord- und Steuerbordsektor	1,85 km (1 Seemeile)
3.2. für den Hecklichtsektor	3,7 km (2 Seemeilen);

b. auf Fahrzeugen mit einer Rumpflänge von 12 m oder mehr, aber weniger als 20 m:

1. Seitenlichter, Kombinations-Seitenlicht, Hecklicht und alle Sektoren des Dreifarben-Topplichtes	3,7 km (2 Seemeilen)
2. Topplicht	5,55 km (3 Seemeilen);

c. auf Fahrzeugen mit einer Rumpflänge von 20 m oder mehr:

1. Seitenlichter und Hecklicht	3,7 km (2 Seemeilen)
2. Topplicht	9,25 km (5 Seemeilen)

Fragen	Antworten
Wann muss ein Fahrzeug in Fahrt zwei Hecklichter führen?	☒ wenn ein Hecklicht nicht über den gesamten Horizontbogen von 135° sichtbar ist

Flaggen und Bälle — Artikel 3.02

(1) Die Farben der in dieser Verordnung vorgeschriebenen Flaggen und Bälle dürfen nicht verblasst oder schmutzig sein. Die Flaggen müssen rechteckig und mindestens 60 cm hoch und breit sein. Die Bälle müssen für Vorrangfahrzeuge einen Durchmesser von mindestens 50 cm, für Fahrzeuge der Berufsfischer einen Durchmesser von mindestens 30 cm haben.

(2) Anstelle von Flaggen können Tafeln gleicher Größe und Farbe verwendet werden. Bälle dürfen durch Einrichtungen ersetzt werden, die aus der Entfernung das gleiche Aussehen haben.

Fragen	Antworten
Welche Form und Mindestgröße müssen die in der Bodensee-Schifffahrts-Ordnung genannten Flaggen aufweisen?	☒ rechteckig, mind. 60 cm x 60 cm

Verbotene Lichter und Zeichen — Artikel 3.03

(1) Es ist verboten, andere als die in dieser Verordnung vorgesehenen Lichter und Zeichen zu gebrauchen oder diese unter Umständen zu gebrauchen, für die sie nicht vorgeschrieben oder zugelassen sind.

(2) Es ist verboten, Flaggen und Bälle zu gebrauchen, die geeignet sind, die Sichtbarkeit der in dieser Verordnung vorgesehenen Zeichen zu beeinträchtigten oder deren Erkennbarkeit zu erschweren.

Ersatz und Umrüstung bestehender Lichter — Artikel 3.04

(1) Wenn in dieser Verordnung vorgeschriebene Lichter ausfallen, müssen unverzüglich Ersatzlichter gesetzt werden. Hierbei kann als Ersatzlicht für ein vorgeschriebenes helles Licht ein gewöhnliches Licht geführt werden. Die Lichter mit der gemäß Absatz 3 vorgeschriebenen Stärke sind so schnell wie möglich wieder zu setzen.

(2) Ist bei einem Fahrzeug mit Maschinenantrieb das Setzen von Ersatzlichtern nicht unverzüglich möglich, so muss anstelle der Ersatzlichter ein weißes Rundumlicht geführt werden.

(3) Bei Fahrzeugen, die vor dem 1. April 2022 bereits am Bodensee zugelassen waren und noch nicht über Lichter verfügen, deren Sichtweite den Anforderungen des Artikel 3.01 Absatz 4 entspricht, müssen bei Ausfall eines Lichtes sämtliche Lichter in ihrer Gesamtheit möglichst rasch auf Lichter mit einer Sichtweite umgerüstet werden, die den Anforderungen des Artikel 3.01 Absatz 4 entspricht; eine freiwillige Umrüstung ist bei diesen Fahrzeugen jederzeit möglich.

Lampen und Scheinwerfer — Artikel 3.05

Lampen und Scheinwerfer dürfen nicht so gebraucht werden, dass sie
a) mit den in dieser Verordnung vorgesehenen Lichtern und Zeichen verwechselt werden oder deren Sichtbarkeit beeinträchtigen können,
b) blenden und dadurch die Schifffahrt oder den Verkehr an Land gefährden oder behindern.

Bezeichnung während der Fahrt bei Nacht oder bei unsichtigem Wetter Artikel 3.06

(1) Fahrzeuge mit Maschinenantrieb müssen während der Fahrt bei Nacht und unsichtigem Wetter führen:

a. Topplicht (Buglicht);

b. Seitenlichter;

c. Hecklicht;

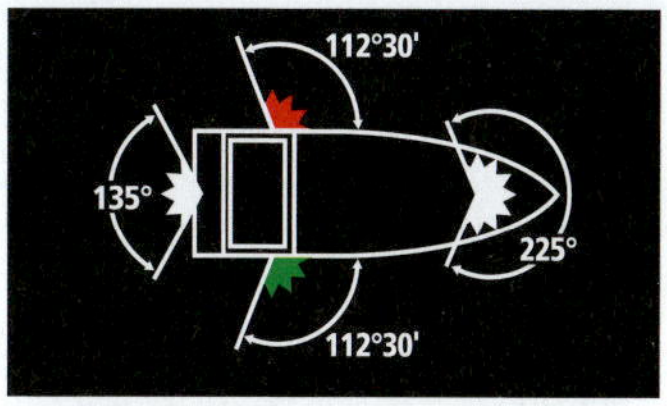

Positionsbeleuchtung für Fahrzeuge mit Maschinenantrieb

(2) Bei Fahrzeugen der Berufsfischer und Vergnügungsfahrzeugen mit Maschinenantrieb, die vor dem 1. April 2022 bereits am Bodensee zugelassen waren und noch nicht über Lichter verfügen, deren Sichtweite den Anforderungen des Artikel 3.01 Absatz 4 entspricht, können anstelle der hellen Lichter auch gewöhnliche Lichter, anstelle der Seitenlichter ein Kombinations-Seitenlicht und anstelle von Topplicht und Hecklicht ein weißes Rundumlicht geführt werden.

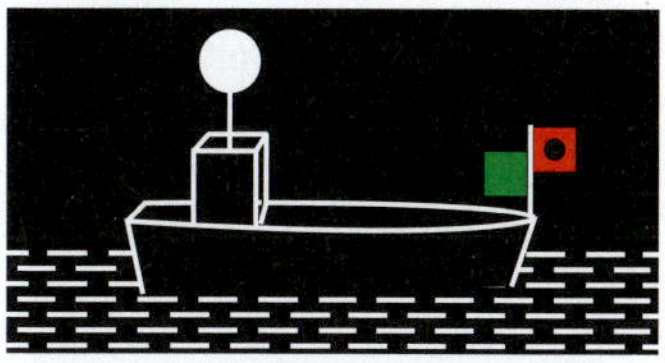

Weißes Rundumlicht anstatt Bug- und Hecklicht sowie die Zweifarbenleuchte am Bug anstatt den Seitenlichtern.

(3) Ein weißes Rundumlicht ist ausreichend auf
- a) Fahrzeugen, deren Antriebsleistung nicht mehr als 4,4 kW beträgt,
- b) Vergnügungsfahrzeugen, deren Rumpflänge 7 m und deren Geschwindigkeit über Grund 13 km/h (7 Knoten) nicht übersteigt, sofern dies in der Zulassungsurkunde eingetragen ist,
- c) Fahrzeugen der Berufsfischer am Netz und
- d) Fahrzeugen der Berufsfischer und Vergnügungsfahrzeugen mit Zulassungsbeschränkung auf die Strecke zwischen Stein am Rhein (Brücke) und Schaffhausen, deren Maschinenleistung nicht mehr als 30kW beträgt.

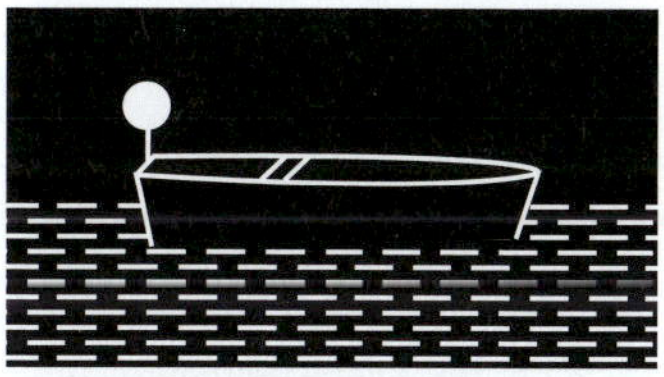

Weißes Rundumlicht für motorlose Boote und Boote bis max. 4,4 kW Motorisierung

(4) Vergnügungsfahrzeuge mit Maschinenantrieb können bei Nacht und bei unsichtigem Wetter führen:
- a) Seitenlichter, ein Topplicht und ein Hecklicht,
- b) ein Kombinations-Seitenlicht, ein Topplicht und ein Hecklicht,
- c) ein Kombinations-Seitenlicht & ein weißes Rundumlicht oder
- d) Seitenlichter und ein weißes Rundumlicht.

Segelfahrzeuge mit Maschinenantrieb mit Lichterführung gemäß Buchstabe a können anstelle der Seitenlichter und des Hecklichtes ein Dreifarben-Topplicht führen.

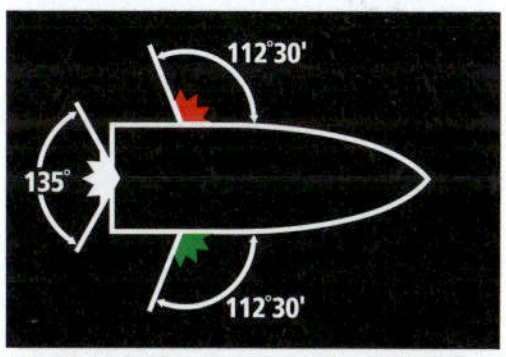

Seitenlichter und Hecklicht

(5) Fahrzeuge ohne Maschinenantrieb führen bei Nacht und bei unsichtigem Wetter ein weißes Rundumlicht.

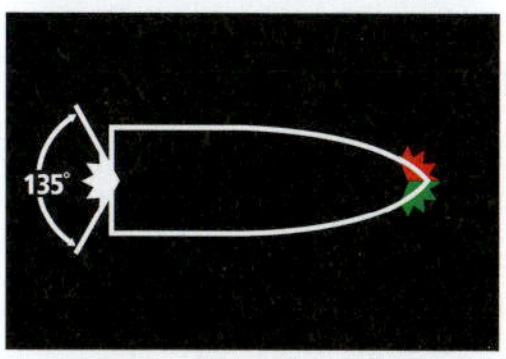

Zweifarbenleuchte + Hecklicht

(6) Segelfahrzeuge, die nur unter Segel fahren, führen bei Nacht und bei unsichtigem Wetter:
- a) Seitenlichter und ein Hecklicht,
- b) ein Kombinations-Seitenlicht und ein Hecklicht,
- c) ein Dreifarben-Topplicht,
- d) ein weißes Rundumlicht oder
- e) Seitenlichter, Hecklicht und zwei senkrecht übereinander angebrachte Rundumlichter an der am besten sichtbaren Stelle, das obere rot, das untere grün.

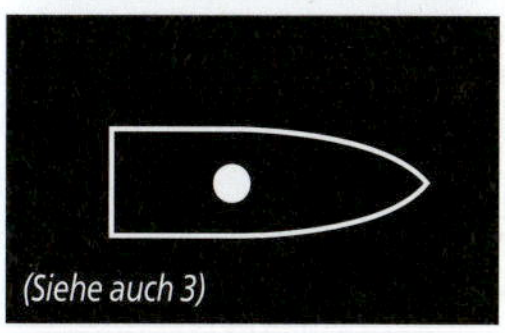

weißes Rundumlicht (360°)

Fragen	Antworten
Nennen Sie die Sichtweite eines „Hellen Lichtes“ weißer Farbe für Wasserfahrzeuge, die vor dem 1. April 2022 auf dem Bodensee zugelassen waren (in Kilometern).	☒ 4 km
Nennen Sie die Sichtweite eines „Hellen Lichtes“ roter und grüner Farbe für Wasserfahrzeuge, die vor dem 1. April 2022 auf dem Bodensee zugelassen waren (in Kilometern).	☒ 3 km
Nennen Sie die Sichtweite eines „Gewöhnlichen Lichtes“ weißer Farbe für Wasserfahrzeuge, die vor dem 1. April 2022 auf dem Bodensee zugelassen waren (in Kilometern).	☒ 2 km
Nennen Sie die Sichtweite eines „Gewöhnlichen Lichtes“ roter und grüner Farbe für Wasserfahrzeuge, die vor dem 1. April 2022 auf dem Bodensee zugelassen waren.	☒ 1,5 km
Nennen Sie die Sektorenbereiche der einzelnen Fahrtlichter!	☒ Topplicht 225°, Seitenlichter 112,5°, Hecklicht 135°
Welches sind die erforderlichen Fahrtlichter von Vergnügungsfahrzeugen mit Maschinenantrieb über 4,4 kW Leistung gemäß Bodensee-Schifffahrts-Ordnung für Wasserfahrzeuge, die vor dem 1. April 2022 auf dem Bodensee zugelassen waren?	☒ Topplicht 225°, 2 km weiß, Seitenlichter 112,5°, 1,5 km Backbord rot, Steuerbord grün; Hecklicht 135°, 2 km weiß
Welche Lichterführung ist für Segelfahrzeuge unter Motor bis 4,4 kW Leistung bei Fahrt in der Nacht oder unsichtigem Wetter vorgeschrieben?	☒ ein weißes Rundumlicht
Welche Lichterführung ist für Segelfahrzeuge bei Nacht und unsichtigem Wetter unter Segel vorgeschrieben?	☒ ein weißes Rundumlicht
Welche Erleichterung für Vergnügungsfahrzeuge mit Maschinenantrieb bis 4,4 kW Motorleistung bestehen hinsichtlich der Lichterführung?	☒ es genügt ein weißes Rundumlicht
Welche Lichterführung ist für ein geschlepptes Fahrzeug vorgeschrieben und wie muss das Schleppfahrzeug gekennzeichnet sein?	☒ ein weißes Rundumlicht, Schlepper die Lichter seiner Fahrzeugart
Welche Lichterführung ist für Wasserfahrzeuge ohne Maschinenantrieb in der Nacht vorgeschrieben?	☒ ein weißes Rundumlicht
Wozu dient die Lichterführung in der Schifffahrt?	☒ um Art und Kurs eines anderen Fahrzeugs zu erkennen
Sie sehen nachts ein weißes Licht voraus; was kann dies sein?	☒ Hecklicht eines vorausfahrenden Fahrzeugs

Fragen	Antworten
Wann müssen Lichter geführt werden?	☒ von Sonnenuntergang bis Sonnenaufgang und bei unsichtigem Wetter
Nennen Sie die Sichtweite eines Rundumlichts weißer Farbe für Wasserfahrzeuge mit einer Rumpflänge von weniger als 12 m, die nach dem 1. April 2022 auf dem Bodensee zugelassen wurden (in Kilometern).	☒ 3,7 km
Nennen Sie die Sichtweite eines Seitenlichts für Wasserfahrzeuge mit einer Rumpflänge von weniger als 12 m, die nach dem 1. April 2022 auf dem Bodensee zugelassen wurden (in Kilometern).	☒ 1,85 km
Nennen Sie die Sichtweite eines Topp-lichts für Wasserfahrzeuge mit einer Rumpflänge von mehr als 12 m aber we-niger als 20 m, die nach dem 1. April 2022 auf dem Bodensee zugelassen wurden.	☒ 5,55 km
Nennen Sie die Sichtweite eines Seitenlichts für Wasserfahrzeuge mit einer Rumpflänge von mehr als 12 m aber weniger als 20 m, die nach dem 1. April 2022 auf dem Bodensee zugelassen wurden (in Kilometern).	☒ 3,7 km
Nennen Sie die Sichtweite eines Topplichts für Wasserfahrzeuge mit einer Rumpflänge von mehr als 20 m, die nach dem 1. April 2022 auf dem Bodensee zugelassen wurden (in Kilometern).	☒ 9,25 km
Nennen Sie die Sichtweite eines Seitenlichts für Wasserfahrzeuge mit einer Rumpflänge von mehr als 20 m, die nach dem 1. April 2022 auf dem Bodensee zugelassen wurden (in Kilometern).	☒ 3,7 km

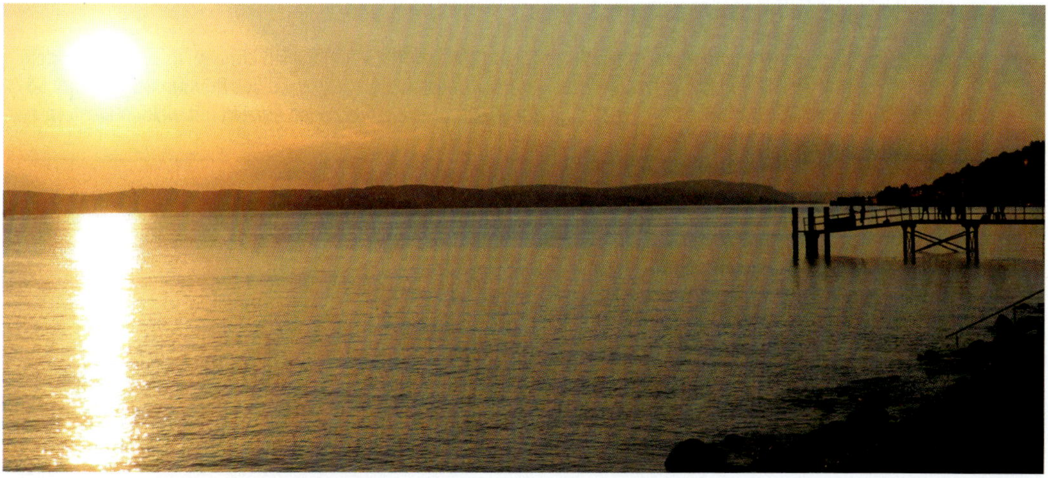

Fragen	Antworten
Müssen Sie bei Nebel und unsichtigem Wetter die vorgeschriebenen Lichter führen?	☒ ja, immer
Was müssen Sie bei Nebel und unsichtigem Wetter tun?	☒ die vorgeschriebenen Lichter führen, Nebelsignale geben, Geschwindigkeit der verminderten Sicht anpassen, Ausguck stellen
Wann muss ein Fahrzeug in Fahrt zwei Hecklichter führen?	☒ wenn ein Hecklicht nicht über den gesamten Horizontbogen von 135° sichtbar ist

Zusätzliche Bezeichnung der Vorrangfahrzeuge während der Fahrt bei Nacht oder bei unsichtigem Wetter — Artikel 3.07

Vorrangfahrzeuge müssen außer den nach Artikel 3.06 vorgeschriebenen Lichtern ein grünes helles Rundumlicht an geeigneter Stelle und mindestens 1 m höher als das Topplicht (Buglicht) nach Artikel 3.06 Abs. 1 Buchst. a führen.

Fragen	Antworten
Woran ist während der Nacht ein Vorrangfahrzeug zu erkennen?	☒ an einem grünen hellen Rundumlicht
Sie wollen mit Ihrem Vergnügungsfahrzeug bei Nacht den Rhein queren. Es nähert sich ein Wasserfahrzeug von Backbord, welches zu seiner üblichen Lichterführung ein grünes helles Rundumlicht zeigt. Wer ist ausweichpflichtig?	☒ ich mit meinem Vergnügungsfahrzeug

Bezeichnung der Fahrzeuge und schwimmenden Anlagen beim Stillliegen bei Nacht oder bei unsichtigem Wetter — Artikel 3.08

(1) Wenn Fahrzeuge und schwimmende Anlagen bei Nacht oder bei unsichtigem Wetter stillliegen, müssen sie ein weißes Rundumlicht führen. Soweit es die Sicherheit der Schifffahrt erfordert, müssen schwimmende Geräte und schwimmende Anlagen außerdem so beleuchtet sein, dass ihre Umrisse erkennbar sind.

(2) Absatz 1 gilt nicht für Fahrzeuge und schwimmende Anlagen, die sich an einem behördlich zugelassenen Liegeplatz befinden oder die unmittelbar oder mittelbar am Ufer festgemacht sind.

(3) Fahrzeuge und schwimmende Anlagen, deren Verankerung die Schifffahrt gefährden können, müssen außer dem nach Absatz 1 vorgeschriebenen Licht mindestens 1 m unter diesem ein zweites weißes Rundumlicht führen. Soweit es die Sicherheit der Schifffahrt erfordert, sind außerdem die Verankerungen einzeln mit weißen Lichtern zu kennzeichnen.

Fragen	Antworten
Wie sind stillliegende Fahrzeuge zur Nachtzeit oder bei unsichtigem Wetter außerhalb von Häfen zu kennzeichnen? (Ankerlieger)	☒ durch ein weißes Rundumlicht
Sie fahren während der Nacht in Ufernähe; auf Ihrem Fahrkurs kommen zwei weiße Lichter übereinander in Sicht. Was für eine Situation ist gegeben?	☒ Fahrzeuge bzw. schwimmende Anlagen, mit gefährlicher Verankerung

Tagbezeichnung der Vorrangfahrzeuge während der Fahrt — Artikel 3.09

Vorrangfahrzeuge müssen bei Tag einen grünen Ball führen.

Fragen	Antworten
Wie ist ein Vorrangschiff während der Tagzeit gekennzeichnet?	☒ durch einen grünen Ball, Durchmesser mindestens 50 cm

Bezeichnung von Fischereifahrzeugen — Artikel 3.10

(1) Fahrzeuge der Berufsfischer beim Fang können einen weißen Ball führen, der über dem Schiffskörper gut sichtbar angebracht sein muss.

(2) Fahrzeuge, von denen aus mit der Schleppangel gefischt wird, müssen eine weiße Flagge führen.

Fragen	Antworten
Woran können Sie die Fahrzeuge der Berufsfischer beim Fang erkennen?	☒ weißer Ball, Durchmesser mind. 30 cm
Wie sind die Fahrzeuge der Sportfischer, die mit einer Schleppangel fischen, zu erkennen?	☒ an einer weißen Flagge, mind. 60 cm x 60 cm

Tagbezeichnung der Fahrzeuge und schwimmenden Anlagen, deren Verankerungen die Schifffahrt gefährden können — Artikel 3.11

Fahrzeuge und schwimmende Anlagen, deren Verankerungen die Schifffahrt gefährden können, müssen zwei übereinander gesetzte weiße Flaggen so führen, dass sie von allen Seiten sichtbar sind. Soweit es die Sicherheit der Schifffahrt erfordert, sind außerdem die Verankerungen einzeln mit gelben Bojen (Döppern) zu kennzeichnen.

Fragen	Antworten
Auf Ihrem Fahrkurs kommt ein Baggerschiff in Sicht; es hat zwei weiße Flaggen übereinander gesetzt. Worauf ist besonders bei der Vorbeifahrt zu achten?	☒ Gefahr durch Anker, Abstand halten

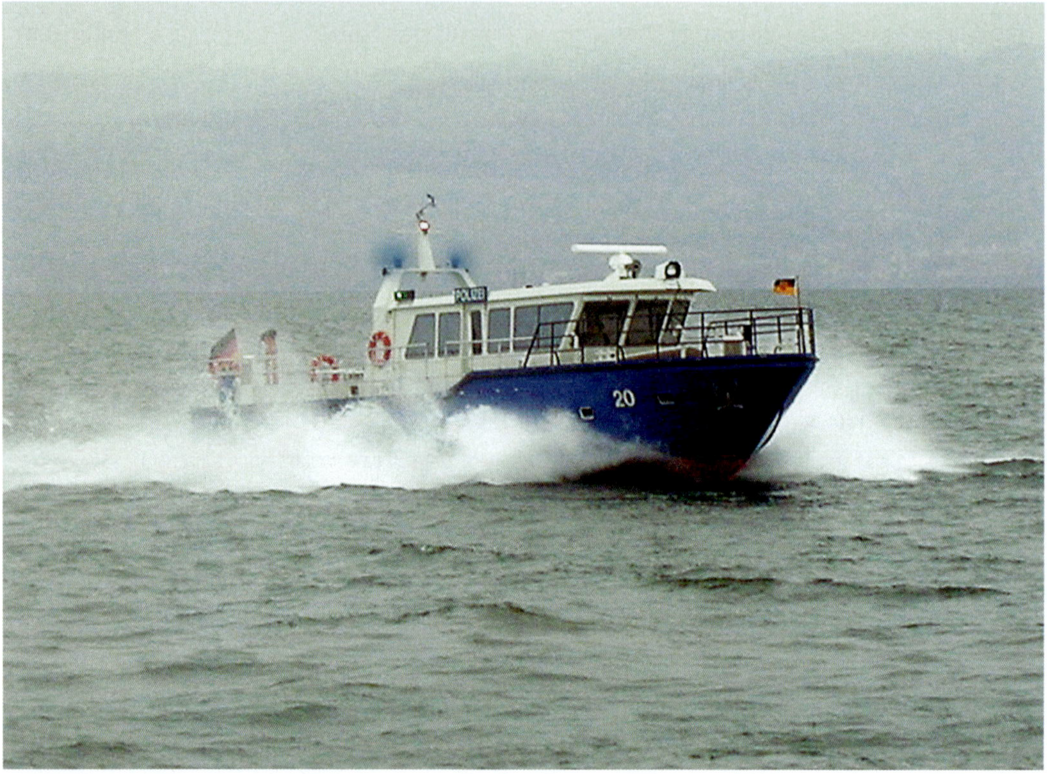

Zeigen des blauen Blinklichts

Artikel 3.12

Fahrzeuge der Polizei können ein blaues Blinklicht zeigen, wenn sie sich in dringendem Einsatz befinden. Mit Ermächtigung der zuständigen Behörde können auch Fahrzeuge der Feuerwehr, der Ölwehr und des öffentlichen Rettungsdienstes in dringendem Einsatz ein blaues Blinklicht zeigen.

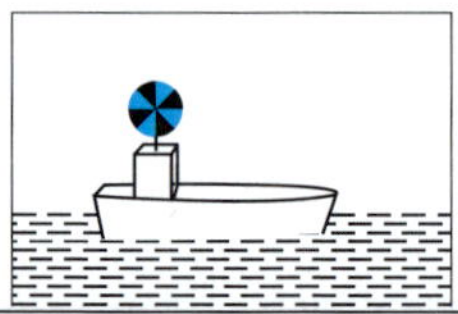

Fragen	Antworten
Ein blaues Blinklicht kommt auf Ihrem Fahrkurs in Sicht; was ist gegeben und welche Maßnahmen müssen Sie erforderlichenfalls treffen?	☒ Einsatzfahrt der Polizei, Ölwehr, Rettungsdienst, ausweichen und genügend Raum geben, notfalls anhalten

Zeichen beim Tauchen

Artikel 3.13

(1) Beim Tauchen vom Land aus ist eine Flagge Buchstabe »A« der Internationalen Flaggenordnung (Doppelstander, deren Hälfte am Stock weiß und deren andere Hälfte blau ist) aufzustellen.

(2) Beim Tauchen vom Gewässer aus muss diese Flagge auf dem Fahrzeug oder einer mitgeführten Boje von allen Seiten sichtbar sein; nachts und bei unsichtigem Wetter ist sie wirksam anzuleuchten.

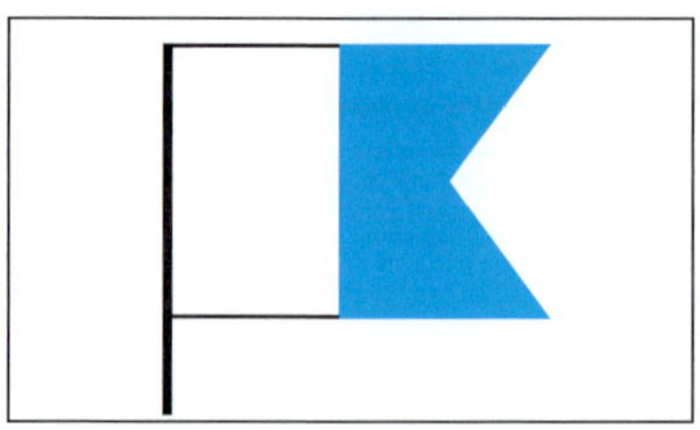

Fragen		Antworten
Sie sehen vom Schiff aus am Ufer die Flagge »Buchstabe A« der internationalen Flaggenordnung aufgestellt. Was bedeutet dies?	☒	Tauchstelle von Land aus, Mindestabstand 50 m
Ein stillliegendes Fahrzeug auf dem Bodensee hat einen weiß/blauen Doppelstander gesetzt. Welche Bedeutung hat diese Flagge?	☒	Tauchstelle vom Fahrzeug aus, 50 m Mindestabstand
In welchem Umkreis von Hafeneinfahrten und Landestellen der Fahrgastschifffahrt ist das Tauchen nicht erlaubt?	☒	100 m
Ist das Tauchen im markierten Fahrwasser erlaubt?	☒	nein

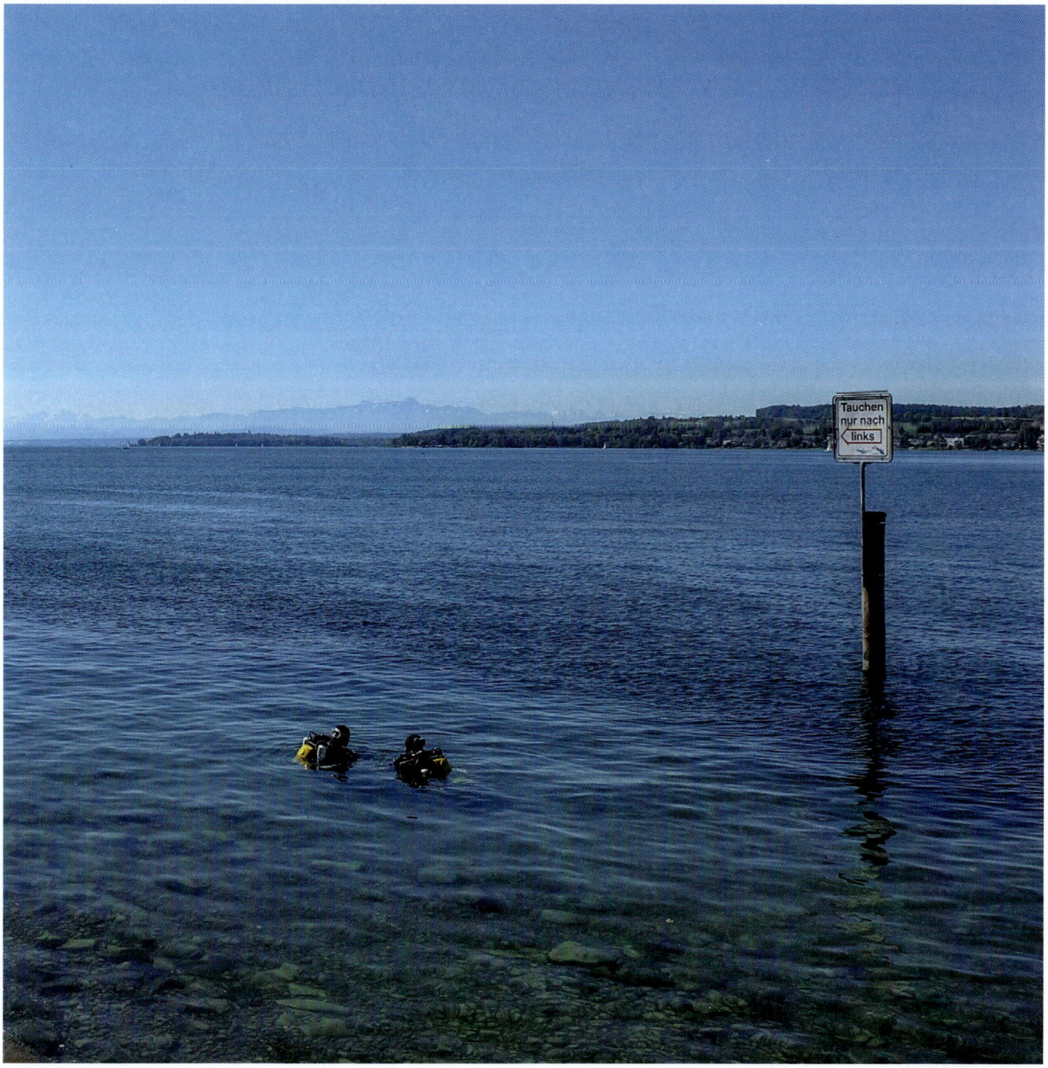

Schallzeichen und Sprechfunk

Allgemeines — Artikel 4.01

Die in dieser Verordnung vorgesehenen Schallzeichen (Anlage A) müssen in Tönen von gleichbleibender Höhe gegeben werden. Unter einem kurzen Ton ist ein Ton in der Dauer von etwa 1 Sekunde, unter einem langen Ton ein solcher in der Dauer von etwa 4 Sekunden zu verstehen. Die Pause zwischen aufeinanderfolgenden Tönen muss etwa 1 Sekunde betragen.

Fragen	Antworten
Wie lange dauert ein kurzer Ton?	☒ 1 Sekunde
Wie lange dauert ein langer Ton?	☒ 4 Sekunden

Schallzeichen der Fahrzeuge — Artikel 4.02

(1) Vorbehaltlich der in dieser Verordnung sonst vorgeschriebenen Schallzeichen müssen Fahrzeuge mit Maschinenantrieb, wenn die Sicherheit der Schifffahrt dies erfordert, die nachstehenden Schallzeichen geben.

(2) Das Schallzeichen »Achtung« müssen erforderlichenfalls auch Segelfahrzeuge geben.

(3) Alle übrigen Fahrzeuge dürfen im Falle einer Gefahr die Schallzeichen nach Absatz 1 geben.

Anlage A der BSO – Schallzeichen der Fahrzeuge

SCHALLZEICHEN	BEDEUTUNG DER SCHALLZEICHEN
○ ein kurzer Ton	»Ich richte meinen Kurs nach Steuerbord«
○ ○ zwei kurze Töne	»Ich richte meinen Kurs nach Backbord« »Die Vorbeifahrt soll Steuerbord an Steuerbord stattfinden«
○ ○ ○ drei kurze Töne	»Meine Maschine geht rückwärts«
○ ○ ○ ○ vier kurze Töne	»Ich bin manövrierunfähig«
▬ ein langer Ton	»Achtung« oder »Ich halte meinen Kurs bei« »Hafenausfahrtsignal« »Brückendurchfahrtsignal«
▬ / Minute	»Nebelsignal der Fahrzeuge, ausgenommen der Vorrangfahrzeuge«
▬ ▬ zwei lange Töne	»Nebelsignal der Vorrangfahrzeuge«
▬ ▬ ▬ drei lange Töne	»Hafeneinfahrtsignal der Vorrangfahrzeuge, Schleppverbände und Fahrzeuge in Not«
▬ ▬ ▬ ▬ … Folge langer Töne	»Notsignal der Fahrzeuge«

B. Schallzeichen der Anlagen

SCHALLZEICHEN	BEDEUTUNG DER SCHALLZEICHEN
a) ○ ○ / 3 x pro Minute zwei kurze Töne, dreimal in der Minute oder b) anhaltendes Läuten mit einer Glocke	»Nebelsignal der Häfen, Landestellen und Nebelwarnanlagen«

Fragen	Antworten
Ein entgegenkommendes Schiff gibt einen kurzen Ton; welche Absicht will es Ihnen kundtun?	☒ richte meinen Kurs nach Steuerbord
Sie befinden sich mit Ihrem Fahrzeug in der Schifffahrtslinie; der Motor lässt sich nicht starten und ein anderes Fahrzeug nähert sich Ihnen. Welche Signalgebung ist erforderlich?	☒ 4 kurze Töne
Sie geraten mit Ihrem Vergnügungsfahrzeug in ein größeres Nebelfeld; welche Signalgebung und andere Maßnahmen sind erforderlich?	☒ 1 langer Ton pro Minute geben, langsam fahren, Ausguck stellen, Lichter führen, Ruhe an Bord
Sie hören auf der Fahrt mit Ihrem Vergnügungsfahrzeug eine Folge langer Töne; welche Situation ist gegeben und welche Maßnahmen leiten Sie ein?	☒ Fahrzeug ist in Seenot, helfen oder Hilfe holen
Wie lautet das Hafeneinfahrtssignal der Vorrangfahrzeuge?	☒ 3 lange Töne
Welche Bedeutung hat das Signal zwei kurze Töne dreimal in der Minute?	☒ Nebelsignal der Häfen, Landestellen und Nebelwarnanlagen
Ein Fahrzeug kommt Ihrem Fahrzeug so entgegen, dass die Gefahr eines Zusammenstoßes besteht; es gibt einen langen Ton. Was beabsichtigt der Entgegenkommende und wie sollten Sie darauf reagieren?	☒ er will seinen Kurs beibehalten, ich weiche aus; Signalgebung: ein kurzer Ton: ich richte meinen Kurs nach Steuerbord, zwei kurze Töne: ich richte meinen Kurs nach Backbord
Sie wollen mit Ihrem Vergnügungsfahrzeug rückwärts ablegen. Welches Signal müssen Sie erforderlichenfalls geben?	☒ 3 kurze Töne
Sie wollen einem entgegenkommenden Schiff nach Backbord ausweichen; welches Signal ist erforderlichenfalls zu geben?	☒ 2 kurze Töne
Mit welchen akustischen Signalen können Sie eine Notsituation auf Ihrem Fahrzeug anderen Fahrzeugen anzeigen?	☒ Folge langer Töne
Welche Nachrichten dürfen mit Sprechfunkanlagen, die auf Kanal 16 geschaltet sind, gesendet werden?	☒ Nur die für die Sicherheit der Schifffahrt notwendigen Nachrichten

Fragen	Antworten
Ein Schleppverband gibt in der Nähe eines Hafens drei lange Töne; was beabsichtigt der Schleppverband und wie müssen Sie sich verhalten?	☒ der Schleppverband will in den Hafen einlaufen, Vorfahrt gewähren
Aufgrund der Fahrwasserverhältnisse wollen Sie mit einem entgegenkommenden Fahrzeug eine Vorbeifahrt »Steuerbord an Steuerbord« durchführen; wie geben sie Ihre Absicht dem entgegenkommenden Schiff bekannt?	☒ ich gebe zwei kurze Töne
An welchen Signalen können Sie erkennen, dass Sie sich in der Nähe eines Hafens befinden? Es herrscht Nebel.	☒ 2 kurze Töne 3 x pro Minute oder Glockenschläge
Welche Bedeutung haben vier kurze Töne nach der Bodensee-Schifffahrts-Ordnung?	☒ Schiff ist manövrierunfähig
Wie können Sie einem anderen Fahrzeug akustisch signalisieren, dass Sie Ihren Kurs beibehalten wollen?	☒ 1 langer Ton
In unmittelbarer Nähe hören Sie von einem Schiff drei kurze Töne; welches Manöver wird angezeigt und worauf müssen Sie achten?	☒ Schiff will rückwärts fahren, ich muss mich freihalten
Sie nähern sich einem anderen Fahrzeug, das vier kurze Töne abgibt, welche Situation liegt vor und wie sollten Sie sich verhalten?	☒ Schiff ist manövrierunfähig, ich weiche aus
Bei Nebelfahrt hören Sie zwei lange Töne in der Minute. Welche Bedeutung hat dieses Signal und wie müssen sie sich verhalten?	☒ Nebelsignal der Vorrangschiffe, besondere Aufmerksamkeit ist geboten
Sie wollen mit Ihrem Fahrzeug den Hafen verlassen; welche Signalgebung ist ggf. erforderlich?	☒ 1 langer Ton
Einem entgegenkommenden Fahrzeug wollen Sie nach Steuerbord ausweichen; wie geben Sie dies besonders zu erkennen?	☒ ich gebe 1 kurzen Ton
Wie lautet das Brückendurchfahrtssignal?	☒ 1 langer Ton
Ein Fahrzeug in der Nähe gibt drei lange Töne; was beabsichtigt es und wie müssen Sie sich erforderlichenfalls verhalten?	☒ Vorrangschiff will in den Hafen einlaufen, Vorrang gewähren
Sie hören im Nebel einen langen Ton in der Minute; welche Bedeutung hat dieses Signal und wie müssen Sie sich verhalten?	☒ Nebelsignal eines Vergnügungsfahrzeuges, ebenfalls Signal geben, vorsichtig fahren
Sie hören auf der Fahrt bei Nebel ein anhaltendes Läuten einer Glocke; worauf können Sie schließen, und wie sollten Sie sich verhalten?	☒ ich befinde mich in der Nähe eines Hafens, vorsichtig sein

Fragen	Antworten
Welche Bedeutung hat ein kurzer Ton?	☒ richte meinen Kurs nach Steuerbord
Welches Nebelsignal gibt ein Vergnügungsfahrzeug?	☒ 1 langer Ton pro Minute
Wie lautet das Signal »Meine Maschine geht rückwärts«?	☒ 3 kurze Töne
Wie lautet das Notsignal?	☒ eine Folge langer Töne

Schallzeichen von Häfen und Landestellen — Artikel 4.03

Bei unsichtigem Wetter dürfen von Häfen und Landestellen aus folgende Schallzeichen gegeben werden.

a) Zwei kurze Töne dreimal in der Minute mit einem geeigneten Schallgerät oder
b) anhaltendes Läuten mit einer Glocke.

Fragen	Antworten
Welche Bedeutung hat das Signal zwei kurze Töne dreimal in der Minute?	☒ Nebelsignal der Häfen, Landestellen und Nebelwarnanlagen
An welchen Signalen können Sie erkennen, dass Sie sich in der Nähe eines Hafens befinden? Es herrscht Nebel.	☒ 2 kurze Töne 3 x pro Minute oder Glockenschläge
Sie hören auf der Fahrt bei Nebel ein anhaltendes Läuten einer Glocke; worauf können Sie schließen, und wie sollten Sie sich verhalten?	☒ ich befinde mich in der Nähe eines Hafens, vorsichtig sein

Verbotene Schallzeichen — Artikel 4.04

Es ist verboten, andere als die in dieser Verordnung vorgesehenen Schallzeichen zu gebrauchen oder diese unter Umständen zu gebrauchen, für die sie nicht vorgeschrieben oder zugelassen sind.

Sprechfunk — Artikel 4.05

(1) Fahrzeuge, die gemäß § 13.21 mit einer behördlich zugelassenen Sprechfunkanlage ausgerüstet sein müssen, müssen diese während der Fahrt ständig auf Kanal 16 geschaltet haben.

(2) Über Sprechfunkanlagen, die auf Kanal 16 geschaltet sind, dürfen nur die für die Sicherheit der Schifffahrt notwendigen Nachrichten gesendet werden.

Schifffahrtszeichen

Allgemeines	**Artikel 5.01**

(1) Die Schiffsführer haben unbeschadet der anderen Vorschriften dieser Verordnung die Anordnungen zu befolgen, die ihnen durch die Schifffahrtszeichen nach Absatz 2 erteilt werden.

(2) In Anlage B dieser Verordnung sind Art und Bedeutung der Schifffahrtszeichen für Verbote, Gebote, Beschränkungen, Empfehlungen und Hinweise sowie der Zusatzzeichen geregelt.

(3) Die zuständige Behörde bestimmt, wo und welche Schifffahrtszeichen anzubringen oder zu entfernen sind.

Anlage B der BSO

Allgemeines:

1. Die Schifffahrtszeichen mit Ausnahme der gelben Bojen nach Buchstabe G sind so zu gestalten, dass ihre projizierte Form derjenigen der Anlage entspricht. Sie sind so zu bemessen, dass ihre kürzeste Seitenlänge bzw. ihr Durchmesser mindestens 0,80 m beträgt.
2. Sofern die Rückseite nicht als Schifffahrtszeichen dargestellt wird, ist sie in weißer Farbe zu halten.
3. Die Schifffahrtszeichen können bei Nacht angeleuchtet werden.
4. Gelbe Bojen zur Kennzeichnung der Grenzen von Wasserflächen weisen einen Durchmesser von mindestens 40 cm auf. End- oder Eckbojen müssen einen um 20 cm größeren Durchmesser aufweisen als die übrigen Bojen
5. Anstelle von gelben Bojen können zur Kennzeichnung der Grenzen von Wasserflächen auch gelbe Bälle mit einem Durchmesser von mindestens 40 cm auf Pfählen verwendet werden.

A. Verbotszeichen

A. 1

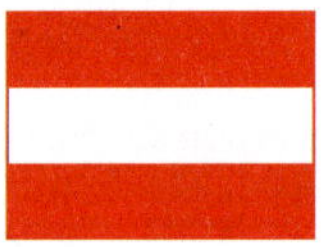

a) Verbot der Durchfahrt oder gesperrte Wasserfläche für Fahrzeuge aller Art

Welche Bedeutung hat dieses Schifffahrtszeichen?	☒ Verbot der Durchfahrt oder gesperrte Wasserfläche für Fahrzeuge aller Art

Bei Nacht zwei Lichtzeichen

Welche Bedeutung hat dieses Schifffahrtszeichen?	☒ Nachtbezeichnung für Verbot der Durchfahrt oder gesperrte Wasserfläche für Fahrzeuge aller Art

b) für Fahrzeuge mit Maschinenantrieb

Welche Bedeutung hat dieses Schifffahrtszeichen?	☒ Verbot der Durchfahrt oder gesperrte Wasserfläche für Fahrzeuge mit Maschinenantrieb

A.2

Überholverbot

Welche Bedeutung hat dieses Schifffahrtszeichen? ☒ Überholverbot

A.3

Verbot des Begegnens und Überholverbot

Welche Bedeutung hat dieses Schifffahrtszeichen? ☒ Verbot des Begegnens und Überholverbot

A.4

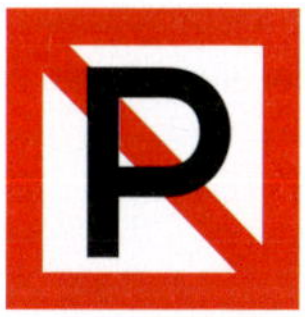

Liegeverbot

Welche Bedeutung hat dieses Schifffahrtszeichen? ☒ Liegeverbot

A.5

Ankerverbot

Welche Bedeutung hat dieses Schifffahrtszeichen? ☒ Ankerverbot

A.6

Festmacheverbot

Welche Bedeutung hat dieses Schifffahrtszeichen? ☒ Festmacheverbot

A.7

Wendeverbot

Welche Bedeutung hat dieses Schifffahrtszeichen? ☒ Wendeverbot

A.8

Verbot, schädlichen Wellenschlag oder Sog zu erzeugen

Welche Bedeutung hat dieses Schifffahrtszeichen? ☒ Verbot, schädlichen Wellenschlag oder Sog zu erzeugen

A. 9

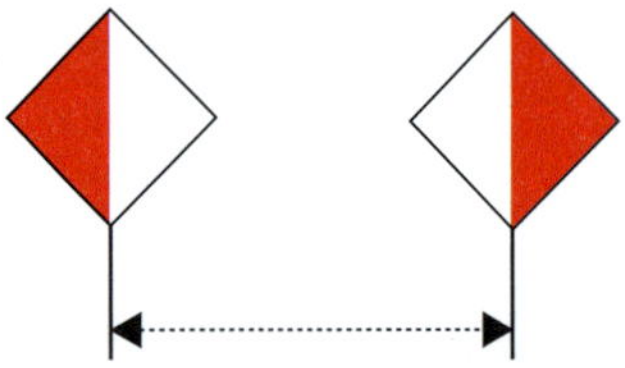

Verbot außerhalb der angezeigten Begrenzung zu fahren

Welche Bedeutung hat dieses Schifffahrtszeichen? ☒ Verbot außerhalb der angezeigten Begrenzung zu fahren

A.10

Verbot des Wasserskifahrens

Welche Bedeutung hat dieses Schifffahrtszeichen? ☒ Verbot des Wasserskifahrens

A.11

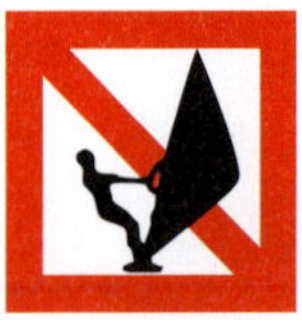

Verbot des Segelsurfbrettfahrens

Welche Bedeutung hat dieses Schifffahrtszeichen? ☒ Verbot des Segelsurfbrettfahrens

A.12

Verbot des Fahrens mit Segelfahrzeugen

Welche Bedeutung hat dieses Schifffahrtszeichen?	☒ Verbot des Fahrens mit Segelfahrzeugen

A.13

Verbot des Badens

Welche Bedeutung hat dieses Schifffahrtszeichen?	☒ Verbot des Badens

B. Gebotszeichen

B.1

Gebot, die durch den Pfeil angezeigte Richtung einzuschlagen

Welche Bedeutung hat dieses Schifffahrtszeichen?	☒ Gebot in diese Richtung zu fahren

B.2

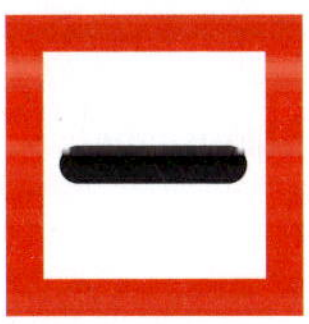

Gebot, unter bestimmten Umständen anzuhalten

Welche Bedeutung hat dieses Schifffahrtszeichen?	☒ Gebot unter bestimmten Umständen anzuhalten

B.3

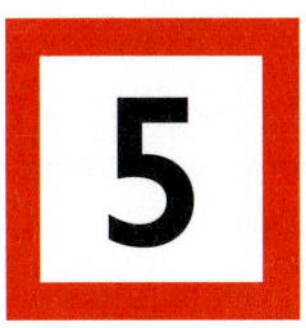

Gebot, die in km/h angegebene Geschwindigkeit nicht zu überschreiten

Welche Bedeutung hat dieses Schifffahrtszeichen?	☒ Gebot, die in km/h angegebene Geschwindigkeit nicht zu überschreiten

B.4

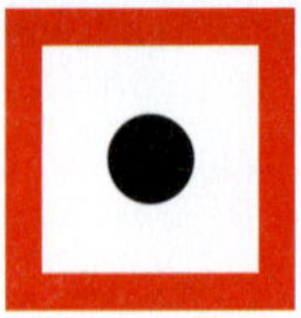

Gebot, ein Schallzeichen zu geben

Welche Bedeutung hat dieses Schifffahrtszeichen?	☒ Gebot, ein Schallzeichen zu geben

B.5

Gebot, besondere Vorsicht walten zu lassen

Welche Bedeutung hat dieses Schifffahrtszeichen?	☒ Gebot, besondere Vorsicht walten zu lassen

C. Zeichen der Einschränkungen

C.1

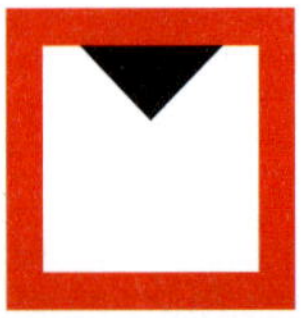

Beschränkte Durchfahrtshöhe

Welche Bedeutung hat dieses Schifffahrtszeichen?	☒ Beschränkte Durchfahrtshöhe

C.2

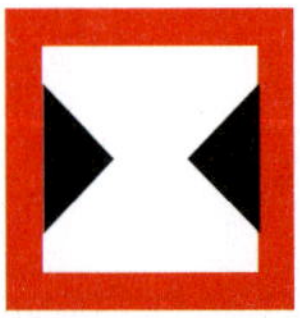

Beschränkte Durchfahrtsbreite

Welche Bedeutung hat dieses Schifffahrtszeichen?	☒ Beschränkte Durchfahrtsbreite

C.3

Das Fahrwasser ist eingeengt, die Zahl auf dem Zeichen gibt den Abstand in Metern an, in dem sich Fahrzeuge vom Ufer entfernt halten sollen

Welche Bedeutung hat dieses Schifffahrtszeichen?	☒ Das Fahrwasser ist eingeengt, die Zahl auf dem Zeichen gib den Abstand in Metern an, in dem sich Fahrzeuge vom Ufer entfernt halten sollen

D. Empfehlende Zeichen

D.1

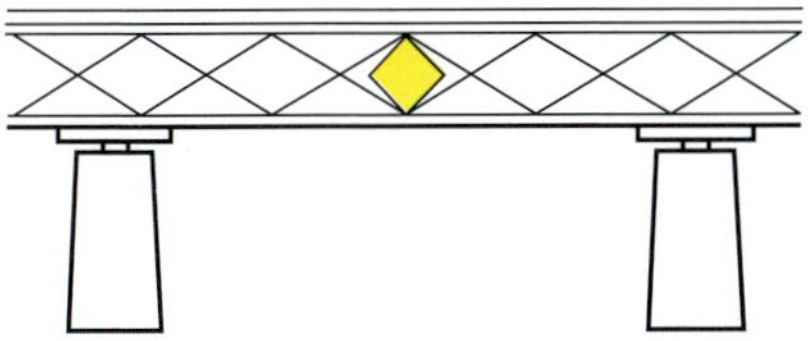

Empfohlene Durchfahrtsöffnung bei Brücken
a) für Verkehr in beiden Richtungen

Welche Bedeutung hat dieses Schifffahrtszeichen?	☒ Empfohlene Durchfahrtsöffnung bei Brücken für Verkehr in beiden Richtungen

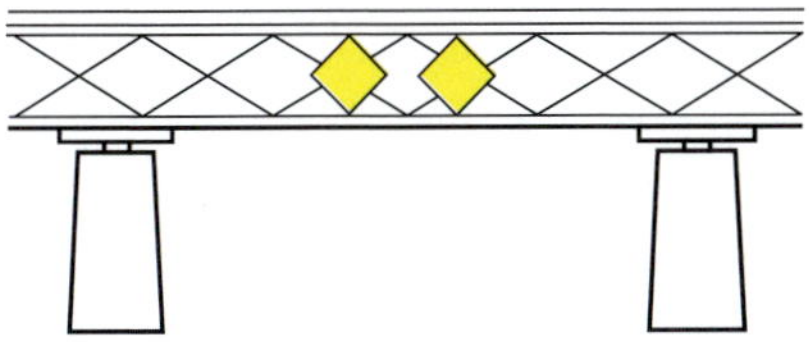

b) für Verkehr nur in der Richtung, in der die Zeichen sichtbar sind

Welche Bedeutung hat dieses Schifffahrtszeichen?	☒ Empfohlene Durchfahrtsöffnung bei Brücken für Verkehr nur in der Richtung, in der die Zeichen sichtbar sind

D.2

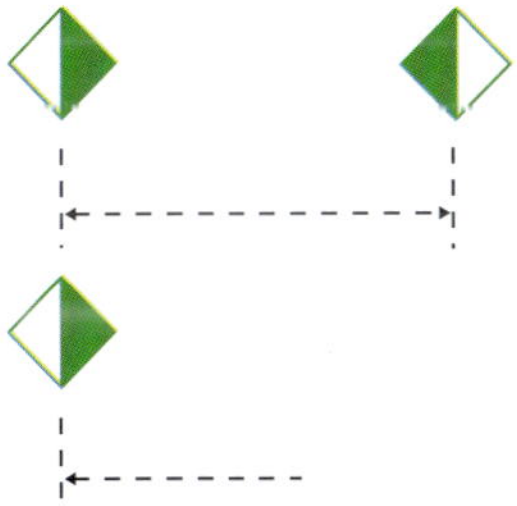

Empfehlung, sich auf der mit »grün« bezeichneten Fahrwasserseite zu halten

Welche Bedeutung hat dieses Schifffahrtszeichen?	☒ Empfehlung, sich auf der mit „grün" bezeichneten Seite zu halten

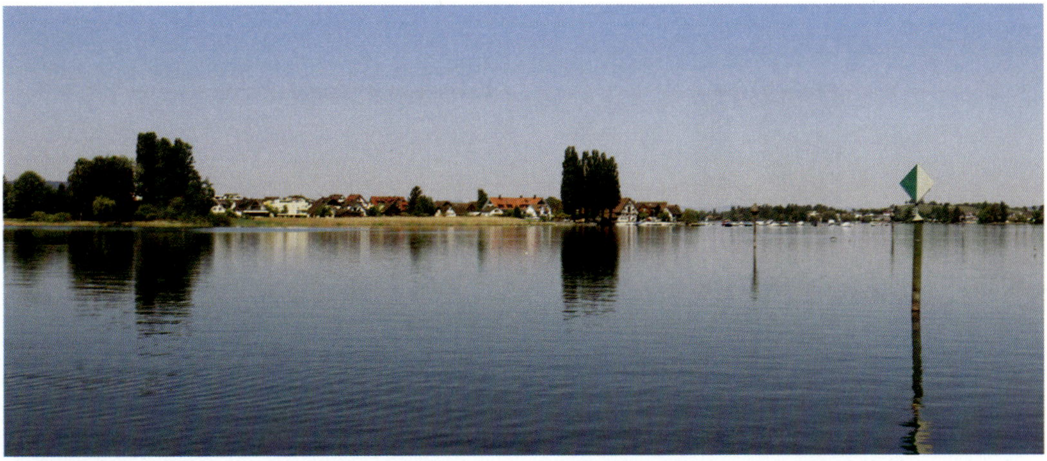

E. Hinweiszeichen

E.1

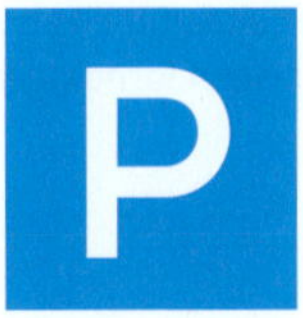

Erlaubnis zum Stillliegen

Welche Bedeutung hat dieses Schifffahrtszeichen? ☒ Erlaubnis zum Stillliegen

E.2

Erlaubnis zum Ankern

Welche Bedeutung hat dieses Schifffahrtszeichen? ☒ Erlaubnis zum Ankern

E.3

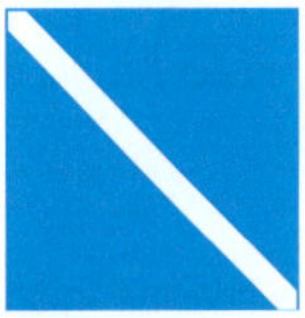

Ende eines Verbots oder Gebots

Welche Bedeutung hat dieses Schifffahrtszeichen? ☒ Ende eines Verbots oder Gebots

E.4

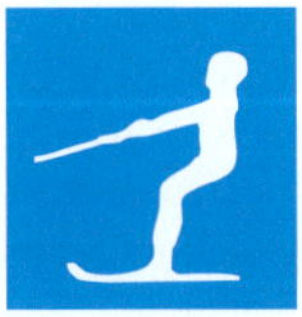

Erlaubnis zum Wasserskifahren

Welche Bedeutung hat dieses Schifffahrtszeichen? ☒ Erlaubnis zum Wasserskifahren

E.5

Erlaubnis zum Segelsurfbrettfahren

Welche Bedeutung hat dieses Schifffahrtszeichen? ☒ Erlaubnis zum Segelsurfbrettfahren

E.6

Kennzeichnung der 2m-Wasserlinie. Bei 2,5m am Konstanzer Pegel ist seewärts der markierten Stelle eine Mindestwassertiefe von 2m. Die Zahl auf der Tafel entspricht der in den verschiedenen Bodensee-Schifffahrtskarten der eingetragenen Ordnungsnummern.

Was bezeichnet dieses Schifffahrtszeichen?	☒	die 2-Meter-Wasserlinie
Sie sehen dieses Schifffahrtszeichen und haben aktuell einen Pegelstand von 2,5 m am Pegel Konstanz. Welche Mindestwassertiefe haben Sie seewärts zum Schifffahrtszeichen?	☒	2,00 Meter

E.7

Kennzeichen der Untiefen und Schifffahrtshindernisse

Worauf muss ein Schiffsführer in der Nähe dieser Schifffahrtszeichen besonders achten?	☒	auf Untiefen und Schifffahrtshindernisse

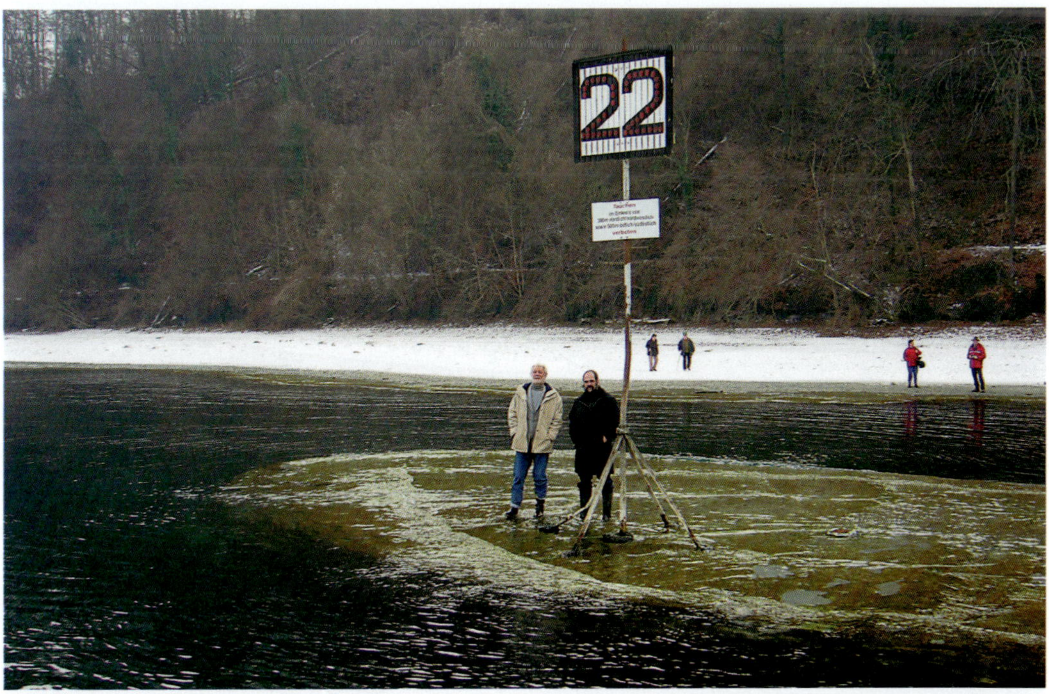

Untiefe Teufelstisch markiert durch Seezeichen 22.

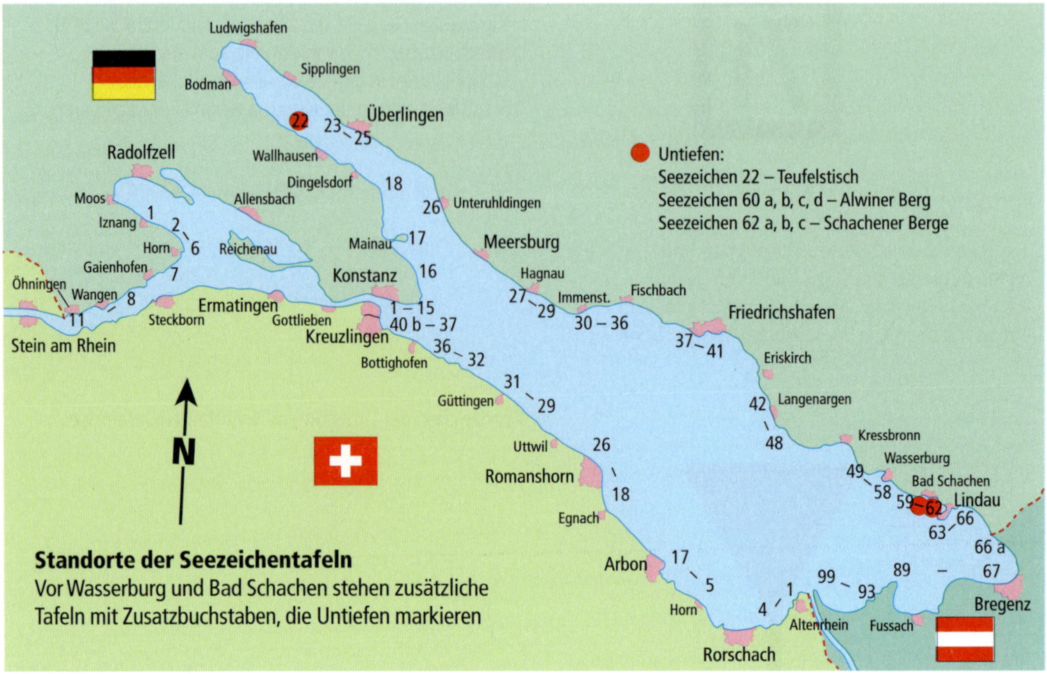

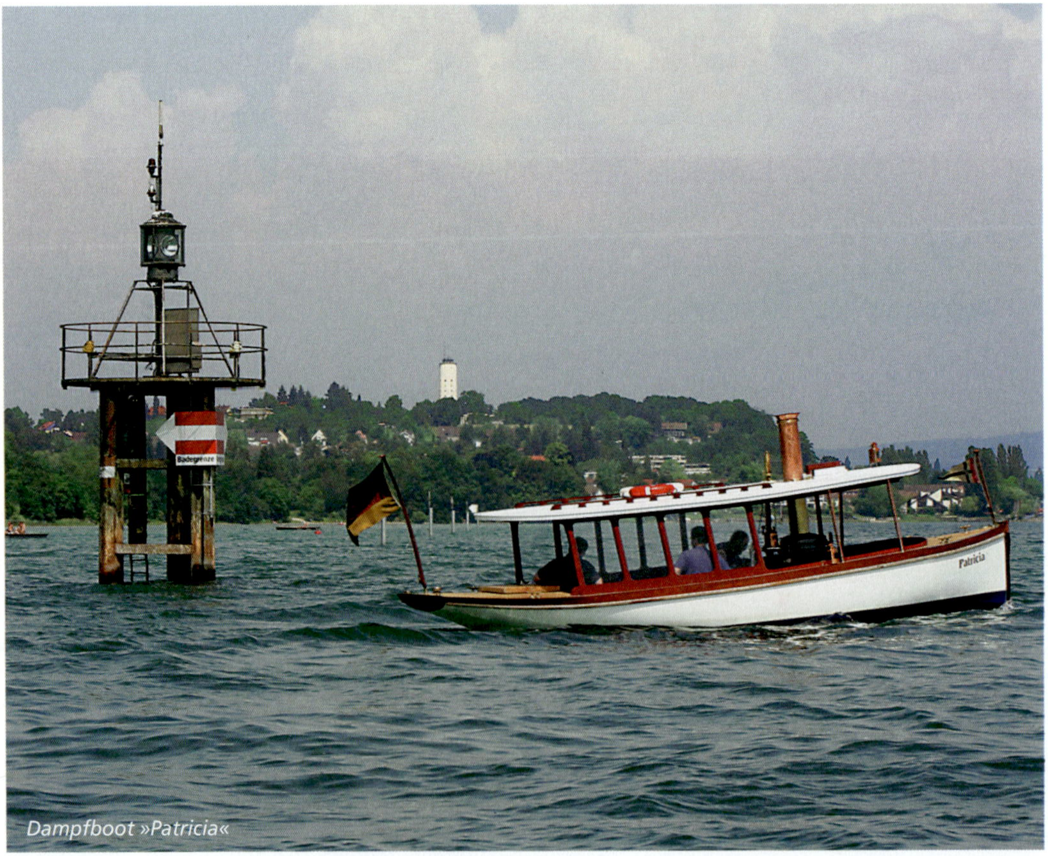

Dampfboot »Patricia«

E.8 Schifffahrtshindernisse und Absperrungen können auch mit einem weißen Blitz- oder Blinklicht versehen werden.

F. Zusätzliche Tafeln, Schilder und Aufschriften

Die Hauptzeichen können durch zusätzliche Tafeln, Schilder oder Aufschriften insbesondere wie folgt ergänzt werden:

1. Schilder, welche die Entfernung angeben, nach der die das Hauptzeichen angezeigte Vorschrift oder Besonderheit zu beachten ist. Die Schilder werden über dem Hauptzeichen angezeigt.

Beispiel:
Gebot, eine Geschwindigkeit von 12 km/h nach 1000m nicht zu überschreiten.

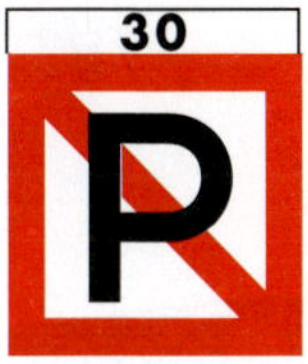

Nach 30 m beginnt das Liegeverbot

Welche Bedeutung hat dieses Schifffahrtszeichen? ☒ nach 30 m beginnt das Liegeverbot

2. Pfeile, die angeben, in welcher Richtung der Strecke das Hauptzeichen gilt.

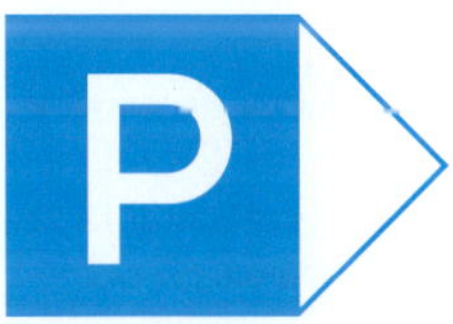

Beispiel
Erlaubnis zum Stillliegen

Welche Bedeutung hat dieses Schifffahrtszeichen? ☒ Pfeil zeigt an, in welcher Richtung das Schifffahrtszeichen "Erlaubnis zum Stillliegen" gilt

3. Schilder, welche ergänzende Erklärungen oder Hinweise geben. Die Schilder werden unter den Hauptzeichen angebracht.

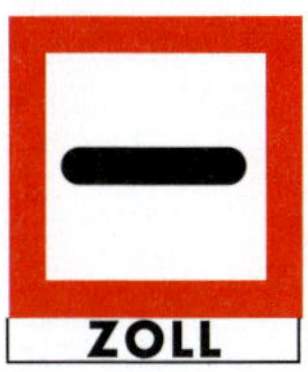

Beispiel:
Anhalten zwecks Zollabfertigung

Welche Bedeutung hat dieses Schifffahrtszeichen? ☒ Anhalten zwecks Zollabfertigung

G. Gelbe Bojen; Kennzeichnung der Grenzen von Wasserflächen, für die besondere Anordnungen bestehen.

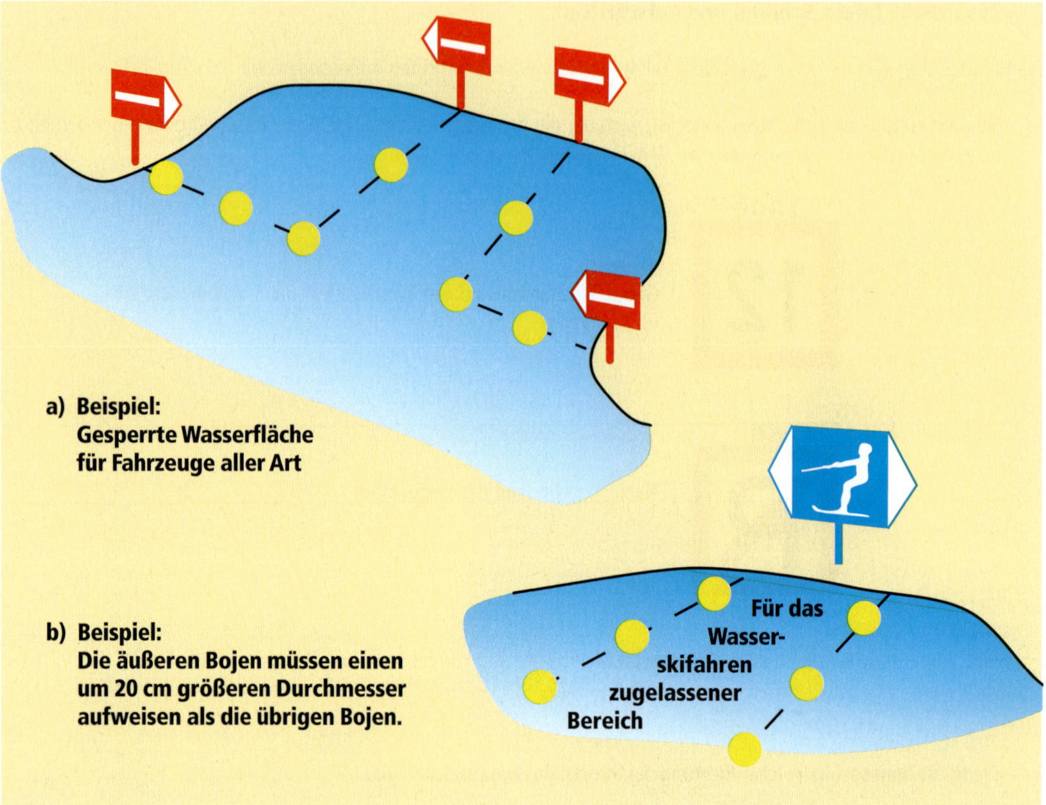

Fragen		Antworten
Welchen Schutz genießen die Schifffahrtszeichen?	☒	Festmachen, Verändern, Beschädigen und Entfernen verboten
Gelten gesperrte Wasserflächen in den Naturschutzgebieten auch für Kleinfahrzeuge ohne Motor wie Kanu, Kajak und Stand-up-Paddler?	☒	ja
Wie verläuft die Numerierung der Seezeichen in den Uferbereichen Deutschland und Österreich am Obersee?	☒	Deutschland – Österreich: 1 bis 99, beginnend in Konstanz
Wie verläuft die Numerierung der Seezeichen in den Uferbereichen der Schweiz?	☒	1 bis 40 von Rheinmündung bis Kreuzlingen
Nennen Sie die Untiefe bei Wallhausen (Seezeichen 22)!	☒	Teufelstisch
Nennen Sie die Untiefen zwischen Wasserburg und Lindau.	☒	Oberer und Unterer Berg, Schachener Berg, Allwinder Berg

Bezeichnung von Hafeneinfahrten, Landestellen und ortsfesten Anlagen

Artikel 5.02

(1) Die Einfahrten der dem allgemeinen Verkehr dienenden Häfen (öffentliche Häfen) sind bei Nacht und unsichtigem Wetter durch ein grünes Licht auf dem, vom See aus gesehen, rechten Molenkopf und durch ein rotes Licht auf dem, vom See aus gesehen, linken Molenkopf zu bezeichnen. Zusätzlich kann ein gelbes Ansteuerungslicht angebracht werden.

(2) Landestellen für die Fahrgastschifffahrt außerhalb der Häfen sind bei Nacht und unsichtigem Wetter während der von der zuständigen Behörde festgesetzten Betriebszeiten mit einem roten und einem darunter gesetzten grünen Licht zu bezeichnen. Zusätzlich kann ein gelbes Ansteuerungslicht angebracht werden.

(3) Andere als die in den Absätzen 1 und 2 genannten Häfen und Landestellen können mit Zustimmung der zuständigen Behörde jeweils in gleicher Weise bezeichnet werden.

(4) Die Sichtweite des Ansteuerungslichtes muss in dunkler Nacht bei klarer Luft etwa 1,5 km, die der anderen Lichter etwa 6 km betragen.

(5) Die in den Absätzen 1 und 2 genannten Lichter dürfen auch Blink- oder Blitzlichter sein. Sie dürfen bezüglich Farbe oder Intervall nicht mit Sturmwarnleuchten verwechselbar sein.

Fragen	Antworten
Wie sind zur Nachtzeit und bei unsichtigem Wetter die Hafeneinfahrten gekennzeichnet?	☒ von See gesehen Backbord rotes und Steuerbord grünes Licht
Wie sind zur Nachtzeit und bei unsichtigem Wetter die Landestellen, die dem öffentlichen Verkehr dienen, gekennzeichnet?	☒ rotes über grünes Licht, gelbes Ansteuerlicht möglich
Wie sieht die Befeuerung der öffentlichen Häfen von See kommend bei Nacht aus?	☒ Backbord rotes Licht, Steuerbord grünes Licht, evtl. gelbes Ansteuerlicht
Wie sind bei Nacht und unsichtigem Wetter die Landestellen gekennzeichnet?	☒ rotes Licht, darunter grünes Licht, Ansteuerlicht gelb möglich

Hafen in Konstanz (Seestraße)

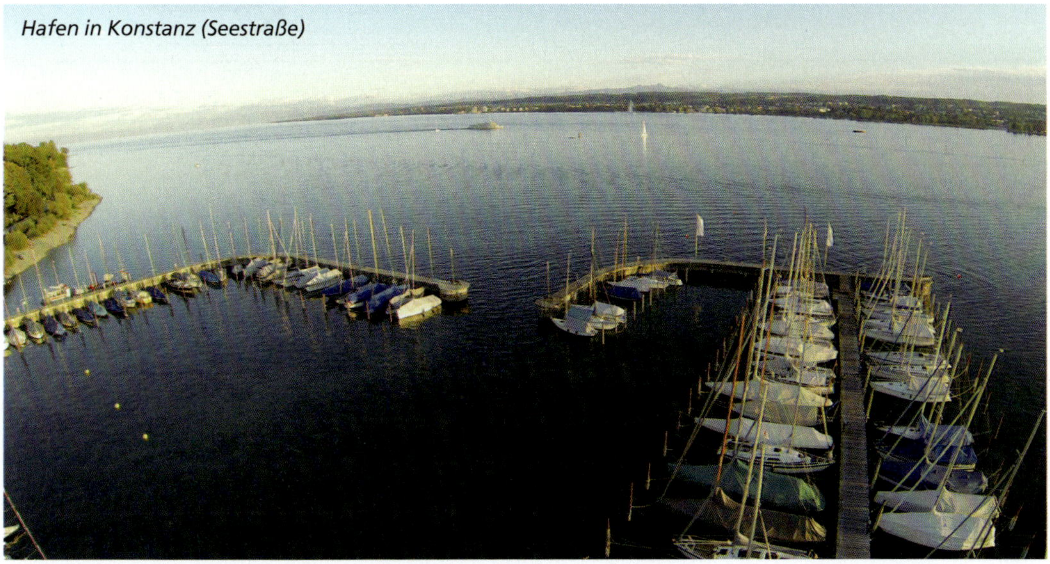

Fahrregeln

Allgemeine Verhaltensregeln — Artikel 6.01

(1) Der Schiffsführer hat jedes Manöver, das bei Anwendung der Fahrregeln erforderlich wird, deutlich und rechtzeitig auszuführen.

(2) Wer infolge körperlicher oder geistiger Mängel, des Genusses alkoholischer Getränke, von Drogen oder Medikamenten oder aus anderen Gründen an der sicheren Führung eines Fahrzeuges gehindert ist, darf ein Fahrzeug nicht führen.

(3) Das Verbot nach Absatz 2 gilt insbesondere bei einer Menge von 0,40 mg/l oder mehr Alkohol in der Atemluft oder bei einer Blutalkoholkonzentration von 0,8 oder mehr Promille oder einer Alkoholmenge im Körper, die zu einer solchen Atem- oder Blutalkoholkonzentration führt. Bei Fahrgastschiffen oder Güterschiffen gilt dieses Verbot bereits ab einer Menge von 0,05 mg/l oder mehr Alkohol in der Atemluft oder bei einer Blutalkoholkonzentration von 0,1 oder mehr Promille oder einer Alkoholmenge im Körper, die zu einer solchen Atem- oder Blutalkoholkonzentration führt.

Fahrgeschwindigkeit — Artikel 6.02

Der Schiffsführer hat die Fahrgeschwindigkeit so einzurichten, dass er jederzeit in der Lage ist, seinen Verpflichtungen im Verkehr Genüge zu leisten. Eine Fahrgeschwindigkeit von 40 km/h darf jedoch nicht überschritten werden.

Fragen	Antworten
Welche Fahrgeschwindigkeit darf mit Wasserfahrzeugen auf dem Bodensee höchstens gefahren weden?	☒ 40 km/h

Verhalten gegenüber Fahrzeugen mit blauem Blinklicht — Artikel 6.03

Fahrzeugen, die das blaue Blinklicht nach Artikel 3.12 zeigen, müssen andere Fahrzeuge ausweichen. Sie müssen erforderlichenfalls anhalten.

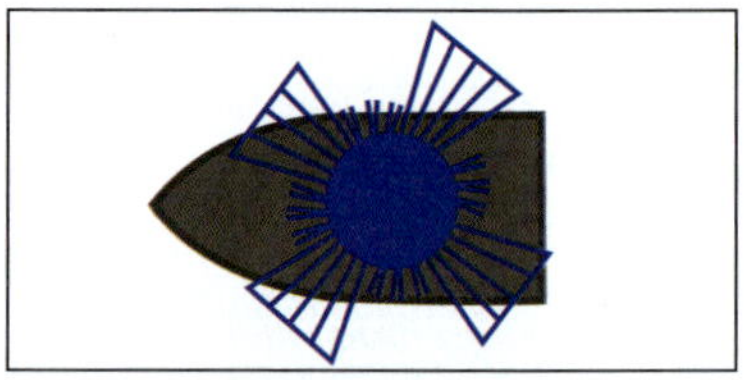

Fragen	Antworten
Wie hat sich das Segelboot gegenüber dem Polizeiboot, das das blaue Blinklicht zeigt, zu verhalten?	☒ Segelboot muss Vorrecht gewähren, notfalls anhalten

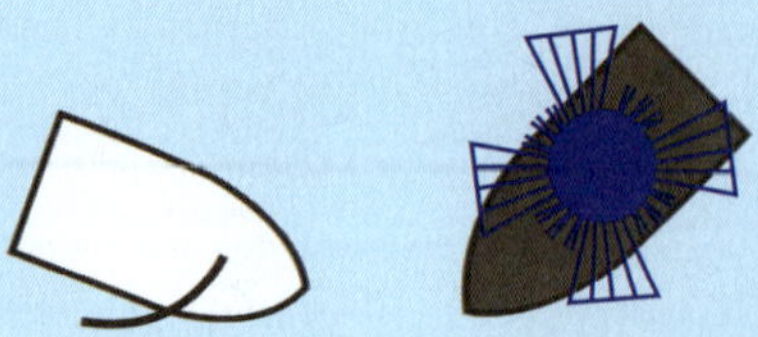

Fragen	Antworten
Welche Bedeutung hat dieses Licht?	☒ Einsatzfahrzeug mit hoheitlichen Aufgaben, ausweichen, notfalls anhalten

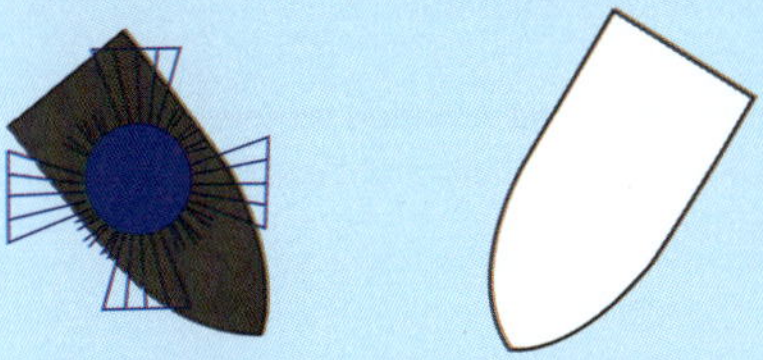

Fragen	Antworten
Wie hat sich das Motorboot gegenüber dem Boot, dass das blaue Blinklicht zeigt, zu verhalten?	☒ Vorfahrt gewähren, notfalls anhalten

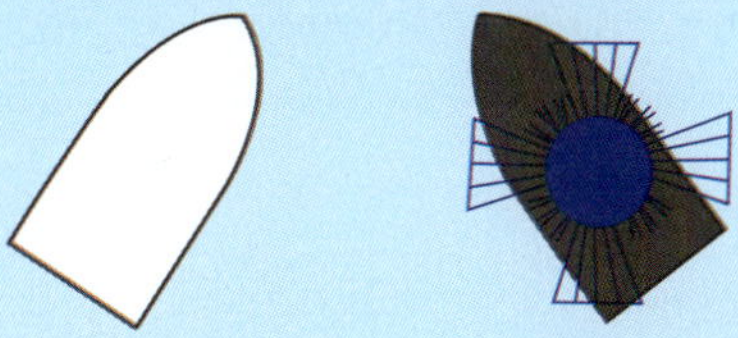

Grundsätze für das Begegnen und Überholen — Artikel 6.04

(1) Beim Begegnen oder Überholen dürfen Fahrzeuge, deren Kurse die Gefahr eines Zusammenstoßes ausschließen, ihren Kurs und ihre Geschwindigkeit nicht so ändern, dass die Gefahr eines Zusammenstoßes entstehen könnte.

(2) Fahren zwei Fahrzeuge so auf kreuzenden Kursen, dass die Gefahr eines Zusammenstoßes nicht auszuschließen ist, muss das Fahrzeug, welches das andere auf seiner Steuerbordseite hat, ausweichen.

(3) Wenn die Kurse zweier Fahrzeuge entgegengesetzt oder nahezu entgegengesetzt sind und die Gefahr eines Zusammenstoßes nicht auszuschließen ist, muss jedes nach Steuerbord halten, damit die Fahrzeuge Backbord an Backbord aneinander vorbeifahren können.

(4) Abweichend von Absatz 3 kann der Schiffsführer ausnahmsweise, insbesondere bei Landemanövern, verlangen, dass die Vorbeifahrt Steuerbord an Steuerbord stattfindet, wenn er sich vergewissert hat, dass dies ohne Gefahr möglich ist. In diesem Fall sind zwei kurze Töne zu geben. Das entgegenkommende Fahrzeug hat gleichfalls zwei kurze Töne zu geben und an Steuerbord den erforderlichen Raum zu lassen.

Fragen	Antworten
Welches Boot hat Wegerecht?	☒ keines, beide weichen nach Steuerbord aus

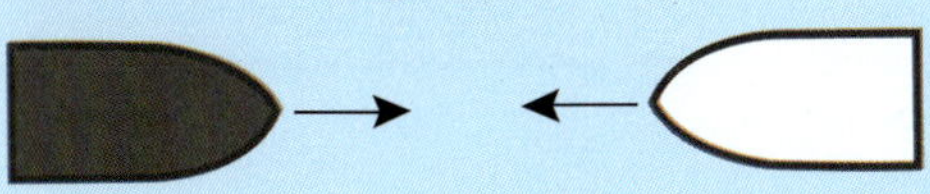

Fragen	Antworten
Welches Boot hat Wegerecht?	☒ Sportfischerboot, da von Steuerbord kommend

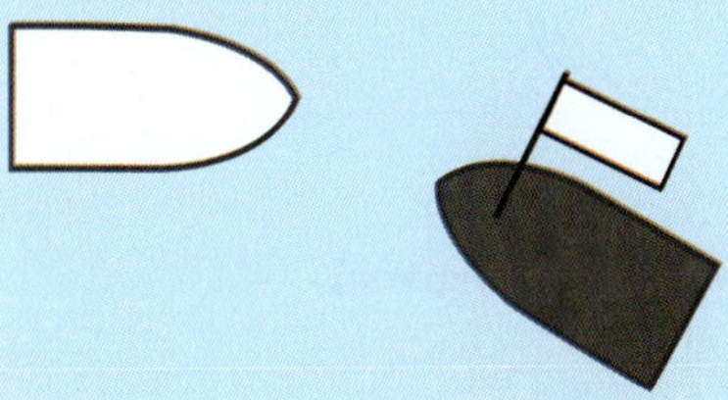

Fragen	Antworten
Wann darf überholt werden?	☒ wenn ohne Gefahr möglich und die Fahrwasserverhältnisse dies zulassen
Wie wird überholt und was muss der Überholte beachten?	☒ an beiden Seiten mit Abstand möglich, der zu Überholende muss Kurs und Geschwindigkeit beibehalten

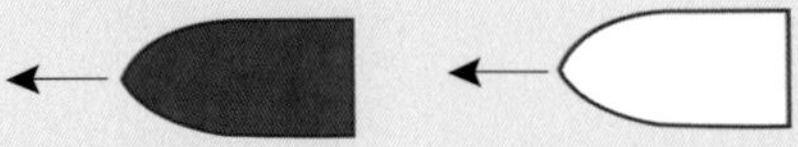

Fragen	Antworten
Wer muss ausweichen (weiß oder schwarz)?	☒ weiß

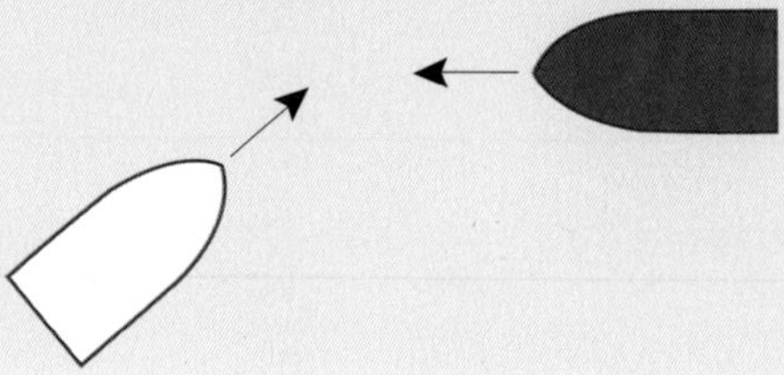

Fragen	Antworten
Wie wird nach der Regel ausgewichen?	☒ nach Steuerbord
Was ist zu beachten, wenn entgegen der Regel ausgewichen werden soll?	☒ rechtzeitig 2 kurze Töne geben
Welches Boot hat Wegerecht?	☒ schwarz, da Steuerbord vor Backbord

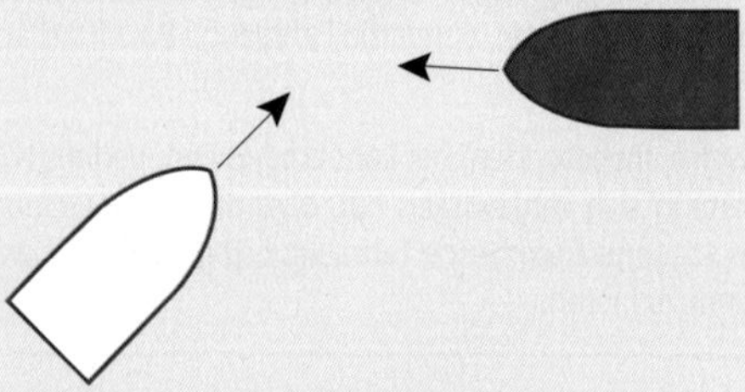

Fragen	Antworten
Wie hat sich ein Motorboot gegenüber einem Fischerboot zu verhalten, das eine weiße Flagge gesetzt hat?	☒ nach den allgemeinen Fahrregeln, Abstand halten, da achtern Schleppangeln sind

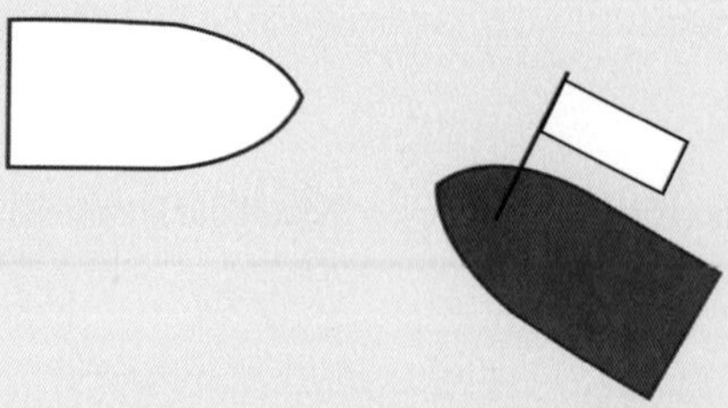

Anmerkung: Sportfischerboot mit weißer Flagge hat kein besonderes Vorrangrecht. Es ist jedoch selbstverständlich, dass man auf die Schleppangel achtet.

Ausweichpflichtige Fahrzeuge — Artikel 6.05

Abweichend von Artikel 6.04 und unbeschadet des Artikels 6.03 müssen beim Begegnen und Überholen ausweichen

a) den Vorrangfahrzeugen und Schleppverbänden alle anderen Fahrzeuge,

b) den Güterschiffen alle Fahrzeuge, ausgenommen Vorrangfahrzeuge und Schleppverbände,

c) den Fahrzeugen der Berufsfischer, welche den Ball nach Artikel 3.10 Absatz 1 führen, alle Fahrzeuge, ausgenommen Vorrangfahrzeuge, Schleppverbände und Güterschiffe,

d) den Segelfahrzeugen alle Fahrzeuge, ausgenommen Vorrangfahrzeuge, Schleppverbände, Güterschiffe und Fahrzeuge der Berufsfischer, welche den Ball nach Artikel 3.10 Absatz 1 führen,

e) den Ruderbooten Fahrzeuge mit Maschinenantrieb, ausgenommen Vorrangfahrzeuge, Schleppverbände, Güterschiffe sowie Fahrzeuge der Berufsfischer, welche den Ball nach Artikel 3.10 Absatz 1 führen,

f) Segelsurfbretter und Drachensegelbretter allen anderen Fahrzeugen.

Fragen	Antworten
Wer hat Wegerecht? 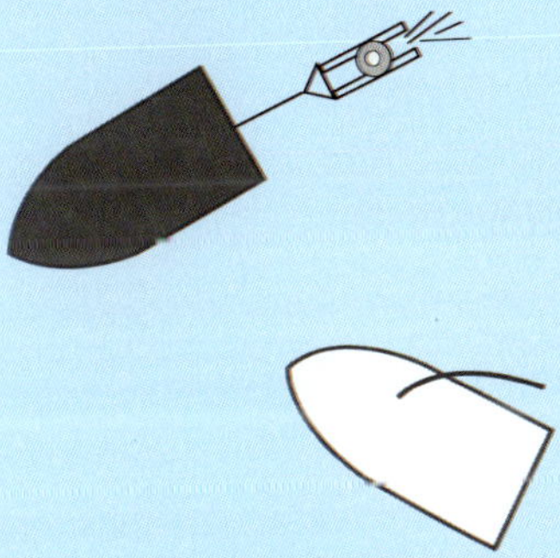	☒ Segelboot
Wer ist gegenüber Ruderbooten ausweichpflichtig?	☒ Vergnügungsfahrzeuge mit Maschinenantrieb
Welche Fahrzeuge sind gegenüber Segelfahrzeugen ausweichpflichtig?	☒ Vergnügungsfahrzeuge mit Maschinenantrieb, Ruderboote, Segelsurfbretter und Drachensegelbretter
Wer muss ausweichen? 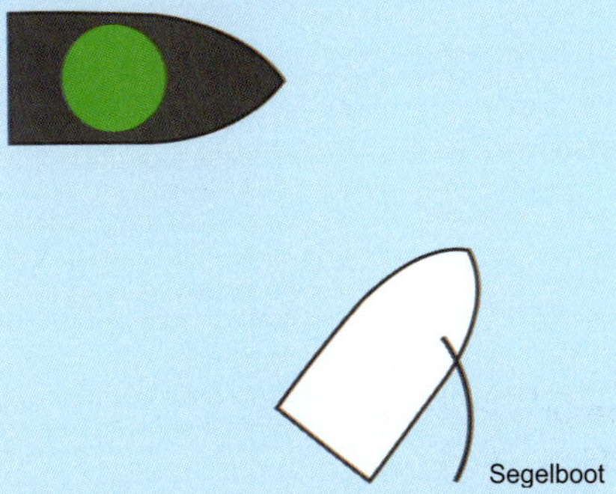	☒ Segelboot, da anderes Fahrzeug ein Vorrangschiff bei Nacht ist

Fragen	Antworten
Wer muss ausweichen (schwarz oder weiß)? 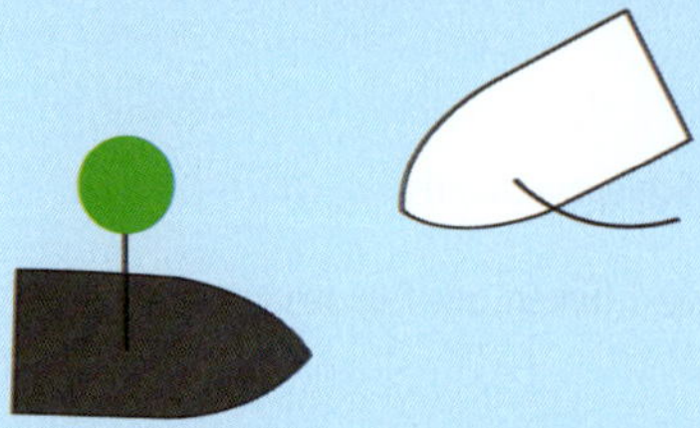	☒ Segelboot, da anderes Fahrzeug ein Vorrangfahrzeug bei Tag ist
Wie hat sich ein Segelboot gegenüber einem Fischerboot, das eine weiße Flagge gesetzt hat, zu verhalten? 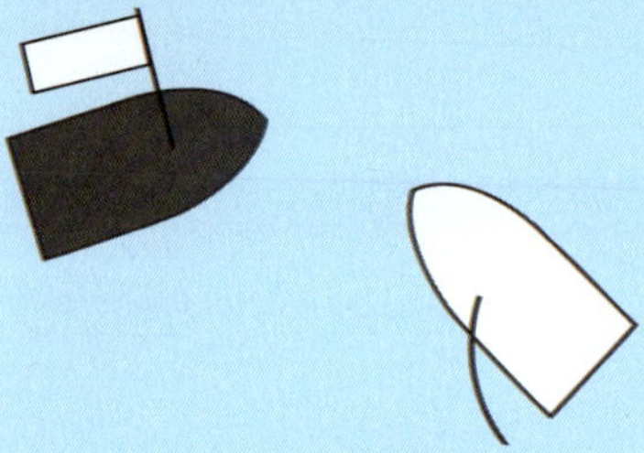	☒ Segelboot muss nicht ausweichen, sollte aber die Schleppangel beachten
Wie hat sich ein Segelboot gegenüber einem Ruderboot zu verhalten? 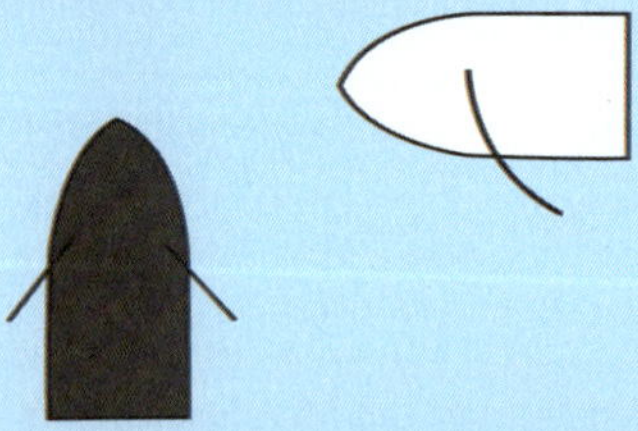	☒ Segelboot hat Wegerecht
Wer hat Wegerecht? 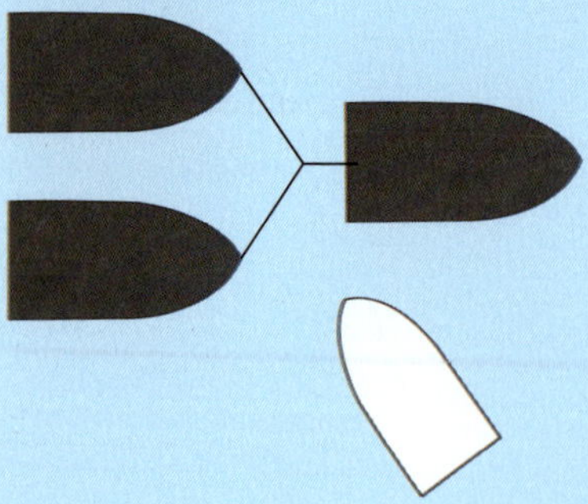	☒ Schleppverband

Fragen	Antworten
Was ist beim Überholen eines Schleppverbandes zu beachten? 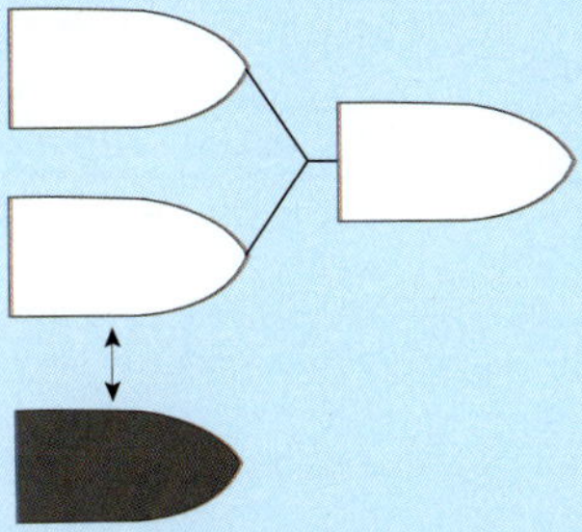	☒ ausreichenden Sicherheitsabstand, ohne Sog und Wellenschlag
Wie hat sich ein Motorboot gegenüber einem Ruderboot zu verhalten? 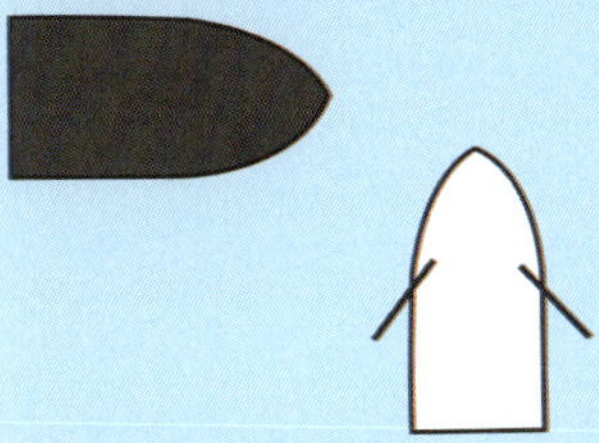	☒ dem Ruderboot ausweichen
Wer hat Wegerecht? 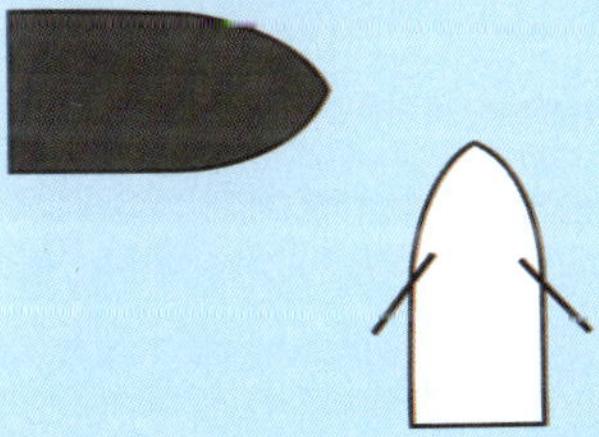	☒ Ruderboot
Wer hat Wegerecht? 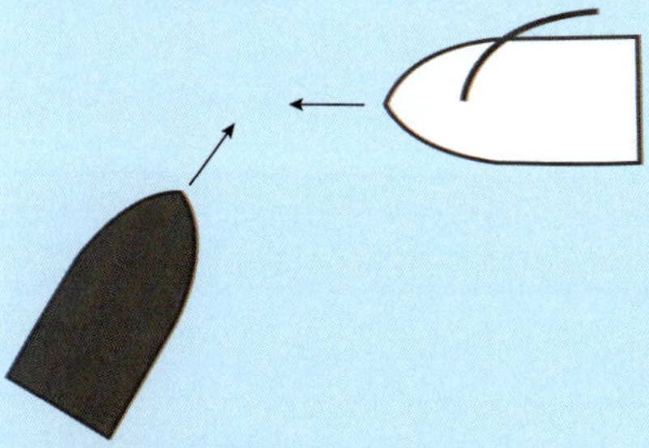	☒ Segelboot
Wer hat Wegerecht? 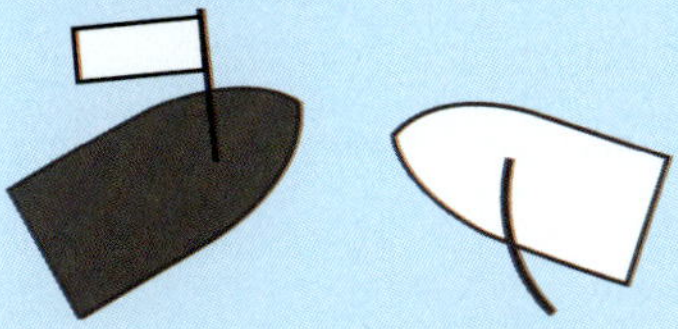	☒ Segelboot

Fragen	Antworten
Wie hat sich ein Motorboot gegenüber einem Schleppverband zu verhalten?	☒ ausweichen, Vorfahrt gewähren
Wer muss ausweichen? 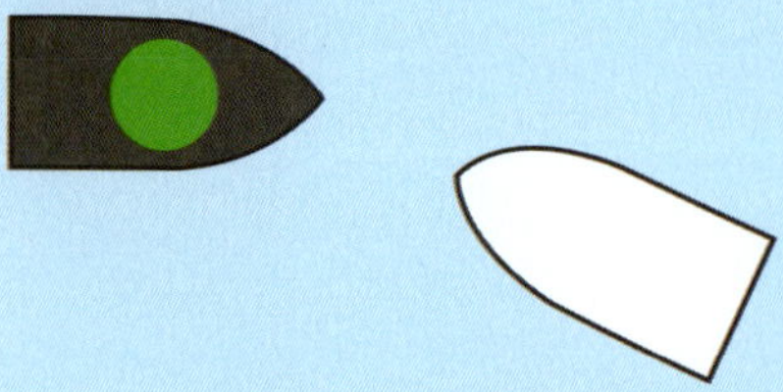	☒ weißes Motorboot
Wer muss ausweichen? 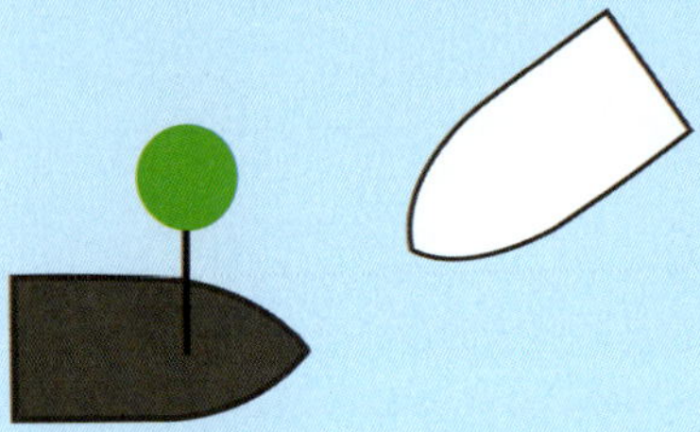	☒ Motorboot
Wer muss ausweichen? 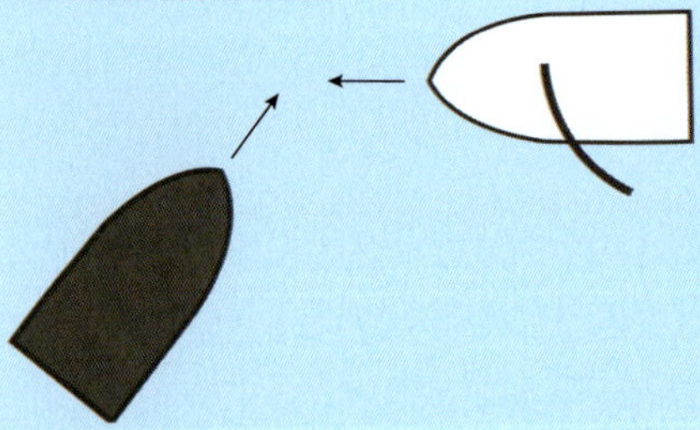	☒ Motorboot
Wer hat Wegerecht? 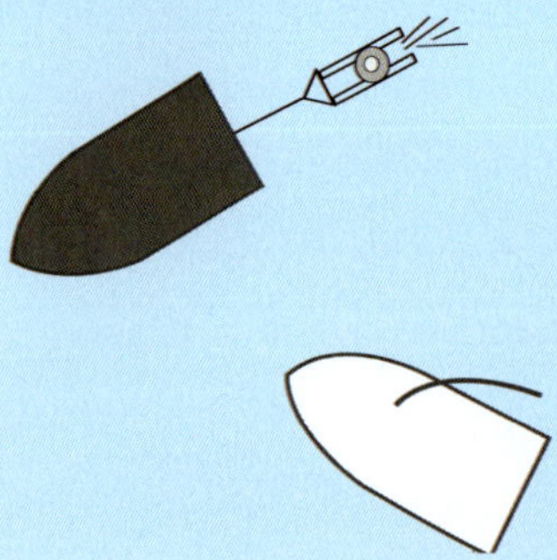	☒ Segelboot

Verhalten gegenüber Vorrangfahrzeugen, Schleppverbänden und Fahrzeugen der Berufsfischer und Taucher

Artikel 6.06

(1) Gegenüber Vorrangfahrzeugen, Schleppverbänden und Fahrzeugen der Berufsfischer, welche den Ball nach Artikel 3.10 Abs. 1 führen, sowie nach Artikel 3.13 gekennzeichneten Fahrzeugen, Bojen oder Stellen an Land, müssen andere Fahrzeuge einen Abstand von mindestens 50 m einhalten.

(2) Gegenüber Fahrzeugen der Berufsfischer, welche den Ball nach Artikel 3.10 Absatz 1 führen, müssen andere Fahrzeuge, abweichend von Absatz 1, achtern einen Abstand von mindestens 200 m einhalten.

(3) Soweit die örtlichen Verhältnisse die unter Absatz 1 und 2 vorgeschriebenen minimalen Abstände nicht zulassen, ist ein nach den Umständen größtmöglicher Abstand einzuhalten.

Fragen	Antworten
Welche Fahrzeuge müssen Vorrangfahrzeugen und Schleppverbänden ausweichen?	☒ alle anderen Fahrzeuge
Besteht eine Ausweichpflicht von Stand-up-Paddlern gegenüber Vorrangfahrzeu-gen, Schleppverbänden, Fahrzeugen von Berufsfischern, welche den weißen Ball führen und Segelfahrzeugen?	☒ ja
Wenn Vergnügungsfahrzeuge sich gegenseitig Schleppen, gilt dies als Schleppverband im Sinne der Bodensee-Schifffahrts-Ordnung?	☒ nein

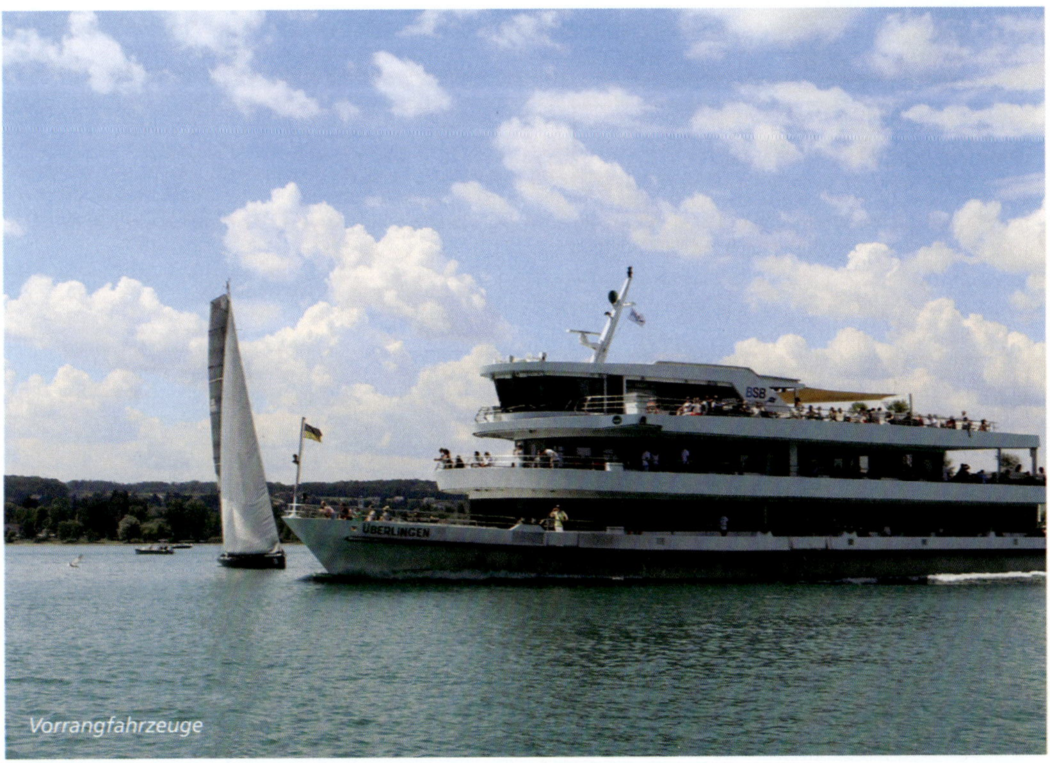

Vorrangfahrzeuge

Fragen	Antworten
Welchen Sicherheitsabstand haben Motorboote gegenüber Schleppverbänden einzuhalten?	☒ Mindestabstand 50 Meter
Welches Fahrzeug hat Wegerecht? 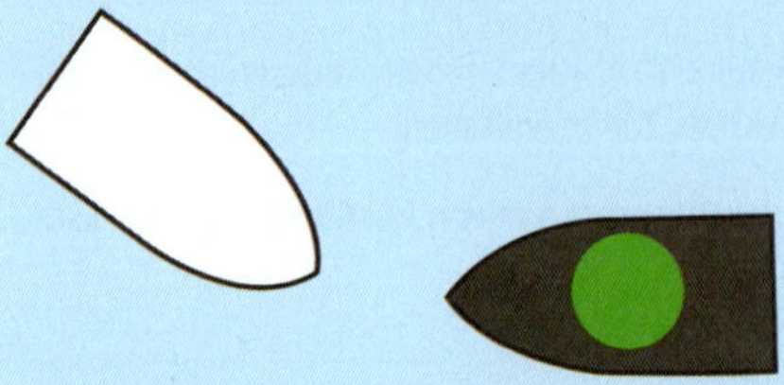	☒ Vorrangfahrzeug
Welches Fahrzeug hat Wegerecht? 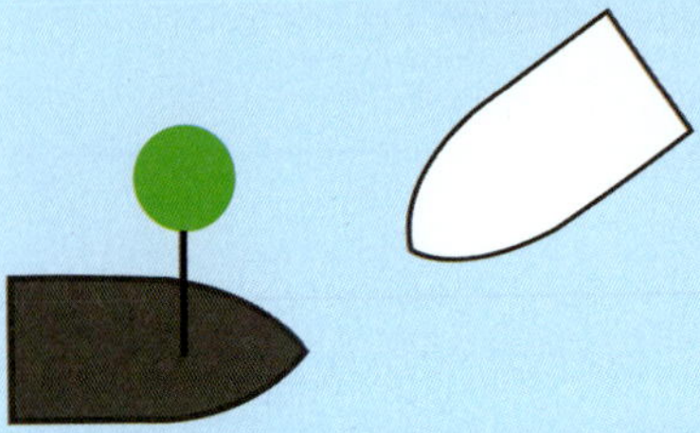	☒ Vorrangfahrzeug
Welchen Sicherheitsabstand haben Sportfahrzeuge (Vergnügungsfahrzeuge) gegenüber Fahrzeugen, die einen weißen Ball führen, einzuhalten? 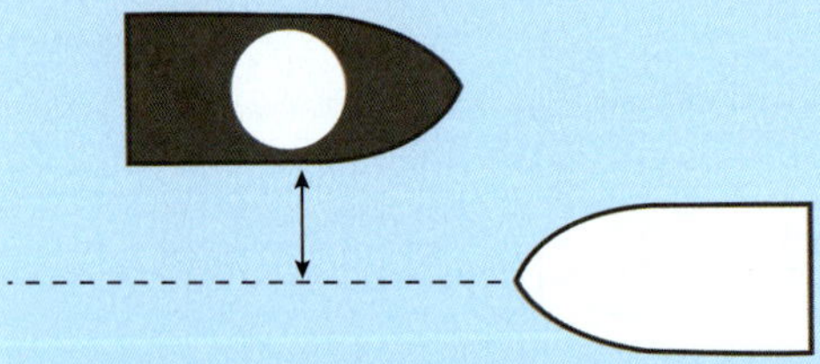	☒ grundsätzlich 50 m, achtern 200 m Mindestabstand
Wie hat sich ein Motorboot gegenüber dem Fischerboot, das einen weißen Ball gesetzt hat, zu verhalten? 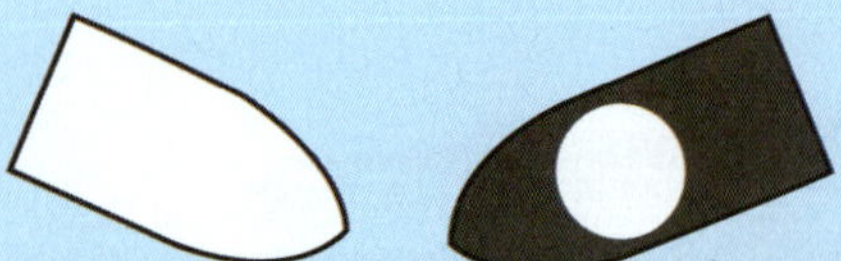	☒ ausweichen, achtern Mindestabstand 200 m
Wer hat Wegerecht? 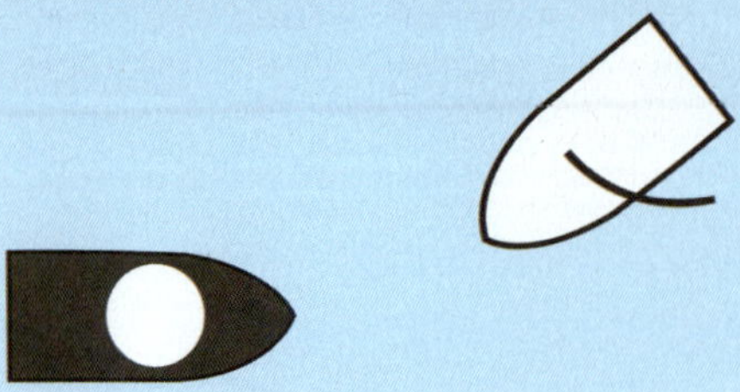	☒ Berufsfischer

Fragen	Antworten
Wer hat Wegerecht? 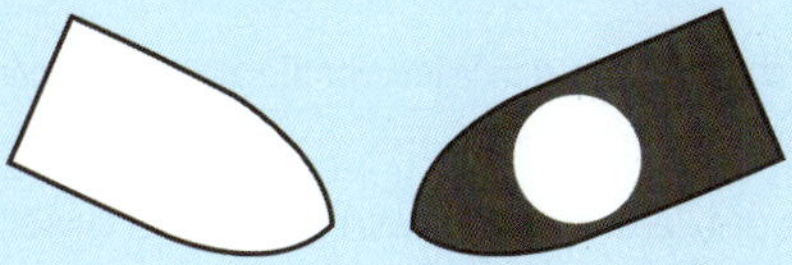	☒ der Berufsfischer
Welches Fahrzeug hat Wegerecht? 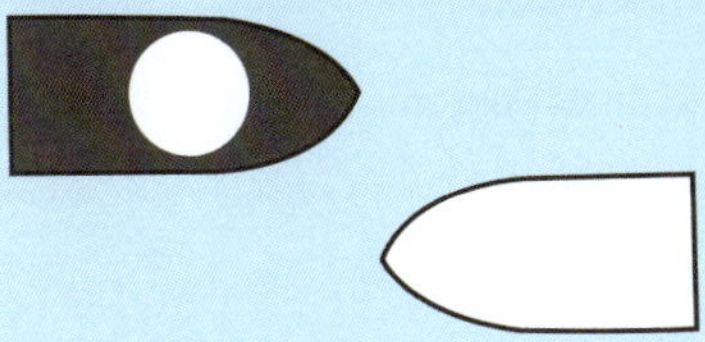	☒ Berufsfischer
Wer muss ausweichen (schwarz oder weiß) und wie lautet die Begründung? 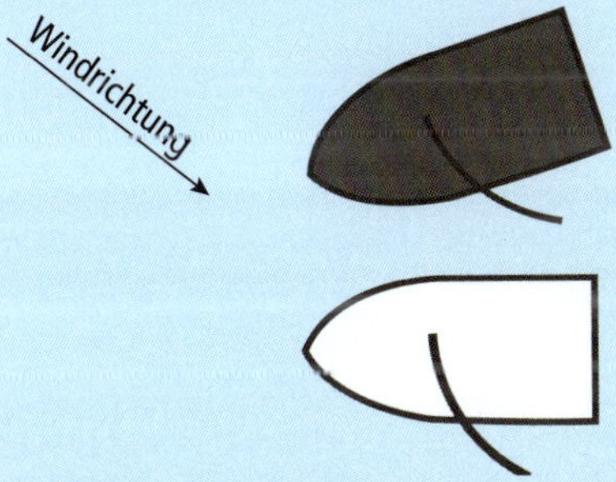	☒ schwarz, weil Lee vor Luv

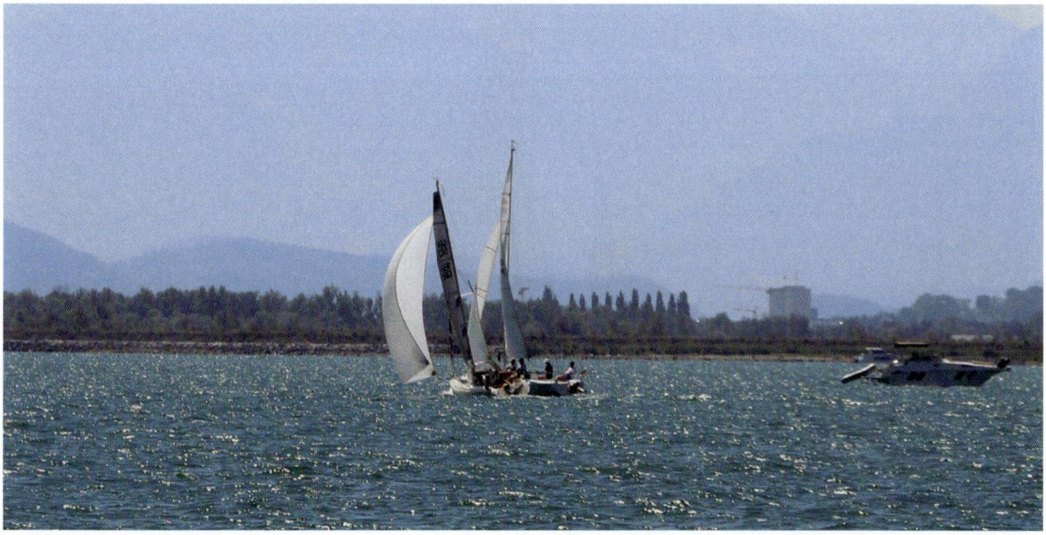

Verhalten von Segelfahrzeugen untereinander — Artikel 6.07

Nähern sich zwei Segelfahrzeuge einander so, dass die Gefahr eines Zusammenstoßes nicht auszuschließen ist, müssen sie abweichend von Artikel 6.04 Abs. 2 und 3 wie folgt ausweichen:

a) Wenn sie den Wind nicht von derselben Seite haben, muss das Fahrzeug, das den Wind von Backbord hat, dem anderen ausweichen (Backbordbug vor Steuerbordbug);

b) wenn sie den Wind von derselben Seite haben, muss das luvseitige dem leeseitigen ausweichen; dabei ist Luvseite die Seite, von der der Wind kommt, Leeseite die Seite, auf der sich das Großsegel befindet.

Fragen	Antworten
Wer muss ausweichen (schwarz oder weiß) und wie lautet die Begründung?	☒ schwarz, weil Lee vor Luv

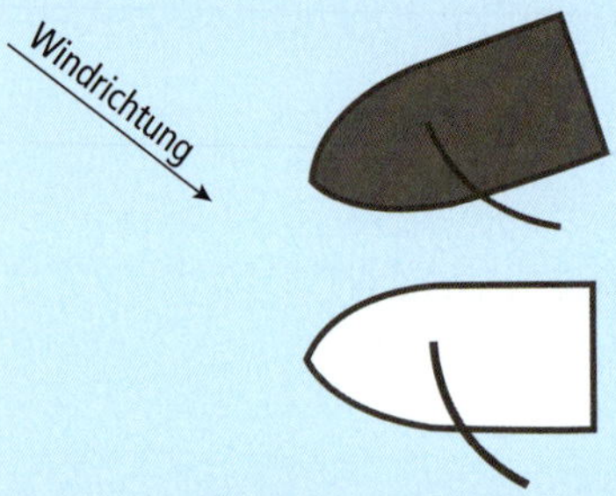

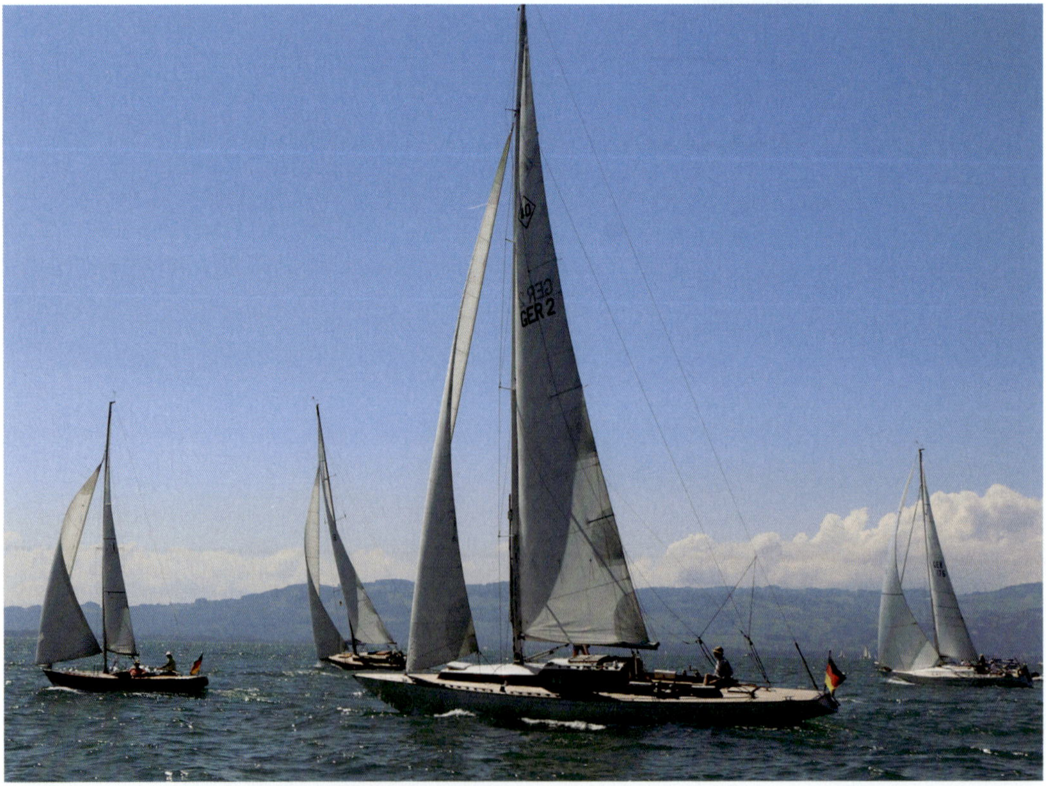

Fragen	Antworten
Wer muss ausweichen (schwarz oder weiß) und wie lautet die Begründung? 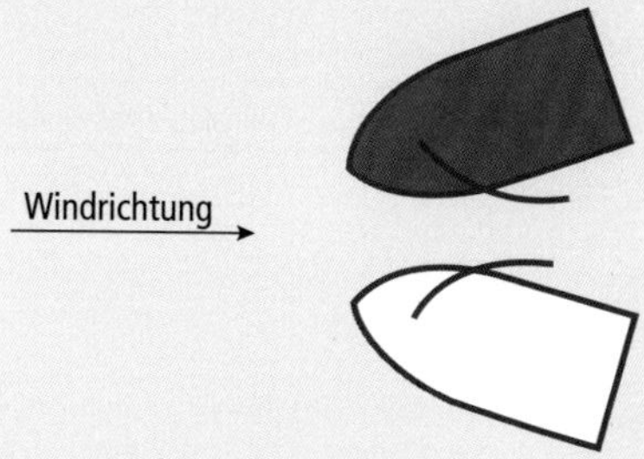	☒ weiß, weil Wind von Backbord
Wer muss ausweichen (schwarz oder weiß) und wie lautet die Begründung? 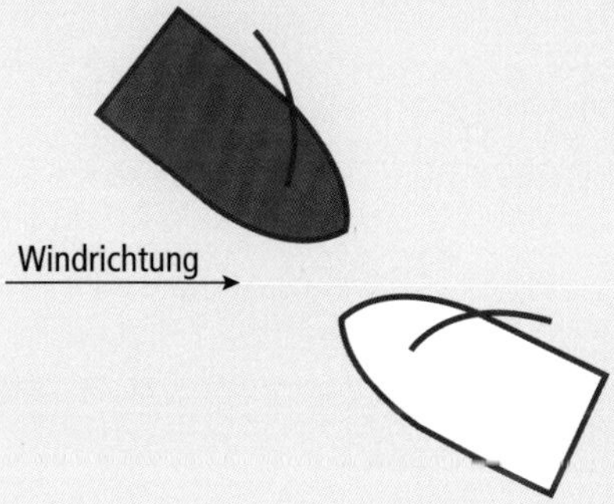	☒ weiß, weil Wind von Backbord
In welcher Reihenfolge darf gefahren werden? 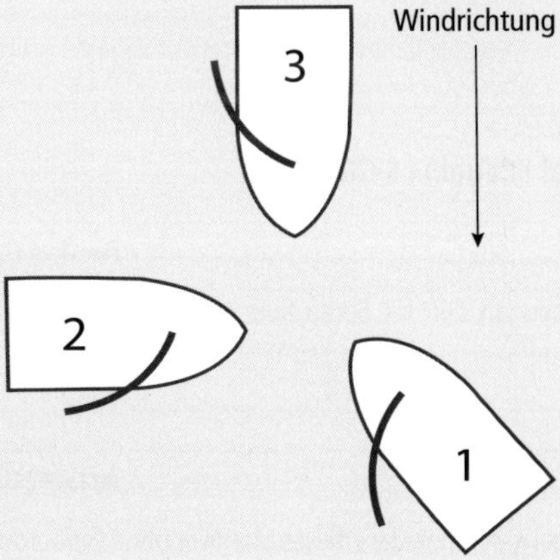	☒ 1, 2, 3

Fragen	Antworten
Wer muss ausweichen (schwarz oder weiß) und wie lautet die Begründung? 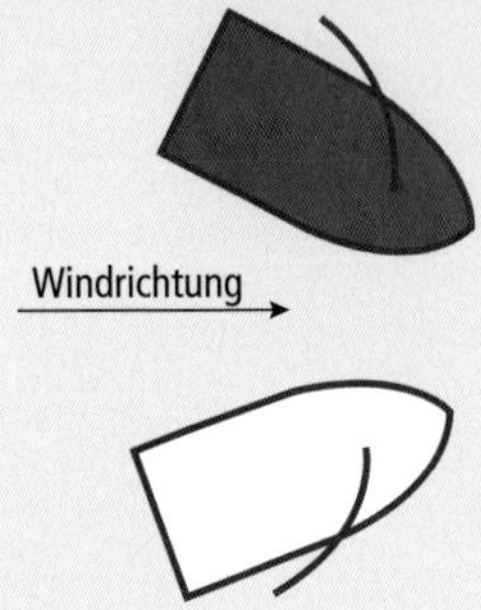	☒ weiß, weil Wind von Backbord
Wie ist die Folge des Wegerechts? 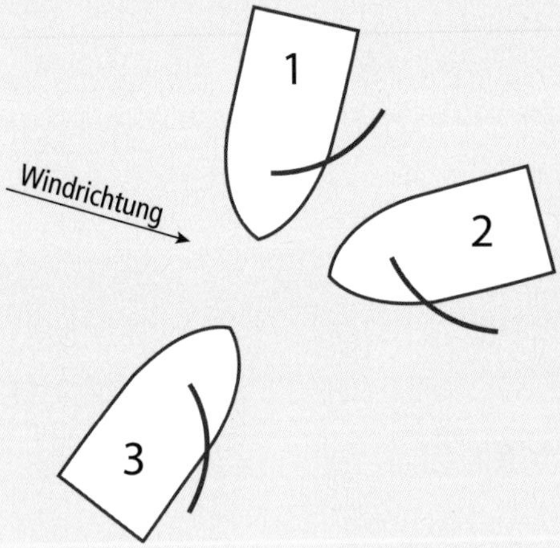	☒ 2, 1, 3

Die gesamten Fragen zu diesem Thema stehen unter Kapitel »Segeln« Seite 134.

Verhalten beim Ausweichen — Artikel 6.08

Fahrzeuge, die ausweichpflichtig sind, müssen den anderen Fahrzeugen den für deren Kurs und zum Manövrieren notwendigen Raum lassen.

Besondere Vorschriften für das Überholen — Artikel 6.09

(1) Das Überholen ist nur gestattet, wenn sich der Überholende vergewissert hat, dass dieses Manöver ohne Gefährdung oder Behinderung anderer Fahrzeuge ausgeführt werden kann.

(2) Der Vorausfahrende muss das Überholen erleichtern, soweit dies notwendig und möglich ist.

Einfahrt in und Ausfahrt aus Häfen; Landestellen — Artikel 6.10

(1) Fahrzeuge dürfen nur in einen Hafen einfahren oder aus ihm ausfahren, wenn diese Manöver ohne Gefährdung oder Behinderung anderer Fahrzeuge ausgeführt werden können.

(2) Fahrzeuge, die aus einem Hafen ausfahren, haben gegenüber den einfahrenden den Vorrang. Sie müssen das Ausfahren rechtzeitig vorher durch Abgabe eines langen Tones ankündigen; davon kann abgesehen werden, wenn eine Gefährdung anderer Fahrzeuge nicht zu befürchten ist. Vorrangfahrzeuge, Schleppverbände und Fahrzeuge, die bei Not oder bei stürmischem Wind oder hohem Wellengang im Hafen Schutz suchen müssen, haben unbeschadet des Artikels 6.03 den Vorrang vor anderen Fahrzeugen, wenn sie die Einfahrt rechtzeitig vorher durch Abgabe von drei langen Tönen ankündigen. Beim Zusammentreffen gleichberechtigter Fahrzeuge hat das ausfahrende in jedem Fall den Vorrang.

(3) Fahrzeuge, die nicht in den Hafen einfahren wollen, dürfen sich in dem für das Ein- oder Ausfahren anderer Fahrzeuge erforderlichen Bereich des Fahrwassers vor der Hafeneinfahrt nicht aufhalten.

(4) In der Nähe der Landestellen von Fahrgastschiffen müssen sich andere Fahrzeuge vom Kurs der Fahrgastschiffe fernhalten. Die von den Fahrgastschiffen regelmäßig benutzten Bereiche der Landestellen sind von anderen Fahrzeugen freizuhalten.

(5) Von den Verboten der Absätze 3 und 4 sind Fahrzeuge der Berufsfischer beim Fang ausgenommen, wenn die Verkehrslage dies gestattet und Vorrangfahrzeuge nicht behindert werden können.

Fragen	Antworten
Wo dürfen Sie im Bodensee grundsätzlich nicht ankern?	☒ unter Brücken, vor Häfen und Landestellen
Wer darf zuerst in den Hafen einfahren (weiß oder schwarz)?	☒ weiß, weil von Steuerbord kommend

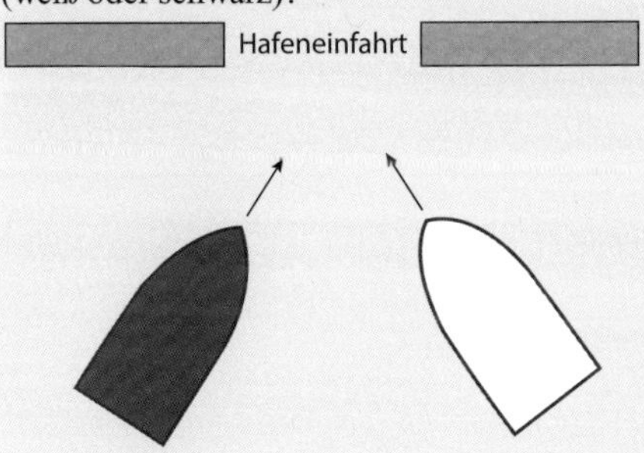

Fragen	Antworten
Welche Regeln sind beim Ein- und Ausfahren in und aus Häfen zu beachten?	☒ Ausfahrt vor Einfahrt bei gleichrangigen Fahrzeugen
Welches Fahrzeug hat Wegerecht?	☒ das Ausfahrende

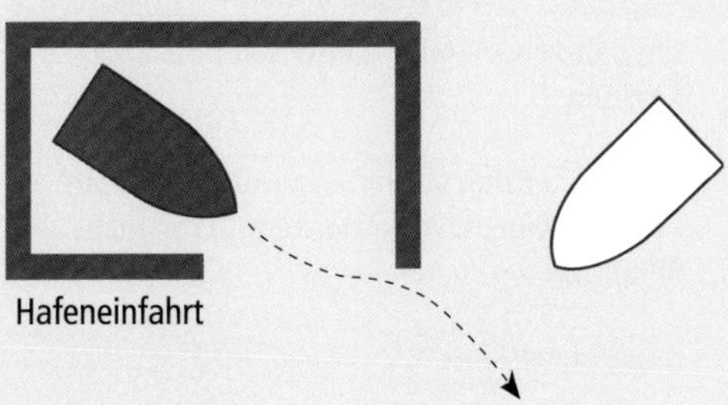

Einschränkungen der Schifffahrt — Artikel 6.11

(1) Fahrzeuge mit Maschinenantrieb, ausgenommen solche mit elektrischem Antrieb bis zu einer Leistung von 2 kW, dürfen nicht näher als 300 m an das Ufer oder einen dem Ufer vorgelagerten Schilfgürtel heranfahren (Uferzone), es sei denn, um an- oder abzulegen oder um stillzuliegen. Sie müssen dabei mit Ausnahme der Vorrangfahrzeuge und der Schleppverbände den kürzesten Weg nehmen und dürfen nicht schneller als 10 km/h fahren. Wo sich in Engstellen die Uferzonen berühren oder überschneiden, dürfen Fahrzeuge im Sinne des Satzes 1 im Bereich der Mitte des Gewässers, jedoch nicht schneller als 10 km/h, fahren; soweit Untiefen dies nicht zulassen, ist der nach den Umständen größtmögliche Abstand vom Ufer einzuhalten.

(2) Absatz 1 gilt mit Ausnahme der Geschwindigkeitsbeschränkung nicht für Fahrzeuge der Berufsfischer, welche den Ball nach Artikel 3.10 Abs. 1 führen.

(3) Bestände von Wasserpflanzen wie Schilf, Binsen und Seerosen dürfen nicht befahren werden. Soweit die örtlichen Verhältnisse nicht entgegenstehen (z.B. Hafeneinfahrten oder Engstellen) ist ein Mindestabstand von 25 m einzuhalten; dies gilt nicht für Fahrzeuge der Berufsfischer.

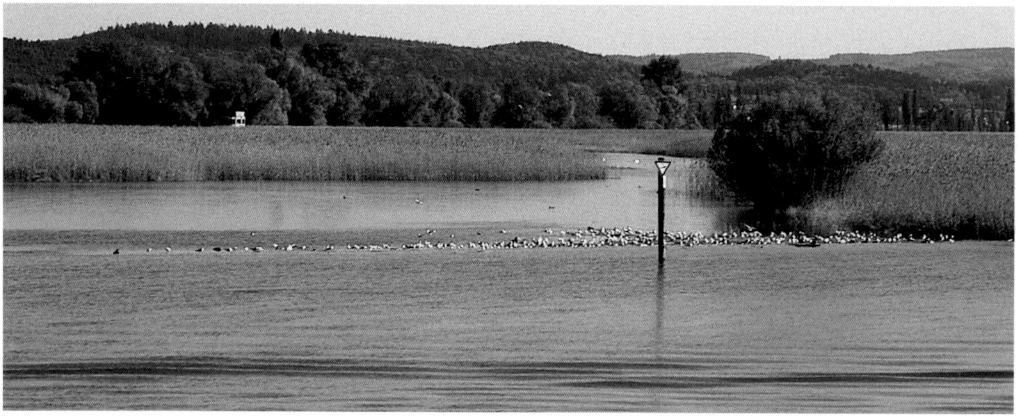

Fragen	Antworten
Welchen Abstand müssen Sie bei Längsfahrten mit dem Motorboot (ausgenommen Boote mit Elektroantrieb bis 2 kW) vom Ufer einhalten?	☒ mindestens 300 m
Welche Einschränkungen bestehen für die maschinenbetriebene Schifffahrt im Uferbereich?	☒ beim An- bzw. Ablegen kürzesten Weg nehmen, Höchstgeschwindigkeit 10 km/h
Welchen Mindestabstand müssen Sie zu Beständen von Wasserpflanzen wie Binsen, Schilf und Seerosen einhalten?	☒ 25 m
Mit welchen motorisierten Fahrzeugen dürfen Sie näher als 300 m parallel zum Ufer fahren?	☒ mit Fahrzeugen mit Elektromotor bis 2 kW Leistung
Welche Sonderregelungen gelten für elektrobetriebene Fahrzeuge?	☒ sie dürfen näher als 300 m parallel zum Ufer fahren, wenn die Motorleistung 2 kW nicht übersteigt
Welchen Abstand zu Schilfufern müssen Sie mindestens einhalten?	☒ mindestens 25 m

Radarfahrt — Artikel 6.12

(1) Bei der Führung eines Fahrzeuges kann Radar als Navigationshilfe verwendet werden, wenn

1. der Schiffsführer ein amtliches Radarpatent oder ein diesem gleichwertiges Patent eines Bodenseeuferstaates besitzt,
2. sich im Steuerstand eine zweite Person befindet, die mit der Verwendung von Radar in der Schifffahrt hinreichend vertraut ist, sofern das Fahrzeug nicht über einen Radar-Einpersonen-Steuerstand verfügt, und
3. das Fahrzeug mit einer Sprechfunkanlage gemäß Artikel 13.21. ausgerüstet ist.

(2) Verfügt das Fahrzeug über einen Radar-Einpersonen-Steuerstand, so ist die Anwesenheit einer zweiten Person im Steuerstand nach Absatz 1 Nummer 2 nicht erforderlich.

Fahrt bei unsichtigem Wetter, Starkwind und Sturm — Artikel 6.13

(1) Bei unsichtigem Wetter dürfen Fahrzeuge, welche die nach Artikel 6.14 vorgeschriebenen Schallzeichen nicht geben können, nicht ausfahren. Befinden sich solche Fahrzeuge beim Eintreten unsichtigen Wetters auf dem Gewässer, so müssen sie die Häfen oder die Nähe des Ufers so rasch aufsuchen, als es die Umstände zulassen.

(2) Bei unsichtigem Wetter müssen Fahrzeuge, bei denen die Entfernung zwischen Steuerstand und Bug mehr als 15 m beträgt, Radar gemäß Artikel 6.12. benützen. Andere Fahrzeuge müssen ihre Geschwindigkeit entsprechend der verminderten Sicht herabsetzen, es sei denn, sie verwenden Radar gemäß Artikel 6.12.

(3) Der Schiffsführer eines Fahrzeuges, der ein anderes Schiff lediglich durch Radar ortet, muss feststellen, ob sich die Gefahr einer Kollision beider Schiffe ergeben könnte. Ist dies der Fall, so muss er unverzüglich Funkkontakt aufnehmen. Wenn der Sprechfunkkontakt mit dem anderen Fahrzeug nicht aufgenommen werden kann, ist das Schallzeichen gemäß Artikel 4.02 Absatz 1 Satz 2 Buchstabe a zu geben und sind weitere geeignete Maßnahmen zur Kollisionsverhütung zu treffen.

(4) Bereits bei Starkwind- und Sturmwarnung (Anlagen B Buchstaben H.1 und H.2) muss der Schiffsführer die durch die Umstände gebotenen Maßnahmen treffen (Artikel 1.03 und 1.04)

Schallzeichen während der Fahrt bei unsichtigem Wetter — Artikel 6.14

(1) Bei unsichtigem Wetter muss jedes Fahrzeug, bei Zusammenstellungen von Fahrzeugen das Fahrzeug, bei dem die Führung liegt, als Nebelzeichen einen langen Ton geben. Fahrzeuge, die dieses Schallzeichen nicht geben können, müssen sich bei Annäherung von Fahrzeugen auf andere Weise bemerkbar machen.

(2) Abweichend von Absatz 1 haben Vorrangfahrzeuge im Sinne des Artikels 1.15 während der Fahrt bei unsichtigem Wetter als Nebelzeichen zwei lange Töne zu geben.

(3) Die in den Absätzen 1 und 2 genannten Schallzeichen sind in Abständen von längstens einer Minute zu wiederholen.

(4) Fahrzeuge, die Radar als Navigationshilfe verwenden, können auf die Abgabe der in den Absätzen 1 und 2 vorgeschriebenen Schallzeichen verzichten, wenn durch Radarbeobachtung sichergestellt ist, dass die Gefahr eines Zusammenstoßes mit anderen Fahrzeugen ausgeschlossen ist.

Fragen zum Thema Schallzeichen (Artikel 6.14) sind unter Artikel 4.02 auf Seite 40 aufgeführt.

Fahren mit Wasserski oder ähnlichen Geräten — Artikel 6.15

(1) Das Fahren mit Wasserski oder ähnlichen Geräten, darunter fallen zum Beispiel auch Geräte wie Wakesurfbretter, die auf der Heckwelle eines vorausfahrenden Fahrzeuges fahren, ist nur bei Tag und klarer Sicht gestattet.

(2) In der Uferzone ist das Fahren mit Wasserski oder ähnlichen Geräten verboten. Die zuständige Behörde kann Ausnahmen für bestimmte Bereiche (Startgassen) zulassen und dabei auch die zulässige Geschwindigkeit abweichend von Artikel 6.11 Abs. 1 regeln.

(3) Der Schiffsführer des vorausfahrenden Fahrzeuges muss in Begleitung einer geeigneten Person sein, die das Schleppseil und den Wassersportler beobachtet.

(4) Das vorausfahrende Fahrzeug und der Wassersportler müssen einen Abstand von mindestens 50 m von anderen Fahrzeugen und von Badenden halten. Das Schleppseil darf nicht elastisch sein und nicht leer im Wasser nachgezogen werden.

(5) Das gleichzeitige Schleppen von mehr als zwei Wassersportlern ist verboten.

(6) Das Schleppen von Flugkörpern (Flugdrachen, Drachenfallschirmen und ähnlichen Geräten) ist verboten.

(7) Das Fahren mit Aqua-Scootern und Wassermotorrädern oder ähnlichen Schwimmkörpern jeglicher Antriebsart sowie der Betrieb von Sportgeräten mit Wasserstrahlantrieb, der von einem anderen Fahrzeug oder Schwimmkörper zur Verfügung gestellt wird, ist verboten.

Fragen	Antworten
Wo dürfen Sie Wasserski fahren?	☒ nur außerhalb der Uferzone, oder in dafür vorgesehenen Wasserskistartgassen
Wieviele Personen müssen auf dem Fahrzeug sein, das einen Wasserskifahrer schleppt?	☒ ein Schiffsführer und eine geeignete Beobachtungsperson
Welche Einschränkungen sind beim Wasserskifahren zu beachten?	☒ zur Nachtzeit und bei unsichtigem Wetter verboten
Wie haben Sie sich mit Ihrem Motorboot beim Wasserskifahren gegenüber Badenden zu verhalten?	☒ Mindestabstand 50 Meter
Wann und wo ist Wasserskilaufen nicht erlaubt?	☒ zur Nachtzeit, bei unsichtigem Wetter und auf den Rheinstrecken

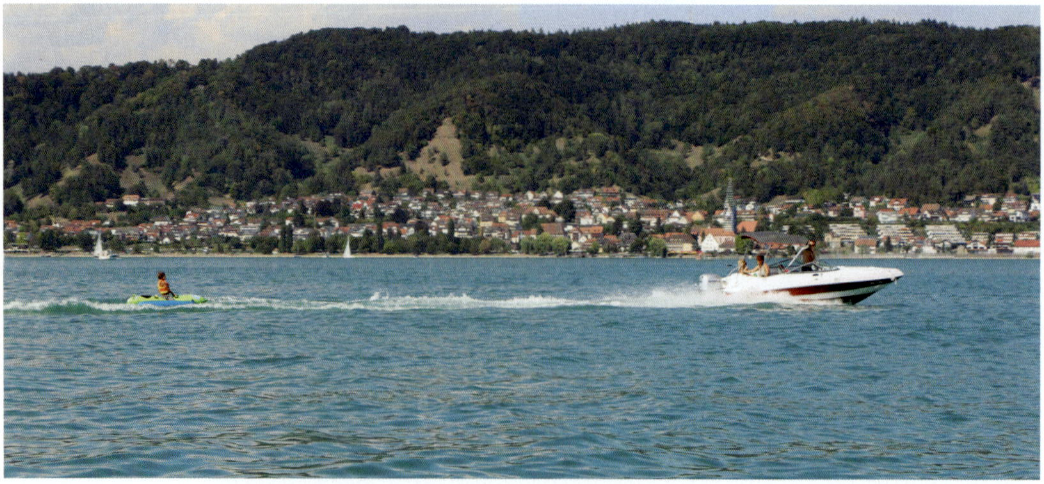

Fahrzeuge in Not

Artikel 6.16

Ein in Not befindliches Fahrzeug kann Hilfe herbeirufen durch

a) kreisförmiges Schwenken einer roten Flagge, eines Lichtes oder eines sonstigen geeigneten Gegenstandes,

b) Abfeuern einer rotbrennenden Rakete oder Zeigen sonstiger roter Leuchtsignale,

c) eine Folge langer Töne.

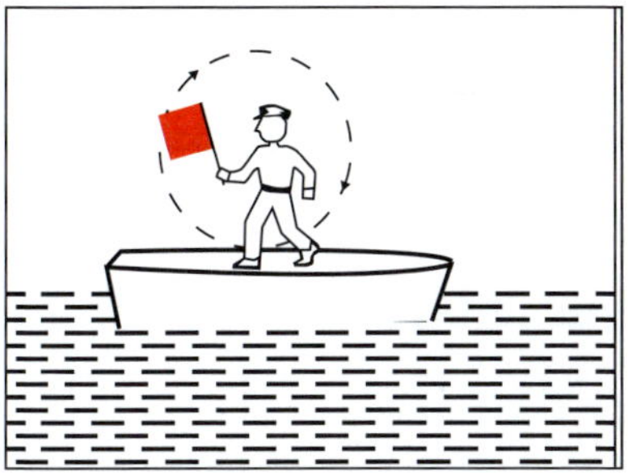

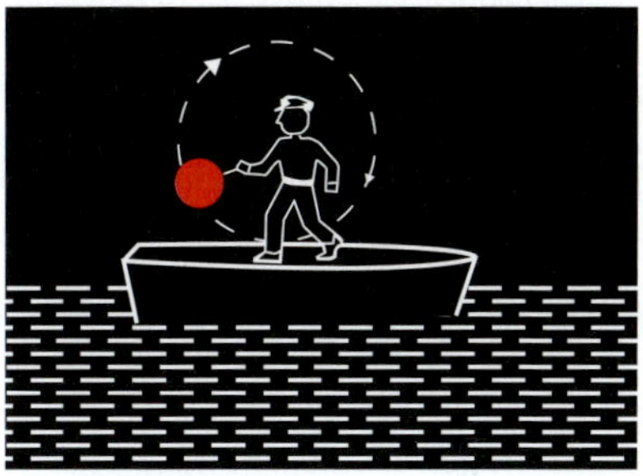

Fragen	Antworten
Woran können Sie erkennen, dass sich ein fremdes Schiff in einer Notlage befindet und Hilfe benötigt?	☒ rote Lichtsignale, Folge langer Töne, kreisförmiges Schwenken einer roten Flagge
Auf Ihrem Fahrkurs sehen Sie ein Motorboot, auf dem ein Besatzungsmitglied eine rote Flagge im Kreis schwenkt. Welche Situation ist gegeben und welche Maßnahmen müssen Sie treffen?	☒ Fahrzeug in Not, Hilfe leisten oder holen
Auf Ihrem Fahrkurs sehen Sie bei Nacht ein rotes Licht kreisen; in größeren Zeitabständen steigen in der Nähe des roten Lichtes Leuchtkugeln auf; welche Situation liegt an und was müssen Sie tun?	☒ Schiff in Not, Hilfe leisten; ist dies nicht möglich Hilfe holen und wenn möglich Notruf absetzen
Mit welchen optischen Signalen können Sie eine Notsituation auf Ihrem Fahrzeug anderen anzeigen?	☒ schwenken eines roten Lichts, roter Flagge, abschießen einer roten Rakete oder Ähnliches
Was verstehen Sie unter einer Seenotlage?	☒ Schiff und Besatzung befinden sich in drohender oder akuter Gefahr, die nicht selber abgewendet werden kann
Wann dürfen Sie die Seenotsignalmittel einsetzen?	☒ wenn sich Schiff und Besatzung in einer Seenotlage befinden
Welche Seenotsignalmittel unterliegen einer Beschränkung beim Erwerb?	☒ Signalpistolen, Raketen
Wie verhalten Sie sich nach einer Kenterung?	☒ gegebenenfalls Notsignale geben, beim Boot bleiben

Regeln für das Stillliegen

Stillliegen **Artikel 7.01**

(1) Außerhalb der Häfen, der Landestellen und anderer für die Schifffahrt zugelassener Anlagen dürfen Fahrzeuge und schwimmende Anlagen länger als 24 Stunden nur stillliegen, wenn es die zuständige Behörde allgemein oder für den Einzelfall erlaubt. Dies gilt nicht für schwimmende Geräte bei der Arbeit.

(2) Unbeschadet des Absatzes 1 müssen Fahrzeuge und schwimmende Anlagen ihren Liegeplatz so wählen, dass sie die Schifffahrt, insbesondere die Vorrangfahrzeuge, nicht behindern.

(3) Stillliegende Fahrzeuge und schwimmende Anlagen müssen genügend sicher verankert oder festgemacht werden, wobei der Wellenschlag und die Sogwirkung bei der Vorbeifahrt anderer Fahrzeuge zu berücksichtigen sind. Sie müssen den Wasserstandsschwankungen folgen können.

Fragen		Antworten
Welche Regeln müssen beim Ankern auf dem Bodensee außerhalb bewilligter Liegeplätze beachtet werden?	☒	ohne Erlaubnis nicht länger als 24 Stunden am gleichen Ort
Wo dürfen Sie im Bodensee grundsätzlich nicht ankern?	☒	unter Brücken, vor Häfen und Landestellen

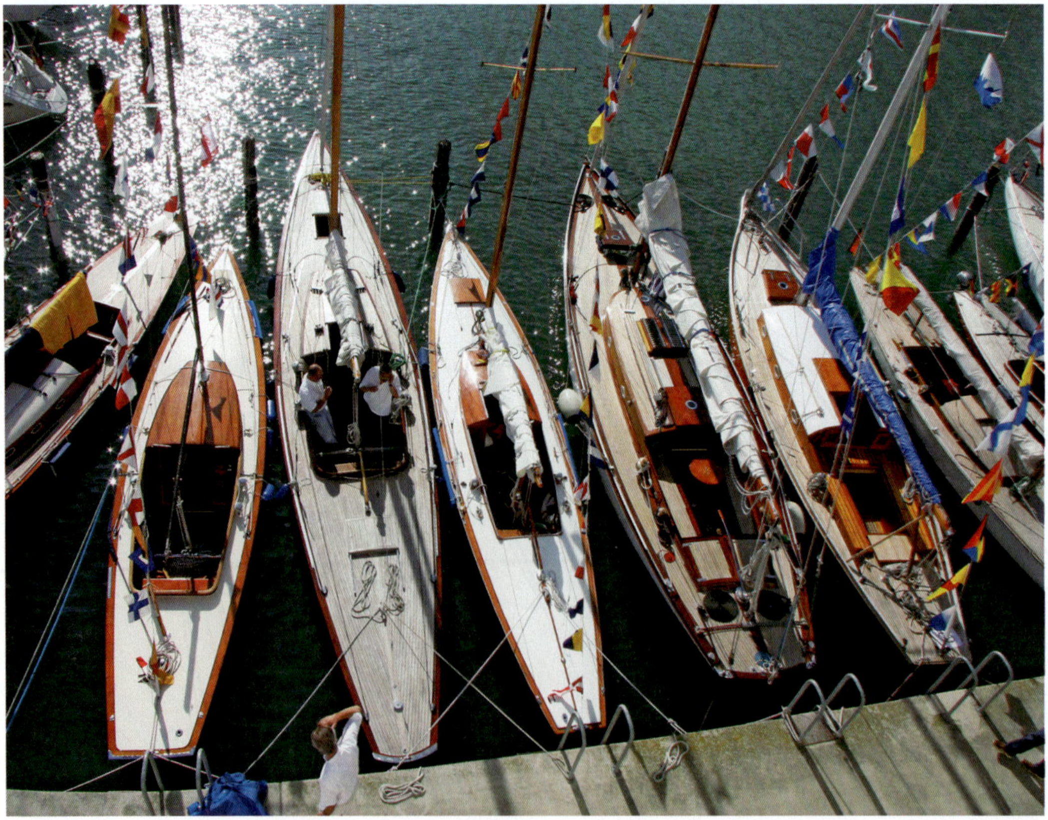

Wassergefährdende Stoffe und gefährliche Güter

Grundsätzliches Beförderungsverbot — Artikel 8.01

Die Beförderung von wassergefährdenden Stoffen und von gefährlichen Gütern ist verboten.

Ausnahmen für die Beförderung von gefährlichen Gütern, die zugleich als wassergefährdende Stoffe zu behandeln sind — Artikel 8.02

Artikel 8.01 gilt nicht für die Beförderung von wassergefährdenden Stoffen und gefährlichen Gütern

1. gemäß Unterabschnitten 1.1.3.1 Buchstabe a und 1.1.3.7 ADN, wobei die Bestimmungen auch für Beförderungen durch Fahrgäste und Besatzungsmitglieder anwendbar sind,
2. gemäß Unterabschnitt 1.1.3.3 ADN, wobei der Begriff »Fahrzeug« (Artikel 0.02 Buchstabe a) dem dortigen Begriff »Schiff« gleichgestellt ist oder
3. deren Beförderung gemäß den Sondervorschriften in Abschnitt 3.3.1 ADN nicht den übrigen Vorschriften des ADN unterliegt.

Ausnahmen für die Beförderung von gefährlichen Gütern, die nicht als wassergefährdende Stoffe zu behandeln sind — Artikel 8.03

Artikel 8.01 gilt nicht für die Beförderung von gefährlichen Gütern

1. gemäß Unterabschnitt 1.1.3.1 Buchstabe c oder e der Anlage A zum ADR,
2. gemäß Unterabschnitt 1.1.3.2 Buchstabe a, d, e oder f der Anlage A zum ADR,
3. gemäß Unterabschnitt 1.1.3.3 der Anlage A zum ADR,
4. gemäß Unterabschnitt 1.1.3.7 ADR und
5. deren Beförderung gemäß den Sondervorschriften in Abschnitt 3.3.1 ADR nicht den übrigen Vorschriften des ADR unterliegt,

sofern es sich hierbei um nicht wassergefährdende Stoffe handelt und die Beförderung mit Kraftfahrzeugen auf Fähren erfolgt, die für deren Transport zugelassen sind.

Anmerkung: Zu Artikel 8.02 und 8.03 gibt es keine Prüfungsfragen!

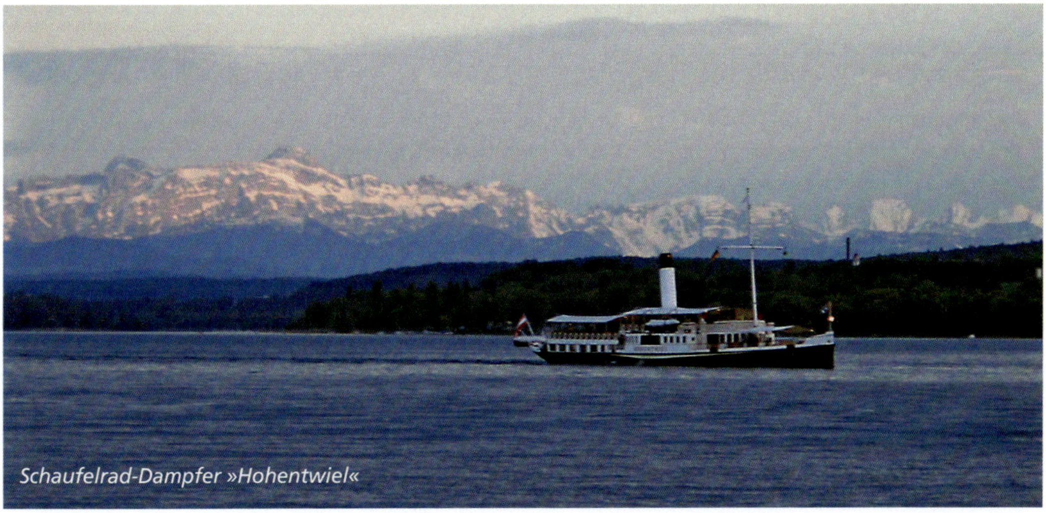

Schaufelrad-Dampfer »Hohentwiel«

Fahrgastschifffahrt

Schiffsverkehr an den Landestellen — Artikel 9.01

(1) Fahrgastschiffe dürfen zum Zweck des Ein- und Aussteigens von Fahrgästen nur an Landestellen anlegen, die von der zuständigen Behörde hierfür zugelassen sind.

(2) Beim Anlegen an Landestellen, die für den allgemeinen Verkehr bestimmt sind, haben Fahrgastschiffe im Sinne des Artikels 1.15 Satz 1 den Vorrang.

(3) Falls mit der Regelung des Schiffsverkehrs an Landestellen verantwortliche Personen betraut sind, haben die Schiffsführer deren Anweisungen zu befolgen.

Ein- und Aussteigen der Fahrgäste — Artikel 9.02

(1) Der Schiffsführer darf das Ein- und Aussteigen von Fahrgästen erst zulassen, nachdem das Fahrgastschiff sicher festgemacht ist und er sich davon überzeugt hat, dass der Zu- und Abgang der Fahrgäste an der Landestelle ohne Gefahr möglich ist.

(2) Die Fahrgäste dürfen zum Ein- und Aussteigen nur die dazu bestimmten Ein- und Ausgänge, Landebrücken und Landestege, Zugänge und Treppen benutzen. Kein Fahrgast darf ein- oder aussteigen, bevor der Schiffsführer oder sein Beauftragter die Erlaubnis hierzu erteilt hat.

Sicherheit und Ordnung an Bord und an den Landestellen — Artikel 9.03

(1) Die Fahrgäste und die Benützer der Landestellen müssen sich so verhalten, dass sie die Sicherheit des Schiffsverkehrs und die Ordnung an Bord nicht beeinträchtigen. Sie müssen unbeschadet der Weisungsbefugnis des Schiffsführers nach Artikel 1.02 Abs. 2 auch die Weisungen der für die Landestellen verantwortlichen Personen befolgen. Personen, von denen eine Gefährdung des Schifffahrtsbetriebes oder eine erhebliche Belästigung der übrigen Fahrgäste zu befürchten ist, sind von der Beförderung auszuschließen.

(2) Güter müssen so verladen werden, dass die Fahrgäste nicht gefährdet oder belästigt werden.

Schleppverbot — Artikel 9.04

Fahrgastschiffe, die Fahrgäste an Bord haben, dürfen nur in Notfällen schleppen, geschleppt werden oder längsseits gekuppelt fahren.

Höchstzulässige Anzahl der Fahrgäste — Artikel 9.05

Auf Fahrgastschiffen ist an gut sichtbarer Stelle die höchstzulässige Anzahl der Fahrgäste anzugeben.

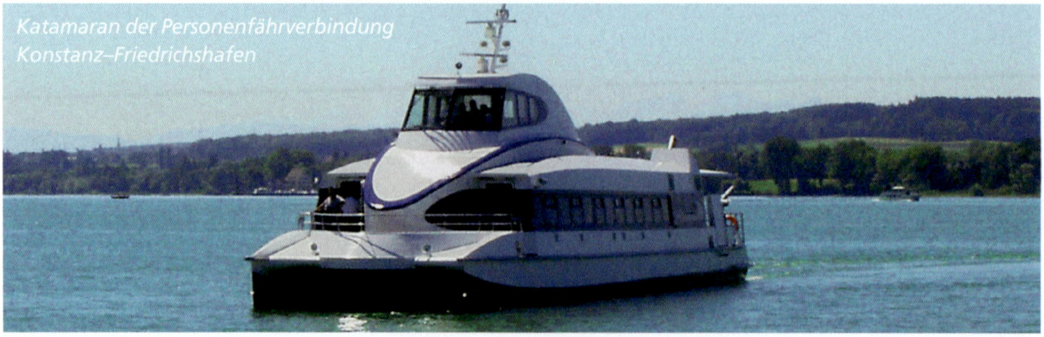

Katamaran der Personenfährverbindung Konstanz–Friedrichshafen

Besondere Vorschriften für den Rhein

Geltungsbereich — Artikel 10.01

Die Vorschriften dieses Abschnittes gelten für

a) den Alten Rhein von der Brücke Rheineck – Gaissau bis zur Mündung in den Bodensee (Ende Spundwand),
b) die Strecke vom Frauenpfahl in der Konstanzer Bucht bis zur Landestelle Ermatingen,
c) die Strecke von der Linie Landestelle Öhningen/oberste Steganlage Eschenz oberhalb der Stiegener Enge bis zur Straßenbrücke Schaffhausen-Feuerthalen.

Sämtliche Fragen für das Hochrheinpatent stehen auf Seite 90.

Ausgenommene Vorschriften — Artikel 10.02

Ausgenommene Vorschriften

(1) Auf den Strecken nach Artikel 10.01 gilt der Vorrang nach Artikel 6.05 Buchst. a nur für Fahrgastschiffe.

(2) Auf den Strecken nach Artikel 10.01 gelten Artikel 6.05 Buchst. b bis d sowie Artikel 6.11 Abs. 1 und 2 nicht.

(3) Auf den Strecken nach Artikel 10.01 Buchst. b und c gilt Artikel 6.07 nicht.

Fragen	Antworten
Wie haben sich Motorboote und Segelboote auf den Rheinstrecken beim Begegnen und Überholen grundsätzlich zu verhalten?	☒ Segelboote haben keinen besonderen Vorrang

Geschwindigkeitsbeschränkungen — Artikel 10.03

(1) Die zulässige Höchstgeschwindigkeit beträgt, jeweils gegen das Ufer gemessen, auf der Strecke

a) nach Artikel 10.01 Buchst. a 10 km/h,
b) nach Artikel 10.01 Buchst. b 10 km/h,
c) nach Artikel 10.01 Buchst. c 10 km/h in der Bergfahrt und 20 km/h in der Talfahrt.

(2) Abweichend von Absatz 1 Buchstabe b gilt für Fahrgastschiffe eine zulässige Höchstgeschwindigkeit von 10 km/h in der Bergfahrt und 20 km/h in der Talfahrt.

Fragen	Antworten
Mit welcher Höchstgeschwindigkeit dürfen Sie auf dem Alten Rhein und dem Seerhein mit Ihrem Vergnügungsfahrzeug fahren?	☒ max. 10 km/h
Wie hoch ist die Höchstgeschwindigkeit für Fahrgastschiffe auf dem Alten Rhein?	☒ 10 km/h

Fragen	Antworten
Wie ist die Geschwindigkeit auf den Rheinstrecken zu messen?	☒ jeweils zum Ufer (Fahrt über Grund)
Welche Geschwindigkeitsbeschränkungen für Vergnügungsfahrzeuge gelten auf den Rheinstrecken »Alter Rhein« und »Seerhein«?	☒ 10 km/h

Begegnen und Überholen

Artikel 10.04

(1) Beim Begegnen hat jedes Fahrzeug nach Steuerbord auszuweichen. Ist dies nicht möglich, kann nach Backbord unter rechtzeitiger Abgabe des vorgeschriebenen Schallzeichens ausgewichen werden.

(2) Fahrzeuge dürfen nur dann begegnen oder überholen, wenn das Fahrwasser hinreichend Raum für die gefahrlose Vorbeifahrt gewährt.

(3) Fehlt beim Begegnen der Raum zur gefahrlosen Vorbeifahrt, muss das zu Berg fahrende Fahrzeug unterhalb der Engstelle warten, bis das zu Tal fahrende Fahrzeug die Engstelle durchfahren hat. Ist das Begegnen in einer Engstelle unvermeidlich, müssen die Schiffsführer alle möglichen Maßnahmen treffen, damit das Begegnen an einer Stelle und unter Bedingungen stattfindet, die eine möglichst geringe Gefahr in sich schließen.

Fragen	Antworten
Wie haben sich Vergnügungsfahrzeuge und Segelfahrzeuge beim Begegnen auf den Rheinstrecken zu verhalten, wenn genügend Raum vorhanden ist?	☒ in der Regel nach Steuerbord ausweichen
Dürfen Sie auf dem Rhein einem entgegenkommenden Schiff nach Backbord ausweichen, wenn dies nach Steuerbord nicht möglich ist?	☒ ja, nach rechtzeitiger Abgabe der vorgeschriebenen Schallzeichen
Bei einer Engstelle auf den Rheinstrecken ist das gefahrlose Begegnen mit einem anderen gleichrangigen Schiff nicht möglich. Wer hat sich wie zu verhalten?	☒ Talfahrer hat Wegerecht, Bergfahrer wartet
Wie haben sich Motorboote und Segelboote auf den Rheinstrecken beim Begegnen und Überholen grundsätzlich zu verhalten?	☒ Segelboote haben keinen besonderen Vorrang

Durchfahrt unter Brücken

Artikel 10.05

(1) In unmittelbarer Nähe von Brücken oder unter solchen ist das Begegnen und Überholen verboten. Besteht die Gefahr, dass Fahrzeuge im Bereich einer Brücke zusammentreffen, so hat das zu Berg fahrende Fahrzeug die Vorbeifahrt des zu Tal fahrenden unterhalb der Brücke abzuwarten. Wenn es die Sicherheit des Verkehrs erfordert, ist die Annäherung an die Brücke rechtzeitig durch einen langen Ton anzukündigen.

(2) Absatz 1 gilt nicht, wenn das Fahrzeug in unmittelbarer Nähe von Brücken oder unter solchen hinreichend Raum für die gleichzeitige Durchfahrt gewährt.

Fragen	Antworten
Welche Fahrregeln sind bei der Durchfahrt von Wasserfahrzeugen unter Brücken zu beachten, wenn nicht genügend Raum zum Begegnen vorhanden ist?	☒ Talfahrer hat Wegerecht
Wer hat beim Zusammentreffen im Bereich von Brücken immer das Wegerecht?	☒ bei gleichrangigen Fahrzeugen der Talfahrer

Wartepflicht gegenüber Fahrgastschiffen — Artikel 10.06

In den Fällen der Artikel 10.04 Abs. 3 und 10.05 Abs. 1 Satz 2 ist gegenüber einem Fahrgastschiff mit Vorrang im Sinne des Artikels 1.15 stets das andere Fahrzeug wartepflichtig.

Überqueren — Artikel 10.07

(1) Fahrzeuge, ausgenommen Ruderboote, die den Rhein überqueren, haben den zu Tal und zu Berg fahrenden Fahrzeugen auszuweichen.

(2) Alle Fahrzeuge, die den Rhein überqueren, müssen vom Bug eines zu Tal fahrenden Fahrgastschiffes mit Vorrang im Sinne des Artikels 1.15 mindestens 200 m und vom Bug eines solchen zu Berg fahrenden Fahrgastschiffes mindestens 100 m Abstand halten.

Fragen	Antworten
Sie wollen mit Ihrem Vergnügungsfahrzeug bei Nacht den Rhein queren. Es nähert sich ein Wasserfahrzeug von Backbord, welches zu seiner üblichen Lichterführung ein grünes helles Rundumlicht zeigt. Wer ist ausweichpflichtig?	☒ ich mit meinem Vergnügungsfahrzeug
Welchen Mindestabstand haben Vergnügungsfahrzeuge beim Queren der Rheinstrecken vor dem Bug eines zu Tal bzw. zu Berg fahrenden Fahrgastschiffes mit Vorrang einzuhalten?	☒ zu Tal 200 m / zu Berg 100 m Abstand
Wie haben sich Vergnügungsfahrzeuge mit Maschinenantrieb gegenüber einem Ruderboot zu verhalten, das die Rheinstrecke quert?	☒ das Ruderboot ist vorfahrtsberechtigt
Was hat ein querendes Vergnügungsfahrzeug auf den Rheinstrecken bei gleichrangigen Fahrzeugen zu beachten?	☒ das querende Vergnügungsfahrzeug ist gegenüber dem Berg- und Talfahrer ausweich- oder wartepflichtig
Was haben querende Vergnügungsfahrzeuge gegenüber Fahrgastschiffen mit Vorrang auf den Rheinstrecken zu beachten?	☒ beim Queren halten Vergnügungsfahrzeuge zum Bug des Talfahrers mind. 200 m und zum Bug des Bergfahrers 100 m Abstand
Wie haben sich Vergnügungsfahrzeuge, auch Segelfahrzeuge, gegenüber einem querenden Ruderboot auf den Rheinstrecken zu verhalten?	☒ sie sind ausweich- oder wartepflichtig

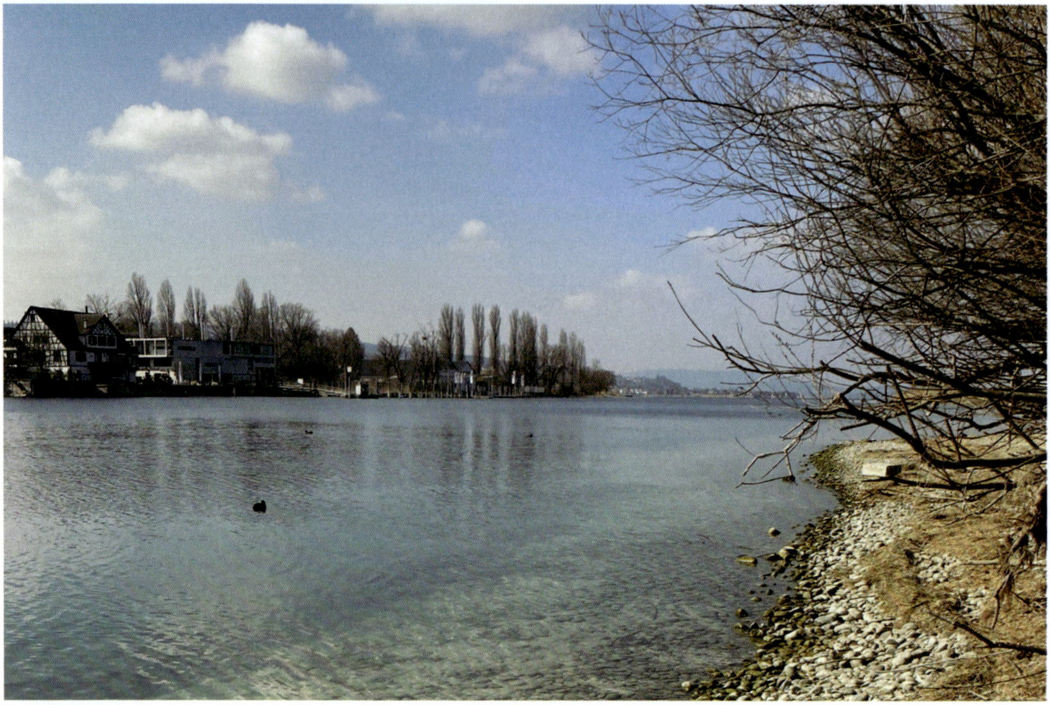

Seerhein

Fragen	Antworten
Sie begegnen mit Ihrem Vergnügungsfahrzeug bei der Talfahrt einem den Rhein querenden Ruderboot. Wer muss ausweichen?	☒ ich mit meinem Vergnügungsfahrzeug

Fahren mit Wasserski oder ähnlichen Geräten — Artikel 10.08

Das Fahren mit Wasserski oder ähnlichen Geräten, die Verwendung von Wellenbrettern und das Treibenlassen mit nicht lenkbaren Schwimmkörpern ist verboten.

Fragen	Antworten
Ist das Wasserskifahren auf den Rheinstrecken erlaubt?	☒ nein

Fahrt bei unsichtigem Wetter — Artikel 10.09

Fahrzeuge müssen anhalten, wenn sie wegen verminderter Sicht die Fahrt nicht mehr ohne Gefahr fortsetzen können.

Fragen	Antworten
Welche Maßnahmen muss der Bootsführer bei Nebelfahrten auf den Rheinstrecken treffen, wenn eines der beiden Ufer nicht mehr sichtbar ist?	☒ die Fahrt einstellen

Nachtbezeichnung der schwimmenden Geräte, der Fahrzeuge bei der Arbeit und der festgefahrenen oder gesunkenen Fahrzeuge Artikel 10.10

(1) Schwimmende Geräte, Fahrzeuge, die im Gewässer Arbeiten ausführen, sowie festgefahrene oder gesunkene Fahrzeuge müssen führen

a) nach der Seite oder den Seiten, wo gefahrlos vorbeigefahren werden kann, ein rotes gewöhnliches und etwa 1 m darunter ein weißes gewöhnliches Licht;

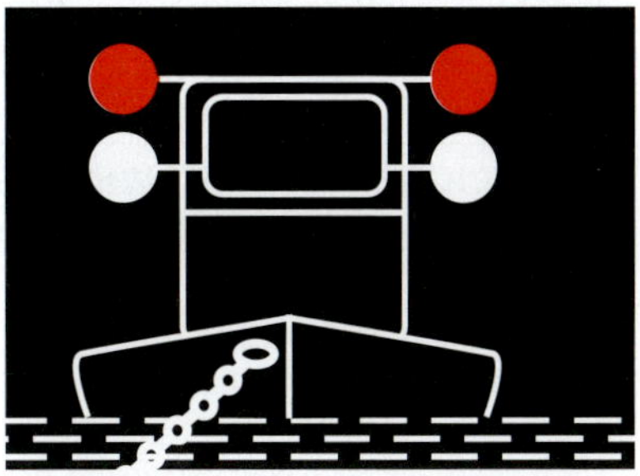

b) nach der Seite oder den Seiten, wo nicht vorbeigefahren werden kann, ein rotes gewöhnliches Licht in gleicher Höhe wie das nach Buchstabe a gezeigte rote Licht.

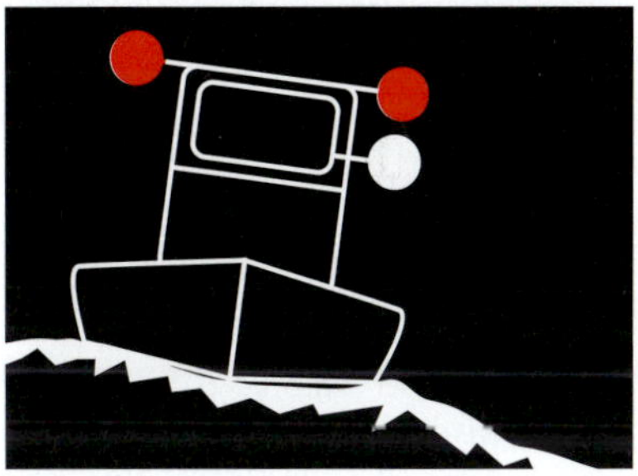

(2) Die in Absatz 1 genannten Lichter sind so hoch zu setzen, dass sie von allen Seiten sichtbar sind. Liegt ein gesunkenes Fahrzeug so, dass die Lichter nicht auf ihm angebracht werden können, so müssen sie auf einem Boot oder in anderer geeigneter Weise gesetzt werden.

Fragen	Antworten
Im Seerhein vor Gottlieben, talwärts fahrend, kommen auf Ihrem Fahrkurs bei Nacht etwas über der Wasseroberfläche zwei rote Lichter darunter zwei weiße Lichter in Sicht. Welche Situation liegt an und wie müssen Sie sich verhalten?	☒ Gefahrenstelle, beidseitig vorsichtiges Vorbeifahren möglich
Wie muss sich ein Schiffsführer verhalten, wenn sein Schiff gesunken ist?	☒ Kennzeichnung der Unfallstelle, wenn die übrige Schifffahrt gefährdet wird
Wie muss sich ein Schiffsführer verhalten, wenn sein Sportboot festgefahren ist?	☒ das Fahrzeug entsprechend kennzeichnen
Nachts treffen Sie auf der Fahrt von Konstanz nach Ermatingen ein Hindernis an, das auf der einen Seite mit einem roten und auf der anderen Seite mit einem roten über einem weißen Licht gekennzeichnet ist. An welcher Seite können Sie passieren?	☒ die gefahrlose Vorbeifahrt ist nur auf der mit rot/weiß gekennzeichneten Seite möglich

Fragen	Antworten
Im Sommerweg des Schwanenhalses sehen Sie während der Talfahrt bei Nacht voraus ein rotes Licht in Sicht kommen; rechts daneben in gleicher Höhe sehen Sie ein weiteres rotes Licht, unter diesem ein weißes Licht. Welche Situation ist gegeben?	☒ schwimmendes Gerät, Fahrzeug bei der Arbeit oder gesunkenes Fahrzeug vor mir, an der rot/weißen Seite vorbeifahren

Tagbezeichnung der schwimmenden Geräte, der Fahrzeuge bei der Arbeit und der festgefahrenen oder gesunkenen Fahrzeuge **Artikel 10.11**

(1) Schwimmende Geräte, Fahrzeuge, die im Gewässer Arbeiten ausführen, sowie festgefahrene oder gesunkene Fahrzeuge müssen führen

a) nach der Seite oder den Seiten, wo gefahrlos vorbeigefahren werden kann, eine Flagge, deren obere Hälfte rot und deren untere Hälfte weiß ist, oder zwei Flaggen übereinander, die obere rot, die untere weiß;

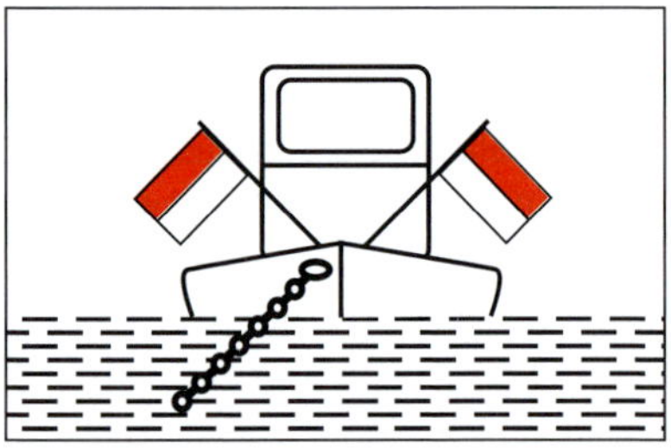

b) nach der Seite oder den Seiten, wo nicht vorbeigefahren werden kann, eine rote Flagge in gleicher Höhe wie die rot-weiße oder rote Flagge nach Buchstabe a.

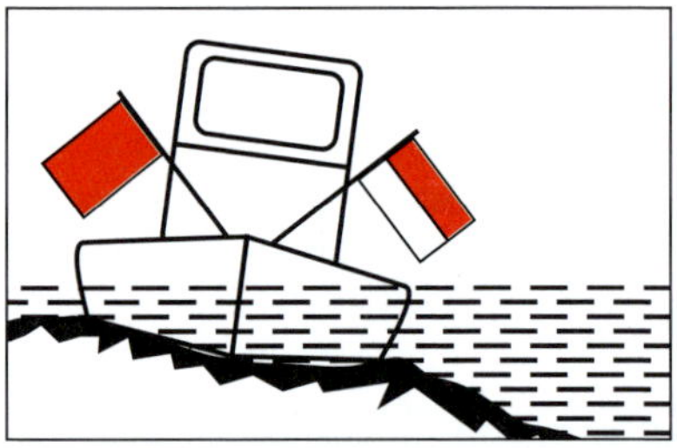

(2) Die in Absatz 1 genannten Flaggen sind so hoch zu setzen, dass sie von allen Seiten sichtbar sind. Liegt ein gesunkenes Fahrzeug so, dass die Flaggen nicht auf ihm angebracht werden können, so müssen sie auf einem Boot oder in anderer geeigneter Weise gesetzt werden.

Fragen	Antworten
Auf der Bergfahrt im Fachen zwischen Ermatingen und Gottlieben kommt ein Arbeitsschiff in Sicht, das an seiner Backbordseite und an seiner Steuerbordseite je eine rot/weiße Flagge gesetzt hat. Wie müssen Sie sich verhalten?	☒ ich kann an beiden Seiten langsam vorbeifahren
Im Winterweg des Schwanenhalses liegt ein verankertes Baggerschiff, das an seiner Backbordseite eine rote Flagge und an seiner Steuerbordseite eine rot/weiße Flagge gesetzt hat. Wie müssen Sie sich verhalten?	☒ ich kann nur an der Steuerbordseite vorsichtig vorbeifahren

Fragen	Antworten
Wie muss sich ein Schiffsführer verhalten, wenn sein Schiff gesunken ist?	☒ Kennzeichnung der Unfallstelle, wenn die übrige Schifffahrt gefährdet wird
Wie muss sich ein Schiffsführer verhalten, wenn sein Sportboot festgefahren ist?	☒ das Fahrzeug entsprechend kennzeichnen
Auf der Rheinstrecke zwischen Gottlieben und Ermatingen sehen Sie ein festgekommenes Schiff. Das Fahrzeug hat an seiner Backbordseite eine rot/weiße Flagge gesetzt; die Steuerbordseite ist mit einer roten Flagge gekennzeichnet. An welcher Seite ist das Passieren möglich?	☒ an Backbord

Verbotenes Stillliegen Artikel 10.12

Das Stillliegen ist in Fahrwasserengen, in den Fahrrinnen und im Bereich von Brücken verboten.

Fragen	Antworten
Wo ist das Ankern auf den Rheinstrecken grundsätzlich verboten?	☒ im Bereich von Brücken, öffentlichen Landestellen sowie in Fahrrinnen und Fahrwasserengen

Sonstige Fragen für die Rheinstrecken

Fragen	Antworten
Welche Schifffahrtszeichen kennzeichen im Seerhein das Fahrwasser?	☒ 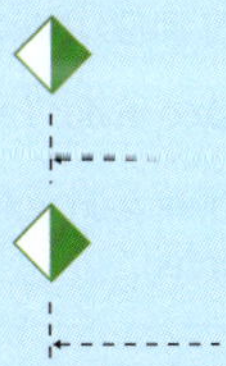
Mit welchen Schifffahrtszeichen wird auf dem Hochrhein die Fahrwasserseite bezeichnet?	☒ weiß/grüne Tafeln
Wieviel Brücken überspannen den Seerhein?	☒ 3 Brücken
Sie fahren von Ermatingen kommend Richtung Konstanz auf die neue Rheinbrücke für Radfahrer zu. Wie ist die empfohlene Brückendurchfahrt gekennzeichnet?	☒ mit einem gelben Schifffahrtszeichen 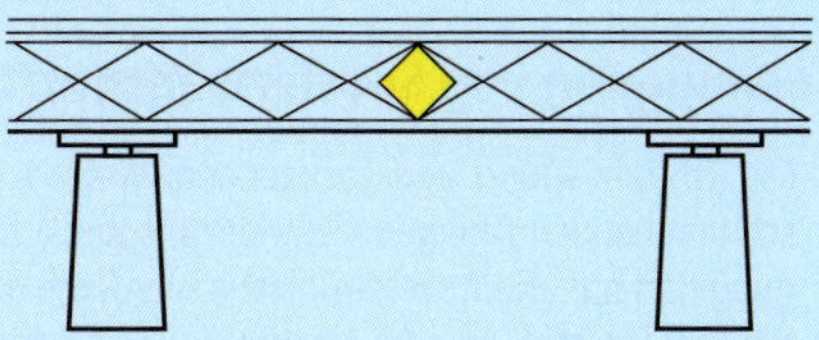
Muss sich der Führer eines Vergnügungsfahrzeuges zwingend an die grün gekennzeichnete Fahrwasserseite halten?	☒ nein, das Fahrwasserzeichen hat empfehlenden Charakter

Verschiedenes

Einbringen und Bezeichnen von Fischereigeräten — Artikel 11.01

(1) Auf den Kursen der Vorrangfahrzeuge im Sinne des Artikels 1.15 Satz 1 und in dem für das Ein- oder Ausfahren von Fahrzeugen erforderlichen Bereich des Fahrwassers vor Hafeneinfahrten und Landestellen der Fahrgastschifffahrt sowie in den Fahrrinnen der Rheinstrecken dürfen Fischnetze, Reusen und andere Fischereigeräte nur so eingebracht werden, dass dadurch die Schifffahrt nicht behindert werden kann.

(2) Fischnetze, Reusen und andere Fischereigeräte, welche die Schifffahrt behindern können, müssen zur Kennzeichnung ihrer Lage durch weiße Bojen (Döpper) in genügender Anzahl bezeichnet sein.

Fischen mit der Schleppangel — Artikel 11.02

Das Fischen mit der Schleppangel von nebeneinander oder hintereinander fahrenden Fahrzeugen aus ist verboten.

Wasserflugzeuge — Artikel 11.03

Die Verkehrsvorschriften gelten für Wasserflugzeuge entsprechend, soweit nicht das Luftverkehrsrecht Anwendung findet.

Bade-, Tauch- und Brückenspringverbot — Artikel 11.04

(1) Das Baden und Tauchen ist im Umkreis von 100 m um die Einfahrten von Häfen, die von Fahrgastschifen benutzt werden, und Landestellen der Fahrgastschifffahrt außerhalb öffentlicher Badeplätze verboten. Dies gilt auch für sonstige Hafeneinfahrten, wenn dadurch die Schifffahrt behindert wird.

(2) Das Tauchen in markierten Fahrwassern ist verboten.

(3) Es ist verboten, unbefugt an Fahrzeuge heranzuschwimmen oder sich daran zu hängen.

(4) Das Herunterspringen von Brücken in das Fahrwasser ist bei Annäherung von Fahrzeugen verboten.

(5) Beim Schwimmen ohne Begleitfahrzeug außerhalb der Uferzone (Artikel 6.11 Absatz 1) muss ein gut sichtbarer Schwimmkörper mitgeführt werden.

Genehmigung von Veranstaltungen — Artikel 11.05

Wettfahrten, Wasserfestlichkeiten und sonstige Veranstaltungen, die zu Ansammlungen von Fahrzeugen oder zu Verkehrsbehinderungen führen können, bedürfen der Genehmigung der zuständigen Behörde. Die Genehmigung ist zu versagen, wenn von der Veranstaltung wesentliche Beeinträchtigungen der Schifffahrt, der Sicherheit von Personen, des Wassers, der Fischerei oder der Umwelt zu erwarten sind, die nicht durch Auflagen oder Bedingungen verhindert oder ausgeglichen werden können.

Genehmigung von Sondertransporten — Artikel 11.06

(1) Die Fortbewegung von Fahrzeugen, welche den Vorschriften dieser Verordnung nicht entsprechen, und von schwimmenden Anlagen (Sondertransporte) bedarf der Genehmigung der zuständigen Behörde. Die Genehmigung darf nur erteilt werden, wenn hierdurch die Sicherheit und Leichtigkeit des Verkehrs nicht beeinträchtigt werden sowie Gefahren oder Nachteile, die durch die Schifffahrt verursacht werden können, nicht zu erwarten sind.

(1) Die Genehmigung ist zu versagen, wenn vom Sondertransport wesentliche Beeinträchtigungen der Schifffahrt, der Sicherheit von Personen, des Wassers, der Fischerei oder der Umwelt zu erwarten sind, die nicht durch Auflagen oder Bedingungen verhindert oder ausgeglichen werden können.

Berechtigung zum Führen von Fahrzeugen

Patentpflicht — Artikel 12.01

Zur Führung eines Fahrzeuges mit Maschinenantrieb, dessen Maschinenleistung 4,4 kW übersteigt, sowie eines Segelfahrzeuges mit mehr als 12 qm Segelfläche ist ein Schifferpatent erforderlich.

Wie die Segelfläche berechnet wird, sehen Sie auf Seite 107.

Fragen	Antworten
Für welche Vergnügungsfahrzeuge ist ein Schifferpatent erforderlich?	☒ für Motorfahrzeuge über 4,4 kW Maschinenleistung und für Segelfahrzeuge mit mehr als 12 qm Segelfläche

Schifferpatent — Artikel 12.02

(1) Das Schifferpatent wird für folgende Kategorien erteilt:

Kategorie A: Fahrzeuge mit Maschinenantrieb, soweit sie nicht unter die Kategorien B und C fallen;

Kategorie B: Fahrgastschiffe;

Kategorie C: Güterschiffe sowie schwimmende Geräte mit eigenem Antrieb;

Kategorie D: Segelfahrzeuge.

(2) Für Segelfahrzeuge mit Motor, dessen Maschinenleistung 4,4 kW übersteigt, ist zusätzlich eine Berechtigung der Kategorie A erforderlich.

(3) Das Schifferpatent der Kategorie B oder C berechtigt auch zum Führen von Fahrzeugen im Sinne der Kategorie A.

(4) Das Schifferpatent kann unter Bedingungen und Auflagen erteilt werden. Es kann insbesondere innerhalb einer Kategorie auf bestimmte Fahrzeugarten und Gewässerabschnitte beschränkt werden.

(5) Zur Führung von Fahrzeugen besonderer Bauart (Artikel 14.01 Abs. 6 Satz 1) ist unbeschadet des Absatzes 1 ein besonderer Befähigungsnachweis zu erbringen.

(6) Zur Führung von Fahrgastschiffen mit einer zulässigen Anzahl von höchstens 12 Fahrgästen genügt das Schifferpatent der Kategorie A oder D. Abweichend von Artikel 12.03 Absatz 1 Buchstabe a muss der Inhaber des Schifferpatentes mindestens 21 Jahre alt sein.

Fragen	Antworten
Welche Wasserfahrzeuge dürfen Sie mit einem Schifferpatent der Kategorie »A« führen“?	☒ alle motorbetriebenen Vergnügungsfahrzeuge
Dürfen Sie mit einem Schifferpatent der Kategorie »D« auch Segelboote unter Motor führen, deren Maschinenleistung 4,4 kW übersteigt?	☒ nein

Fragen	Antworten
Darf ein Patentinhaber der Kategorie »A« ein Fahrgastschiff führen?	☒ ja, wenn er 21 Jahre alt ist und das Fahrzeug für maximal 12 Fahrgäste zugelassen ist
Welches Mindestalter ist für Patentinhaber der Kategorie »A« erforderlich, um Fahrgastschiffe mit maximal 12 Personen-Zulassung zu führen?	☒ 21 Jahre

Allgemeine Voraussetzungen für das Schifferpatent — Artikel 12.03

(1) Der Inhaber eines Schifferpatents muss das folgende Alter erreicht haben; für das Schifferpatent der

a) Kategorie A: 18 Jahre
Kategorie B: 21 Jahre
Kategorie C: 21 Jahre
Kategorie D: 14 Jahre;

b) zum Schiffsführer geeignet sein;

c) die erforderliche Befähigung (Artikel 12.05) besitzen.

(2) Die Eignung nach Absatz 1 Buchst. b ist gegeben, wenn jemand über ausreichende geistige und körperliche Eignung verfügt und nach seinem bisherigen Verhalten erwarten lässt, dass er als Schiffsführer die Vorschriften beachten und auf andere Rücksicht nehmen wird. Bestehen Zweifel über die geistige und körperliche Eignung, kann ein ärztliches Zeugnis verlangt werden. Bewerber um ein Schifferpatent der Kategorie B müssen ein ärztliches Zeugnis vorlegen.

Fragen	Antworten
Welche Voraussetzungen sind für den Erwerb eines Schifferpatentes der Kategorie »A« und »D« zu erfüllen?	☒ Mindestalter, Eignung und Befähigung
Welches Mindestalter ist für Patentbewerber für Vergnügungsfahrzeuge mit Maschinenantrieb über 4,4 kW Leistung erforderlich?	☒ 18 Jahre
Welches Mindestalter ist für Patentbewerber für Segelfahrzeuge über 12 m^2 Segelfläche erforderlich?	☒ 14 Jahre

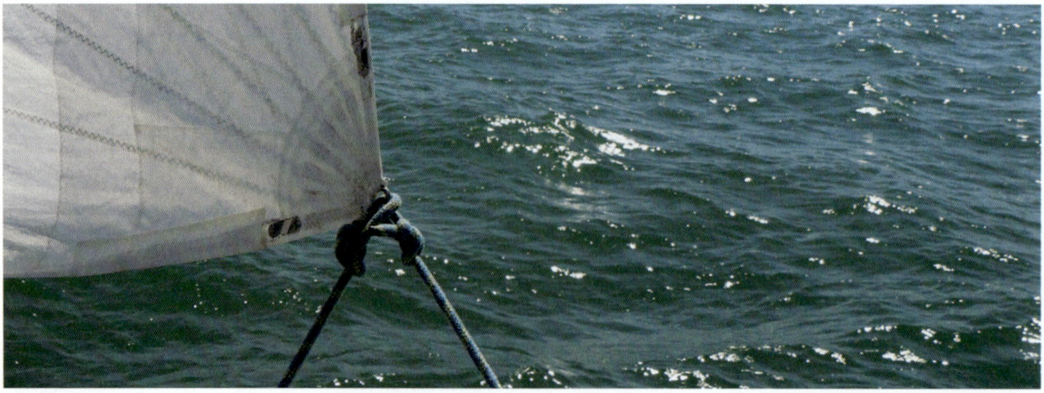

Fahrzeiterfordernis für den Erwerb des Schifferpatents der Kategorien B und C — Artikel 12.04

(1) Der Bewerber um das Schifferpatent der Kategorie B muss nachweisen
   a) für Fahrzeuge mit einer zulässigen Anzahl bis zu 60 Fahrgästen eine Fahrzeit von 9 Monaten, davon mindestens 5 Monate auf dem Bodensee;
   b) für Fahrzeuge mit einer zulässigen Anzahl von mehr als 60 Fahrgästen eine Fahrzeit von 18 Monaten, davon mindestens 9 Monate auf dem Bodensee.

(2) Der Bewerber um das Schifferpatent der Kategorie C muss eine einjährige Verwendung im praktischen Fahrdienst, davon mindestens eine Fahrzeit von 6 Monaten auf dem Bodensee nachweisen.

(3) Die Fahrzeit muss auf einem Fahrzeug verbracht sein, zu dessen Führung das Schifferpatent berechtigen soll.

(4) Als Fahrzeit wird die Zeit anerkannt, während der der Bewerber um das Schifferpatent sich auf einem im Einsatz stehenden Fahrzeug befindet und mit den Aufgaben des Schiffsführers vertraut gemacht wird. Eine theoretische Ausbildung kann auf die vorgeschriebene Fahrzeit bis zu einem Sechstel dieser Fahrzeit angerechnet werden.

Schiffsführerprüfung — Artikel 12.05

(1) Der Bewerber um das Schifferpatent hat seine Befähigung in einer theoretischen und praktischen Prüfung nachzuweisen. Die Prüfung erstreckt sich insbesondere auf folgende Sachgebiete:
   a) Schifsfahrtspolizeiliche Vorschriften,
   b) Verhalten unter besonderen Umständen,
   c) Fertigkeit in der Führung des Fahrzeuges,
   d) Kenntnis des Fahrwassers bei Bewerbern um das Schifferpatent der Kategorien B und C.

(2) Inhaber eines von einem Bodenseeuferstaat ausgestellten amtlichen Befähigungsausweises sind unbeschadet der Bestimmung des Artikels 12.10. Abs. 1 von der Ablegung der praktischen Prüfung (Abs. 1 Buchstabe c) für die Schifferpatente der Kategorien A und D (Art. 12.02.) befreit.

Was wird bei der Patentprüfung von den Landratsämtern verlangt?

Prüfung Kategorie A

Die theoretische Prüfung zur Erlangung des Schifferpatentes der Kategorie A umfasst:
a) Patent- und Zulassungsvorschriften,
b) Fahrregeln,
c) Lichterführung,
d) Schallzeichen,
e) Schifffahrtszeichen,
f) Uferzone, Natur- und Gewässerschutz sowie Fischerei,
g) Revierkenntnis,
h) Kompasskenntnis
i) Sturmwarn- und Wetterkunde,
k) Verhalten in Seenot und bei Unfällen, Meldepflichten,
i) Bootskunde und Seemannschaft.

Die praktische Prüfung zur Erlangung des Schifferpatentes der Kategorie A umfasst in der Regel:
a) Anfahren sowie Vor- und Rückwärtsfahren unter Vermeidung übermäßiger Beanspruchung des Motors und übermäßigen Lärms,
b) Fahren und Manövrieren im offenen Gewässer,
c) Kursfahren auf ein bestimmtes Ziel,
d) Wenden des Schiffes in einem Hafen oder einem dem Ausmaß des Fahrzeuges entsprechenden engen Raum,
e) Anlegemanöver an verschiedenen Landungsanlagen, vor- und rückwärts,
f) Rückwärtsfahren mit Richtungsänderungen,
g) Einhalten der Geschwindigkeitsvorschriften,

h) Anhalten aus verschiedenen Geschwindigkeiten,
i) »Mann über Bord«- Manöver,
k) Festmachen des Fahrzeuges, Anwendung der gebräuchlichsten Knoten,
l) Ankermanöver.

Inhaber von amtlichen Sportbootführerscheinen der Bundesrepublik Deutschland für Motorfahrzeuge, Inhaber des Internationalen Zertifikats nach der ECE-Resolution Nr. 40 TRANS/SC.3/1472 und Inhaber von DSV-A-Scheinen unter Motor oder Hilfsmotor, ausgestellt vor dem 31.03.1989 sind von der Ablegung der praktischen Motorbootprüfung nach Nr. 2.1.2 befreit. Sie legen eine theoretische Prüfung nach Nr. 2.1.1 ab.

Prüfung Kategorie B

Die Prüfung zur Erlangung des Schifferpatentes der Kategorie B umfasst zusätzlich zu den Anforderungen der Kategorie A:
a) Beherrschung des Prüfungsstoffes der Kategorie A mit gesteigerten Anforderungen,
b) Werfen und Lichten des Ankers , ggf. Radarfahrt, im praktischen Prüfungsteil,
c) Erste Hilfe (Ablegen eines Erste Hilfekurses mit mind. 8 Doppelstunden).

Prüfung Kategorie C

Die Prüfung zur Erlangung des Schifferpatentes der Kategorie C umfasst:
a) Beherrschung des Prüfungsstoffes der Kategorie A, wobei der praktische Teil auf einem Motorlastschiff, Güterschiff oder schwimmenden Gerät mit eigenem Antrieb abzulegen ist,
b) Erste Hilfe

Prüfung der Kategorie D

Die theoretische Prüfung zur Erlangung des Schifferpatentes der Kategorie D umfasst:
a) Patent- und Zulassungsvorschriften,
b) Fahr- und Ausweichregeln,
c) Lichterführung,
d) Schallzeichen,
e) Schifffahrtszeichen,
f) Uferzone, Natur- und Gewässerschutz sowie Fischerei,
g) Revierkenntnis,
h) Kompasskunde,
i) Sturmwarn- und Wetterkunde,
k) Verhalten in Seenot und bei Unfällen, Meldepflichten,
l) Bootskunde und Seemannschaft,
m) Segeltheorie.

Die praktische Segelprüfung ist bei ausreichender Windstärke abzulegen und umfasst in der Regel:
a) Segelsetzen und -bergen vor Anker und unter Fahrt,
b) Segeln am Wind, bei raumen Wind und vor dem Wind (Beachten der richtigen Segelstellung),
c) Verschiedene Segelmanöver, mit klaren Kommandos wie An- und Ablegen an Steg, Boje oder Hafenmauer, Reffen unter Fahrt, Segel auswechseln unter Fahrt, Ankermanöver, »Mann über Bord«-Manöver,
d) Festmachen des Schiffes an Klampe, Poller, Ring und Pfahl, Anwendung der gebräuchlichsten Knoten und Steke. Hierunter fallen insbesondere Palstek, Webleinstek, Roringstek, Schotstek, Kreuzknoten, doppelter Schotstek, Achtknoten, Belegen einer Klampe, zwei halbe Schläge.

Inhaber von amtlichen Sportbootführerscheinen der Bundesrepublik Deutschland für Segelfahrzeuge, Inhaber des Internationalen Zertifikats nach der ECE-Resolution Nr. 40 TRANS/SC.3./1472 und Inhaber von DSV-A-Scheinen unter Segel, ausgestellt vor dem 31.03.1989 sind von der Ablegung der praktischen Segelbootprüfung befreit. Sie legen nur eine theoretische Prüfung ab.

Zusatzprüfung Hochrhein

Voraussetzung zur Erlangung der Berechtigung auf der Hochrheinstrecke zwischen Stein am Rhein und Schaffhausen, ist der Besitz der Kategorie A oder die Ablegung der Prüfungsteile zum Erwerb der Kategorie A. Zusätzlich muss die Hochrheintheorie beherrscht werden und bei der praktischen Prüfung sind die Fahrwasserkenntnisse und die Kenntnisse zum Führen eines Vergnügungsfahrzeuges in der Strömung zu prüfen.
Das Prüfungsboot muss mit einem Antrieb von mehr als 4,4 kW ausgerüstet und zugelassen sein.

Inhalt des Schifferpatents — Artikel 12.06

(1) Das Schifferpatent muss mindestens folgende Angaben enthalten:
   a. Familien- und Vorname, Lichtbild, Wohnort und Geburtsdatum des Patentinhabers,
   b. Geltungsbereich,
   c. Kategorie,
   d. Bedingungen und Auflagen,
   e. Ausstellende Behörde, Ort und Datum der Ausstellung.

(2) Ist ein Schifferpatent verloren gegangen, so stellt die Behörde, welche das Schifferpatent erteilt hat, auf Antrag eine zweite Ausfertigung aus, die als solche zu bezeichnen ist.

Verlegung des gewöhnlichen Aufenthaltes — Artikel 12.07

Verlegt der Inhaber eines Schifferpatents seinen gewöhnlichen Aufenthalt von einem Bodenseeuferstaat in einen anderen Bodenseeuferstaat oder von einem Nicht-Bodenseeuferstaat in einen anderen Bodenseeuferstaat als den, in dem ihm das Schifferpatent erteilt worden ist, so hat er bei der zuständigen Behörde nach innerstaatlichem Recht sein Schifferpatent aktualisieren zu lassen.

Anmerkung: Wegen Umzugs innerhalb von Deutschland muss keine Meldung an das Schifffahrtsamt erfolgen.

Entzug und Einschränkung des Schifferpatents — Artikel 12.08

Das Schifferpatent kann entzogen oder eingeschränkt werden, soweit die nach Artikel 12.03 Absatz 1 Buchstabe b erforderliche Voraussetzung nicht mehr gegeben ist. Dies gilt auch, wenn der Inhaber des Schifferpatents unter erheblicher Wirkung geistiger Getränke oder anderer berauschender Mittel am Verkehr teilgenommen oder erheblich gegen die ihm als Schiffsführer obliegenden Pflichten verstoßen hat.

Fragen	Antworten
Kann ein Schifferpatent entzogen werden?	☒ ja, nach erheblicher Pflichtverletzung als Schiffsführer und im Straßenverkehr
Kann ein Schifferpatent entzogen oder eingeschränkt werden?	☒ ja, wenn Eignung oder Befähigung nicht mehr gegeben oder eingeschränkt sind

Anerkennung anderer Schifferpatente — Artikel 12.09

(1) Besitzt der Führer eines Vergnügungsfahrzeuges einen in einem Bodenseeuferstaat ausgestellten amtlichen Befähigungsnachweis, der nicht für den Bodensee gilt, oder das internationale Zertifikat nach der ECE-Resolution Nr. 40 TRANS/SC.3/147 (Verkehrsblatt des Bundesministeriums für Verkehr, Bau- und Wohnungswesen, 2000, S.197), so werden der Befähigungsnachweis und das internationale Zertifikat als Schifferpatent im Sinne des Artikels 12.02 für insgesamt 30 Tage innerhalb eines Kalenderjahres anerkannt. Durch eine Bescheinigung der zuständigen Behörde ist nachzuweisen, an welchen Tagen die Anerkennung gilt.

(2) Unionsbefähigungszeugnisse gemäß der Richtlinie (EU) 2017/2397 des Europäischen Parlaments und des Rates vom 12. Dezember 2017 über die Anerkennung von Berufsqualifikationen in der Binnenschifffahrt und zur Aufhebung der Richtlinien 91/672/EWG und 96/50/EG des Rates (ABl. L 345 vom 27. 12. 2017, S. 53) die durch Richtlinie (EU) 2021/1233 (ABl. L 274 vom 30. 7. 2021, S. 52) geändert worden ist, werden anerkannt. In Bezug auf die in Artikel 12.10 angeführte Rheinstrecke ist Artikel 12.10 Absatz 3 zu beachten.

Hochrheinpatent

Für das Befahren des Hochrheins ist das Hochrheinpatent erforderlich. Dieses Patent umfasst einen theoretischen und einen praktischen Prüfungsteil. Um die Hochrhein-Strecke wirklich sicher befahren zu können, ist unbedingte Streckenkenntnis Voraussetzung. Die praktische Prüfung findet auf dieser Rheinstrecke statt. In diesem Gebiet kann schon ein geringer Fahrfehler zum Verlust der Schiffsschraube führen (Untiefen). Die nun folgenden Fragen sind ohne weiteres erlernbar und das Bestehen der theoretischen Prüfung ist damit sichergestellt. Für die praktische Prüfung empfiehlt es sich, diese Strecke einige Male mit einem erfahrenen Schiffsführer zu befahren, um sich sämtliche Gefahrenstellen einzuprägen.

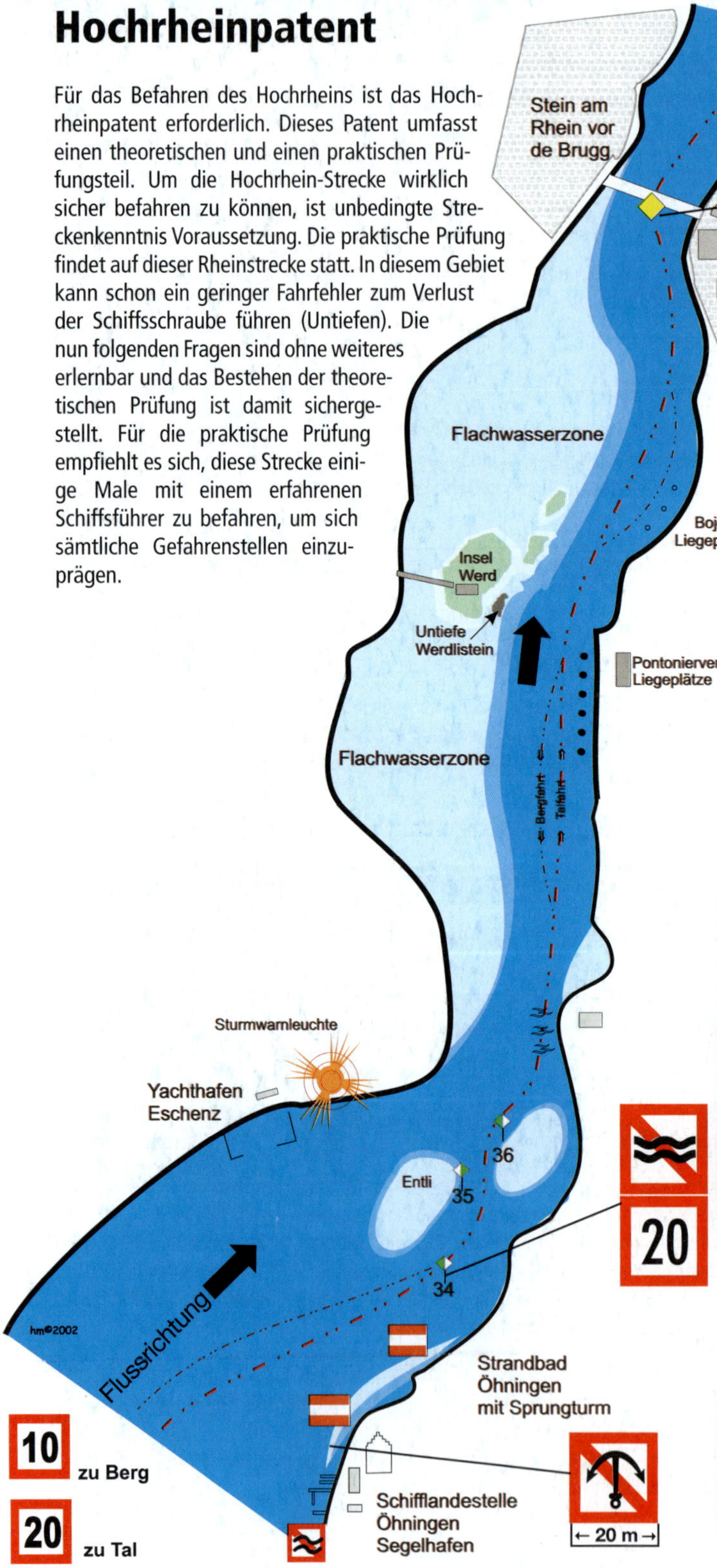

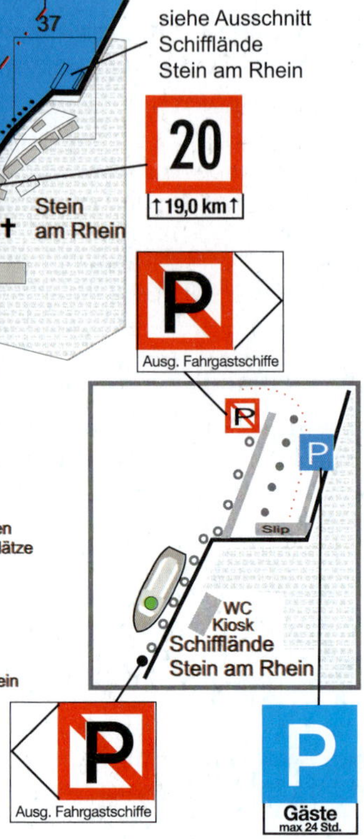

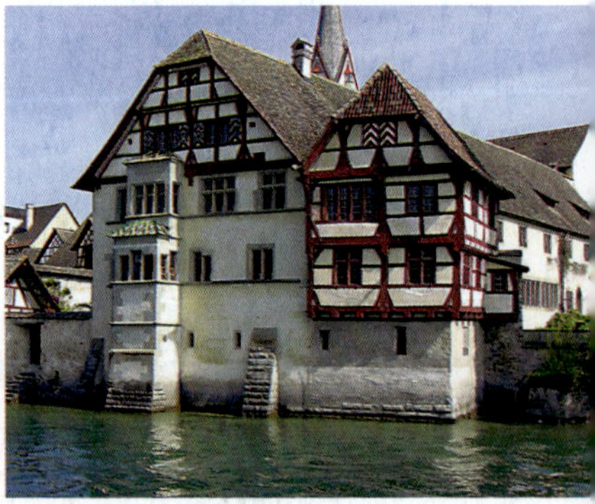

Kloster St. Georg

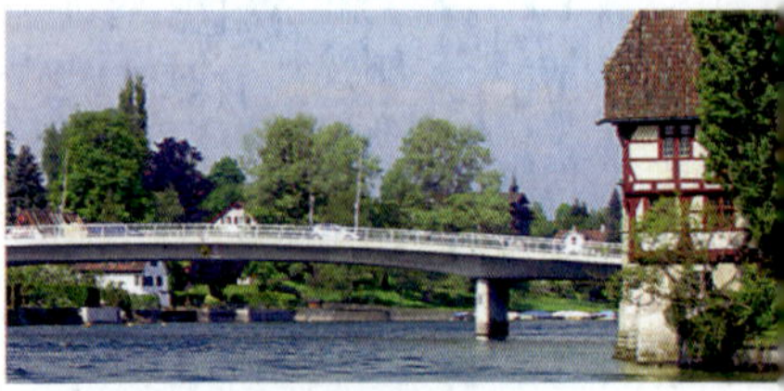

Brücke in Stein am Rhein

Fragen		Antworten
Wo verläuft die schifffahrtsrechtliche Grenze zwischen Untersee und Hochrhein?	☒	Linie oberste Steganlage/Landestelle Öhningen
Mit welchen Schifffahrtszeichen wird auf dem Hochrhein die Fahrwasserseite bezeichnet?	☒	weiß / grüne Tafeln
Dürfen Sie auf dem Rhein einem entgegenkommenden Schiff nach Backbord ausweichen, wenn dies nach Steuerbord nicht möglich ist?	☒	ja, nach rechtzeitiger Abgabe des vorgeschriebenen Schallzeichen
Wie lang ist der für Vergnügungsschiffe zugelassene Hochrheinabschnitt?	☒	rund 19 km
Sie begegnen mit Ihrem Motorboot bei der Talfahrt einem den Rhein querenden Ruderbott. Wer muss ausweichen?	☒	das Motorboot
Wie ist beim Begegnen auf dem Rhein in der Regel auszuweichen?	☒	nach Steuerbord
Muss sich der Führer eines Motorbootes zwingend an die grün gekennzeichnete Fahrwasserseite halten?	☒	nein, das Fahrwasserzeichen hat nur empfehlenden Charakter
Was müssen Sie beim Befahren der Hochrheinstrecke von Ihrem Schiff speziell kennen?	☒	den maximalen Tiefgang des Schiffes
Wie wird die Geschwindigkeit auf dem Hochrhein gemessen?	☒	jeweils zum Ufer (Fahrt über Grund)
Dürfen Sie zollpflichtige Waren aus der Schweiz ohne weitere Formalitäten nach Deutschland einführen?	☒	nein, die Waren müssen bei einem deutschen Zollamt angemeldet werden
Wie haben Sie sich gegenüber Fischern, Schwimmern und Ruderbooten zu verhalten?	☒	ich halte den größtmöglichsten Abstand und reduziere die Geschwindigkeit so, dass kein oder nur noch geringer Wellenschlag entsteht
Welche Höchstgeschwindigkeit darf auf der Hochrheinstrecke gefahren werden?	☒	20 km/h auf der Talfahrt 10 km/h bei der Bergfahrt
Welche Regeln bestehen auf der Hochrheinstrecke für das Wellenbrettfahren und Wasserskilaufen?	☒	nicht erlaubt
Nennen Sie die rechtsrheinischen Schiffslandestellen in Fließrichtung, die die Kursschifffahrt in der Saison regelmäßig anläuft?	☒	Stein am Rhein, Büsingen, Schaffhausen

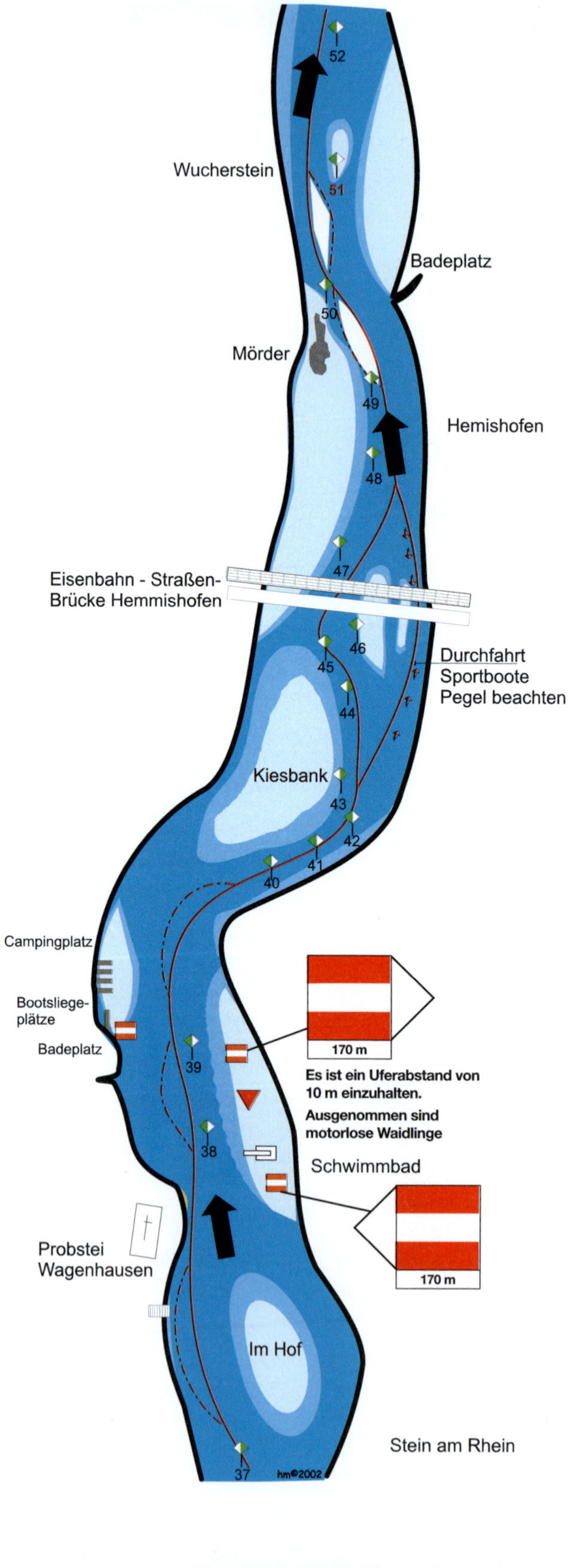

52
Wucherstein
51
Badeplatz
50
Mörder
49
Hemishofen
48
47
Eisenbahn - Straßen-
Brücke Hemmishofen
46
45
Durchfahrt
Sportboote
Pegel beachten
44
Kiesbank
43
42
41
40
Campingplatz
Bootsliege-
plätze
Badeplatz
39
170 m
Es ist ein Uferabstand von
10 m einzuhalten.
Ausgenommen sind
motorlose Waidlinge
38
Schwimmbad
170 m
Probstei
Wagenhausen
Im Hof
Stein am Rhein
37
hm©2002

Schifferpatent für den Rhein — Artikel 12.10

(1) Wer die Rheinstrecke zwischen Stein am Rhein (erstes Fahrwasserzeichen unterhalb der Straßenbrücke in Höhe des Hettlerhäuschens) und der Straßenbrücke Schaffhausen-Feuerthalen befahren will, muss in der Schiffsführerprüfung eingehende Kenntnisse des Fahrwassers dieser Strecke nachweisen. Er muss außerdem in der praktischen Schiffsführerprüfung zeigen, dass er sich auf dieser Strecke nautisch richtig verhalten kann. Artikel 12.01 bis 12.08 bleiben unberührt; Artikel 12.09 gilt nicht.

(2) Bewerber um das Schifferpatent der Kategorie B oder C haben über die Vorschrift des Absatzes 1 hinaus nachzuweisen, dass sie diese Rheinstrecke zu Berg und zu Tal in den letzten drei Jahren vor der Antragstellung mindestens zwanzigmal als Patentbewerber am Steuer eines Fahrzeuges befahren haben.

(3) Inhaber eines Unionsbefähigungszeugnisses gemäß RL (EU) 2017/2397, die diese Rheinstrecke befahren wollen, müssen die in Absatz 2 geforderte Fahrpraxis nachweisen und eine Ergänzungsprüfung ablegen, mit der sie eingehende Kenntnisse des Fahrwassers dieser Strecke nachweisen. Über die bestandene Prüfung ist eine Bescheinigung auszustellen, mit der dem Inhaber des Unionsbefähigungszeugnisses die Berechtigung zum Befahren der in Absatz 1 angeführten Rheinstrecke bescheinigt wird.

Fragen	Antworten
Wie ist ein Fahrgastschiff im Bereich der Hemishofer Brücken zu überholen?	☒ das Überholen ist verboten
Durch welche Öffnung der Hemishofer Eisenbahnbrücke führt die gekennzeichnete Fahrrinne?	☒ zweite Öffnung von links
Bei einer Engstelle ist das gefahrlose Begegnen mit einem anderen, gleichrangigen Schiff nicht möglich. Wer hat sich wie zu verhalten?	☒ das zu Berg fahrende Schiff muss unterhalb der Engstelle die Durchfahrt des Talfahrers abwarten
Wie begegnen Sie Fahrzeugen, die in der Fahrrinne treiben?	☒ mit genügend Abstand und möglichst geringem Wellenschlag
Wo ist das Ankern auf dem Rhein grundsätzlich verboten?	☒ im Bereich von Brücken und offiziellen Landestellen sowie in Fahrrinnen und Fahrwasserengen
Wie legen Kursschiffe in Diessenhofen an?	☒ gegen die Strömung
Nennen Sie die Brücken der Hochrheinstrecke im Bereich der Bodensee-Schifffahrts-Ordnung in Strömungsrichtung!	☒ Straßenbrücke Stein am Rhein, Straßenbrücke Hemishofen, Eisenbahnbrücke Hemishofen, Straßenbrücke Diessenhofen, Eisenbahnbrücke Schaffhausen, Straßenbrücke Schaffhausen
Wie viele Öffnungen besitzt die Hemishofener Eisenbahnbrücke im Bereich des Flussbettes?	☒ 4

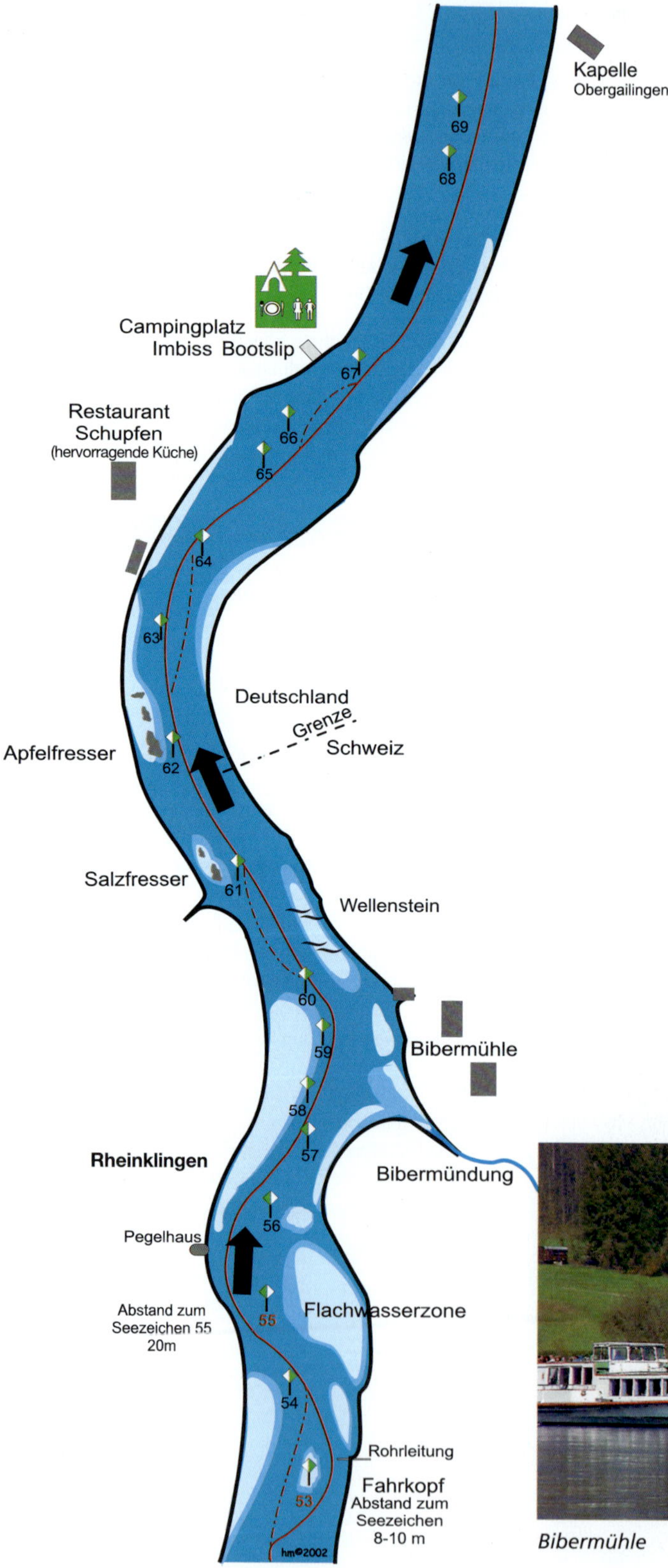

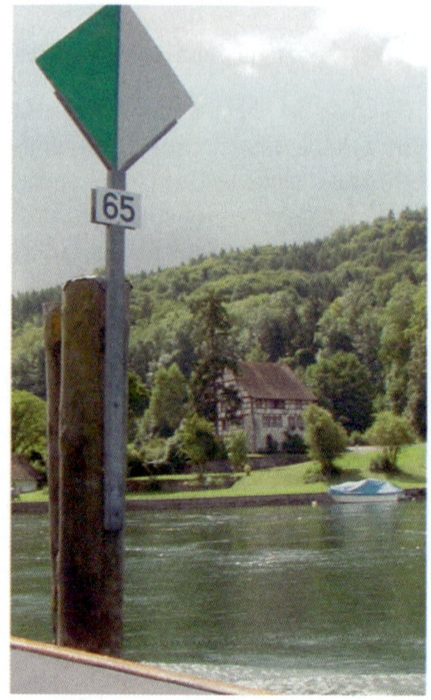

Hochrhein – Seezeichen und Restaurant »Schupfen«

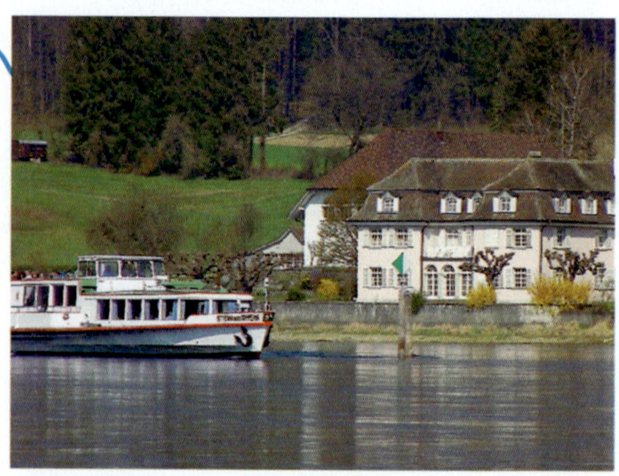

Bibermühle

Fragen	Antworten
Welcher Fluss mündet gegenüber Rheinklingen in den Rhein?	☒ Biber
Wie heißt die Untiefe vor Rheinklingen, nach dem Schifffahrtszeichen Nr. 52?	☒ »Fahrkopf«
Wo liegt die Untiefe »Wellenstein«?	☒ zwischen »Bibermühle« und »Schupfen«
In welchem Bogen einer Krümmung befindet sich der »Grund«?	☒ im Innenbogen
In welchem Bogen einer Krümmung befindet sich der »Hang«?	☒ im Außenbogen
Welche Fahrwasserverhältnisse können Sie im Innenbogen einer Flusskrümmung annehmen?	☒ Flachwasser, Untiefen
An welchem Ufer der Hochrheinstrecke mündet die Biber und worauf ist unmittelbar unterhalb der Mündung zu achten?	☒ rechtes Ufer, Untiefen, Felsen
Welche Fahrwasserverhältnisse können Sie in der Regel im Außenbogen einer Flusskrümmung annehmen?	☒ ausreichende Wassertiefe
Wo befinden sich kurz unterhalb der Bibermühle Untiefen (Felsen) im Gewässerbett in Fahrtrichtung Stein am Rhein nach Schaffhausen?	☒ linksrheinisch
Sie fahren zu Berg Richtung Diessenhofen und bemerken unterhalb der Brücke ein wendendes Kursschiff. Wie haben Sie sich zu verhalten?	☒ Wendemanöver abwarten
Warum soll man oberhalb der Brücke Diessenhofen möglichst in Rheinmitte fahren?	☒ wegen zweier gegenüberliegender Badeplätze
Liegt das Strandbad Gailingen oberhalb oder unterhalb der Brücke und auf welcher Rheinseite?	☒ oberhalb, rechtsrheinisch
Wie verläuft der Rhein im Bereich der Ortschaft Büsingen in Fließrichtung?	☒ starke Linkskrümmung
Wer hat beim Zusammentreffen im Bereich von Brücken immer, d. h. Tal- oder Bergfahrt, das Wegerecht?	☒ Vorrangschiffe
Nennen Sie die linksrheinische Schiffslandestelle, die von den Fahrgastschiffen angelaufen wird?	☒ Diessenhofen
Sie befahren den Hochrhein mit Ihrem Vergnügungsfahrzeug zu Tal, mit Ziel Schaffhausen. Wo endet für Sie die Schifffahrt?	☒ unmittelbar vor der Eisenbahnbrücke Schaffhausen-Feuerthalen

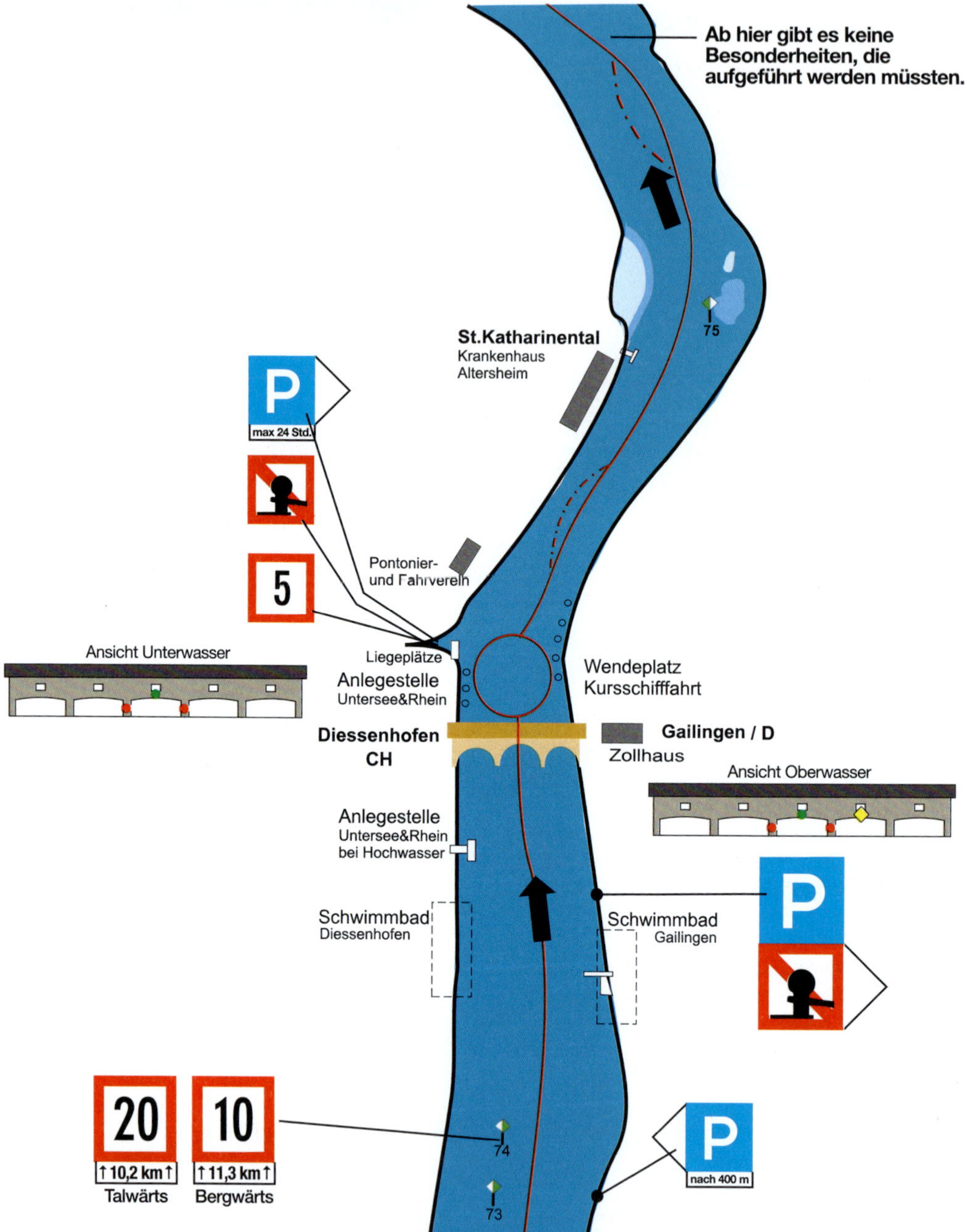
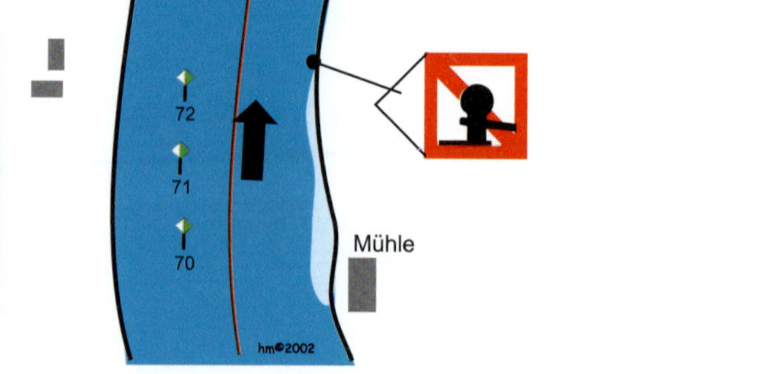

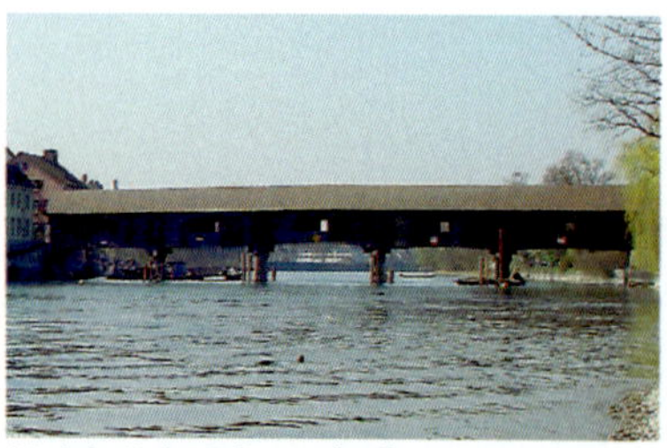

Holzbrücke Diessenhofen

Fragen	Antworten
Wieviele Brücken dürfen Sie mit Ihrem Vergnügungsfahrzeug auf der Hochrheinstrecke passieren?	☒ 4 Brücken
Darf ein langsamer fahrendes Schiff auf dem Rhein überholt werden?	☒ ja, beidseitig, mit genügend Abstand, wenn dadurch der zu Überholende nicht behindert wird
Befindet sich die Schiffslandestelle Büsingen ober- oder unterhalb der starken Flusskrümmung im Bereich der Ortschaft?	☒ oberhalb
Wie heißen die deutschen Ortschaften am Hochrhein?	☒ Gailingen, Büsingen
An welcher Brücke auf dem Hochrhein endet die Sportschifffahrt?	☒ Eisenbahnbrücke Schaffhausen

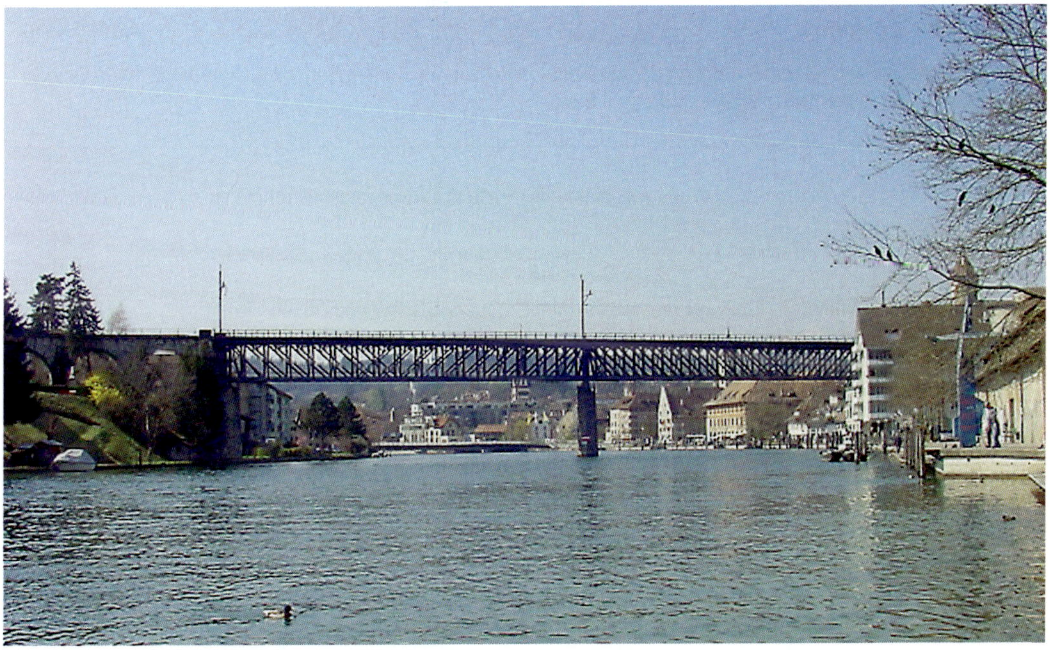

Eisenbahnbrücke Schaffhausen: Hier endet die Schifffahrt auf der Hochrheinstrecke

Bau und Ausrüstung von Fahrzeugen

Grundregel — Artikel 13.01

(1) Fahrzeuge müssen so gebaut, ausgerüstet und unterhalten sein, dass die Verpflichtungen aus dieser Verordnung erfüllt werden können und die Sicherheit der Schifffahrt gewährleistet ist.

(2) Bestehen bezüglich Bau und Ausrüstung Zweifel, können anlässlich von Untersuchungen entsprechende Nachweise verlangt werden.

1. Wenn es die Sicherheit erfordert, sind für jeden Raum Notausgänge vorzusehen, damit ein unbehinderter Ausstieg gewährleistet ist.

2. Notausstiege sollen eine Mindestgröße von 40 x 50 cm haben.

3. Verschalungen, Fußböden und der geichen sind derart anzubringen, dass technische Untersuchungen möglich sind.

Schwimmfähigkeit — Artikel 13.02

Fahrzeuge müssen unter Berücksichtigung der anerkannten Regeln der Schiffbautechnik entsprechend ihrem Verwendungszweck eine ausreichende Schwimmfähigkeit besitzen.

1. In voll ausgerüstetem, unbeschädigtem und vollgelaufenem Zustand müssen folgende Fahrzeuge schwimmfähig bleiben:
   a) Segeljollen
   b) Boote mit Maschinenantrieb bis 4,4 kW sowie Ruder-, Tretboote und dergleichen, die vermietet werden.

2. Die in Ziffer 1 genannten Fahrzeuge müssen in vollgelaufenem Zustand noch einen Restauftrieb von 100 N je zugelassener Person haben.

Stabilität, Freibord und Einsenkungsmarken — Artikel 13.03

Fahrzeuge müssen in jedem Belastungszustand entsprechend ihrem Verwendungszweck ausreichende Stabilität und genügend Freibord aufweisen; Fahrgastschiffe und Güterschiffe müssen Einsenkungsmarken tragen.

1. Bei einseitiger Belastung des Bootsrandes (Dollbords) mit der Hälfte der zulässigen Personenzahl im Bereich der größten Breite, muss vom Bootsrand bis zur Wasseroberfläche noch ein Abstand von 5 cm vorhanden sein. Pro Person ist ein Gewicht von 75 kg anzusetzen.

2. Der Freibord der Vergnügungsfahrzeuge in voll beladenem Zustand (maximal zugelassene Personenzahl und Zuladung) muss mindestens betragen:
   Für Fahrzeuge mit Maschinenantrieb mit einer Motorleistung
   - bis 7,4kW (Schweiz 6 kW) 30 cm
   - bis 30 kW 35 cm
   - über 30 kW 40 cm

   Abweichend davon müssen Ruderboote, Schlauchboote und Segelboote mit Hilfsmotoren ohne Selbstlenzung einen Freibord von 25 cm aufweisen.

3. Der Freibord am Spiegel sowie an Öffnungen in der Schale im hinteren Drittel des Schiffes muss mindestens 80 % der vorgeschriebenen Freibordhöhe nach Absatz 2 betragen.

4. Jollen sind von Absatz 1, 2 und 3 ausgenommen.

5. Fenster, Bullaugen und dgl. sind dicht auf die Schale zu befestigen. Unter der Tiefladewasserlinie angeschlossene Rohrleitungen müssen mit gut zugänglichen und möglichst direkt an der Schale angebrachten Abschlussarmaturen versehen sein. Ausgenommen hiervon sind Ablaufrohre von selbstlenzenden Plichten und Kühlwasserleitungen über ZAntriebe, Saildrives sowie Auspuffleitungen.

6. Sämtliche Schlauchverbindungen sind gegen unbeabsichtigtes Lösen geeignet zu sichern.

7.1 Für jede Person muss eine Sitzgelegenheit mit einer Platzbreite von mindestens 40 cm vorhanden sein. Sitze am Heck müssen mit einer Lehne oder einem anderen Schutz von mindestens 25 cm Höhe versehen sein, wenn die Antriebsleistung 30 kW übersteigt.

7.2 Für die Festlegung der höchstzulässigen Personenzahl P können unterstützend folgende Formeln herangezogen werden: (L = Bootslänge in Meter, B = Bootsbreite in Meter)

- für Segelboote: $P = \frac{L \times B}{3}$

- für Boote mit Maschinenantrieb ausgenommen Schlauchboote:
  a) und festem Deck über weniger als 1/4 L und solche ohne Deck $P = \frac{L \times B}{1{,}5}$

  b) und festem Deck über mindestens 1/4 L $P = \frac{L \times B}{2}$

- für Schlauchboote mit Maschinenantrieb: $P = \frac{\text{Innenfläche des Schlauchbootes } (m^2)}{0{,}45}$

L... Bootslänge in Meter, B... Bootsbreite in Meter; jeweils ohne Anbauten

Manövrierfähigkeit — Artikel 13.04

Jedes Fahrzeug muss mit einer zuverlässigen Steuereinrichtung versehen und genügend manövrierfähig sein.

1. Mit Maschinenkraft angetriebene Fahrzeuge müssen rückwärts gefahren werden können.

2. Vergnügungssfahrzeuge mit Außenbordmotoren, die mit einer Fernsteuerung versehen sind, müssen eine vom Steuerstand aus gut bedienbare Motorfernschaltung aufweisen. Wenn die Antriebsleistung 30 kW übersteigt oder bei kleineren Antriebsleistungen es die Sicherheit erfordert, sind Vergnügungsfahrzeuge mit Außenbordmotoren mit einer Fernsteuerung auszurüsten.

Höchstzulässiges Betriebsgeräusch — Artikel 13.05

Der Schallpegel von Fahrzeugen darf, gemessen nach EN ISO 2922:2000 **72 dB (A)** nicht übersteigen. Gleichwertige andere Messverfahren sind zulässig.

Fragen	Antworten
Welche Anforderungen werden an die Maschinenanlage auf Ihrem Fahrzeug hinsichtlich des Umweltschutzes gestellt?	☒ Lärm- und Abgasgrenzwerte einhalten
Welchen Wert darf das Betriebsgeräusch eines Wasserfahrzeuges in dB(A) nicht überschreiten?	☒ 72 dB(A) in 25 m seitlicher Entfernung

Fragen	Antworten
Welche Anforderungen hinsichtlich des Umweltschutzes werden an die für den Bodensee zugelassenen Fahrzeuge gestellt?	☒ Lärm- und Abgasgrenzwerte müssen eingehalten werden, Abwasserentsorgung nur an Land zugelassen

Schallgeräte

Artikel 13.06

(1) Fahrzeuge, ausgenommen Ruderboote, müssen mit einem geeigneten Schallgerät ausgerüstet sein, das so angebracht oder zu verwenden ist, dass sich der Schall möglichst frei ausbreiten kann.

(2) Die Schallgeräte von Fahrgastschiffen, Güterschiffen und schwimmenden Geräten müssen in 1 m Entfernung vor der Mitte der Schallöffnung einen zwischen 130 und 140 dB (A) liegenden Schallpegel aufweisen.

Lenzeinrichtungen

Artikel 13.07

(1) Fahrzeugemüssen mit ausreichenden Lenzeinrichtungen oder Lenzgeräten ausgerüstet sein.

(2) Automatische Lenzeinrichtungen in der Maschinenraumbilge sind verboten.

Jedes Fahrzeug, ausgenommen Ruderboote, muss mit einer manuell zu betätigenden Lenzeinrichtung ausgerüstet sein.

Steuerstand

Artikel 13.08

Der Steuerstand muss so angeordnet sein, dass das Fahrwasser und bei Fahrgastschiffen auch die zum An- und Ablegen nötigen Einrichtungen ausreichend überblickt werden können.

Radargeräte

Artikel 13.09

Es dürfen nur für die Schifffahrt auf dem Bodensee geeignete, von der zuständigen Behörde zugelassene Radargeräte verwendet werden.

Gewässerschutz

Artikel 13.10

(1) Fahrzeuge müssen so gebaut sein, dass die Beschaffenheit des Gewässers nicht nachteilig verändert werden kann.

(2) Fahrgastschiffe, sonstige Fahrzeuge sowie schwimmende Anlagen mit Koch- oder Sanitäreinrichtungen müssen mit den jeweils erforderlichen Behältern für die Aufnahme von Fäkalien, Abwässern oder Abfällen ausgerüstet sein.

(3) Zum Auffangen von Öl und Kraftstoff muss sich unter Innenbordmotoren eine geeignete Auffangwanne befinden. Eine solche ist nicht erforderlich, wenn vor und hinter dem Motor Schotte oder Bodenwrangen eingebaut sind, die ein Auslaufen von Öl oder Kraftstoff in andere Teile des Fahrzeuges verhindern.

(4) Einrichtungen zur Aufnahme von Stoffen im Sinne der Absätze 2 und 3 müssen so beschaffen sein, dass diese Stoffe zur Beseitigung an Land gebracht werden können.

(5) Die Außenhaut von Fahrzeugen darf nicht zugleich eine Wand von Behältern bilden, in denen wassergefährdende Flüssigkeiten enthalten sind.

(6) Die Außenanstriche von Fahrzeugen und schwimmenden Anlagen müssen so beschaffen sein, dass sie das Gewässer nicht nachteilig verändern können.

1. Festeingebaute Fäkalienbehälter sind mit Saugstutzen zur Entleerung und mit Be- und Entlüftungsleitungen zu versehen. Abpumpeinrichtungen im Fahrzeug sind nicht zugelassen. Das Anschlussstück ist als Saugsteckanschluss auszuführen.

2. Der Nutzinhalt eines fest eingebauten Behälters für Fäkalien muss mit mindestens 2 Liter pro zugelassener Person für die insgesamt an einem Tag anfallende Fäkalienmenge betragen.

3. Der Nutzinhalt des Behälters für Spül- und Waschabwasser soll mindestens 10 Liter betragen.

4. Damit Abwässer, Fäkalien und andere Schadstoffe nicht ins Gewässer gelangen können, sind Borddurchlässe in geeigneter Weise dauerhaft zu verschließen.

Fragen	Antworten
Welche Fahrzeuge müssen mit Behältern zur Aufnahme von Fäkalien, Abwässer und Abfällen ausgerüstet sein?	☒ Fahrzeuge mit Koch- oder Sanitäreinrichtung
Welche Anforderungen hinsichtlich des Gewässerschutzes werden an die für den Bodensee zugelassenen Fahrzeuge gestellt?	☒ Fäkalien, Abwasser und Abfall müssen ordnungsgemäß an Land entsorgt werden

Motoren mit Gemischschmierung — Artikel 13.11

Motoren mit Gemischschmierung dürfen nur dann verwendet werden, wenn der Kraftstoff nicht mehr als 2% Öl enthält (Mischungsverhältnis 1:50).

Fragen	Antworten
Wie können Sie dazu beitragen, möglichst wenig Kraftstoff zu verbrauchen?	☒ Motoren richtig einstellen lassen

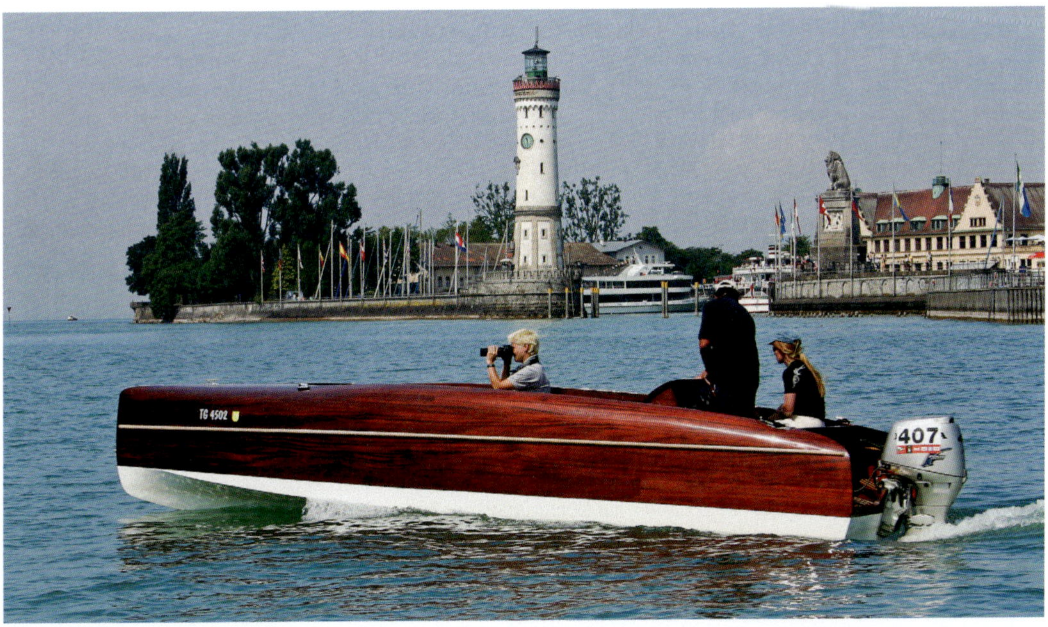

Abgasemissionen

Artikel 13.11a

1) Die Anlage C dieser Verordnung enthält die Abgasvorschriften für Verbrennungsmotoren, die nicht in den Anwendungsbereich von Absatz 7 fallen.

(2) Fahrzeuge mit Verbrennungsmotoren, die nicht unter den Anwendungsbereich von Absatz 7 fallen, müssen den Bauvorschriften der Anlage C entsprechen.

(3) Alle Verbrennungsmotoren dürfen hinsichtlich der Abgasemissionen von Kohlenmonoxid (CO), Kohlenwasserstoffen (HC) und Stickstoffoxiden (NOX), die in der Anlage C festgelegten Grenzwerte nicht überschreiten. Dieselmotoren dürfen außerdem hinsichtlich der Abgastrübung die in der Anlage C festgelegten Grenzwerte nicht überschreiten.

(4) Fahrzeuge, die mit mehreren für den Antrieb bestimmten Verbrennungsmotoren ausgestattet sind, dürfen die Grenzwerte, bezogen auf die Gesamtleistung aller Motoren, nicht überschreiten.

(5) Bei der Zulassung nach Artikel 14.01 ist nachzuweisen, dass die in der Anlage C festgelegten Bauvorschriften und Grenzwerte eingehalten sind. Dieser Nachweis ist durch Vorlage einer von einer zuständigen Behörde nach Anlage C erteilten Abgastypenprüfbescheinigung, mit Bezug auf den einzelnen Motor, in Form einer Bestätigung des Inhabers der Typenprüfbescheinigung zu erbringen. Die Abgastypenprüfbescheinigung wird aufgrund einer Abgasprüfung gemäß Anlage C erteilt. Bau-, Betriebs-, Abgas- und Nachprüfungsvorschriften sowie Prüfgeräte nach anderen Bestimmungen, welche die Abgas- und Verdunstungsemissionen mindestens gleich streng begrenzen oder gleich genau messen, das gleiche Schutzniveau bieten und die gleichen Ziele erreichen, werden anerkannt.

(6) Für Fahrzeuge mit für den Antrieb bestimmten Verbrennungsmotoren, die nicht in den Anwendungsbereich von Absatz 7 fallen, werden folgende Typenprüfungen anerkannt:

1. Typenprüfungen gemäß Verordnung (EG) Nr. 595/2009 über die Typgenehmigung von Kraftfahrzeugen und Motoren hinsichtlich der Emissionen von schweren Nutzfahrzeugen (Euro VI) und über den Zugang zu Fahrzeugreparatur- und -wartungsinformationen, zur Änderung der Verordnung (EG) Nr. 715/2007 und der Richtlinie 2007/46/EG sowie zur Aufhebung der Richtlinien 80/1269/EWG, 2005/55/EG und 2005/78/EG (ABl. L 188 vom 18. 6. 2009, S. 1, ber. ABl. L 200 vom 31. 7. 2009, S. 52), die zuletzt durch Verordnung (EU) 2019/1242 (ABl. L 198 vom 25. 7. 2019, S. 202) geändert worden ist,

2. Typenprüfungen für Dieselmotoren gemäß Sportboot-Richtlinie unter Berücksichtigung der absoluten Massenemissionen (Anlage C Nummern 3.2.2 und 3.3.2),

3. Typenprüfungen von Motoren der Klassen NRE, IWP und IWA gemäß Artikel 4 Absatz 1 Nummer 1, Nummer 5 bzw. Nummer 6 gemäß der Verordnung (EU) 2016/1628 des Europäischen Parlaments und des Rates vom 14. September 2016 über die Anforderungen in Bezug auf die Emissionsgrenzwerte für gasförmige Schadstoffe und luftverunreinigende Partikel und die Typgenehmigung für Verbrennungsmotoren für nicht für den Straßenverkehr bestimmte mobile Maschinen und Geräte, zur Änderung der Verordnungen (EU) Nr. 1024/2012 und (EU) Nr. 167/2013 und zur Änderung und Aufhebung der Richtlinie 97/68/EG (ABl. Nr. L 252 vom 16. 9. 2016, S. 53, ber. ABl. L 231 vom 6. 9. 2019, S. 29), die zuletzt durch Verordnung (EU) 2020/1040 (ABl. L 231 vom 17. 7. 2020, S. 1) geändert worden ist, mit einer Nennleistung bis 560 kW,

4. Typenprüfungen von Motoren der Klasse NRE gemäß Artikel 4 Absatz 1 Nummer 1 Buchstabe b der Verordnung (EU) 2016/1628 mit einer Nennleistung größer 560 kW, aus der hervorgeht, dass die spezifischen Grenzwerte für die Schadstoffe CO, HC und NOx sowie die Partikelmasse und die Partikelzahl für Motoren der Unterklasse NRE-v/c-6 nach Anhang II Tabelle II-1 der Verordnung (EU) 2016/1628 nicht überschritten werden.

Wurden bei einem Motor derartige Typenprüfungen bereits durchgeführt, sind die Bestimmungen der diesen Typenprüfungen zu Grunde liegenden Regelungen auf den Antrag, die Markierung des Motors, die Abgastypenprüfbescheinigung und das Verfahren zur Überprüfung der Produktion anzuwenden.

(7) Auf Fahrzeugen der gewerbsmäßigen Schifffahrt dürfen nur Verbrennungsmotoren in Betrieb genommen werden, für die eine der folgenden Abgastypenprüfbescheinigungen oder Typengenehmigungen vorliegt:

1. eine Abgastypenprüfbescheinigung nach Anlage C für Fremd- und Selbstzündungsmotoren, deren Nennleistung weniger als 19 kW beträgt;

2. eine Abgastypenprüfbescheinigung nach Anlage C für Außenbord-Fremd- und Selbstzündungsmotoren, deren Nennleistung 19 kW oder mehr beträgt;

3. eine Typengenehmigung für Motoren der Klasse IWP gemäß Artikel 4 Absatz 1 Nummer 5 der Verordnung (EU) 2016/1628, die mittelbar oder unmittelbar dem Antrieb des Fahrzeuges dienen und deren Nennleistung 19 kW oder mehr beträgt;

4. eine Typengenehmigung für Motoren der Klasse IWA gemäß Artikel 4 Absatz 1 Nummer 6 der Verordnung (EU) 2016/1628, die dem Antrieb von Generatoren dienen, soweit deren elektrische Energie nicht mittelbar oder unmittelbar dem Antrieb dient und deren Nennleistung 19 kW oder mehr beträgt;

5. eine Typengenehmigung für Motoren der Klasse NRE gemäß Artikel 4 Absatz 1 Nummer 1 Buchstabe b der Verordnung (EU) 2016/1628, die mittelbar oder unmittelbar dem Antrieb des Fahrzeuges oder dem Antrieb von Generatoren dienen; ihre Nennleistung darf 560 kW nicht übersteigen. Beträgt die Nennleistung des Motors der Klasse NRE mehr als 560 kW, ist zusätzlich zur Typengenehmigung mittels eines Prüfberichtes einer technischen Prüfstelle nachzuweisen, dass die spezifischen Grenzwerte für die Schadstoffe CO, HC und NOx sowie die Partikelmasse und die Partikelzahl für Motoren der Unterklasse NRE-v/c-6 nach Anhang II Tabelle II-1 der Verordnung (EU) 2016/1628 nicht überschritten werden;

6. eine Typengenehmigung für Motoren der Klasse NRG gemäß Artikel 4 Absatz 1 Nummer 2 der Verordnung (EU) 2016/1628, die dem Antrieb von Generatoren dienen;

7. eine Typengenehmigung nach der Verordnung (EG) Nr. 595/2009 oder nach Regelung Nummer 49, Änderungsserie 06 der Wirtschaftskommission der Vereinten Nationen für Europa (UN/ECE) – Einheitliche Bestimmungen hinsichtlich der Maßnahmen, die gegen die Emission von gas- und partikelförmigen Schadstoffen aus Selbstzündungs- und aus Fremdzündungsmotoren zum Antrieb von Fahrzeugen zu treffen sind, vom 27. Januar 2013 (ABl. L 171 vom 24. 6. 2013, S. 1).

Werden Motoren, für die eine Typengenehmigung gemäß Nummern 5, 6 oder 7 vorliegt, umgebaut, so ist von einer technischen Prüfstelle oder der Behörde, die die Typengenehmigung ausgestellt hat, zu bestätigen, dass die vorgesehenen Änderungen keinen Einfluss auf die Abgasemissionen des Motors haben und die Gültigkeit der Typengenehmigung nicht erlischt. Diese Bestätigung ist der für die Zulassung zuständigen Behörde vorzulegen. Von dieser Bestimmung sind Motoren ausgenommen, die am 1. April 2022 in Fahrzeugen der gewerbsmäßigen Schifffahrt nachweislich bereits in Betrieb waren oder beim Schifffahrtsunternehmen einlagerten und der zuständigen Behörde gemeldet waren.

Abgasvorschriften für Schiffsmotoren

Von einem Abdruck der Abgasvorschriften (Anlage C der BSO) wurde abgesehen, da diese eigentlich nur für Motorenhersteller von Interesse ist.

Fragen	Antworten
Welche Anforderungen werden an die Maschinenanlage auf Ihrem Fahrzeug hinsichtlich des Umweltschutzes gestellt?	☒ Lärm- und Abgasgrenzwerte einhalten
Was gilt für Fahrzeuge mit Maschinenantrieb bei erstmaliger Zulassung seit dem 1. Januar 1993 auf dem Bodensee?	☒ Abgasvorschriften für Bootsmotoren
Welche Anforderungen gelten bei der Nachuntersuchung von Booten mit Verbrennungsmotoren?	☒ ein gültiges Wartungsprotokoll muss vorgelegt werden

Austausch von Motoren — Artikel 13.11b

Verbrennungsmotoren, die nicht in den Anwendungsbereich von Artikel 13.11a Absatz 7 fallen, dürfen nur durch Motoren ersetzt werden, die mindestens die Abgasgrenzwerte der Stufe 2 der Abgasvorschriften erreichen.

Wartung von Motoren — Artikel 13.11c

Alle Verbrennungsmotoren für Antrieb und Stromerzeugung (Generatoren) müssen anlässlich der Nachuntersuchung gemäß Artikel 14.04 Absatz 1 einer Wartung und Kontrolle aller abgasrelevanten Bauteile unterzogen werden. Die Durchführung dieser Wartung und Kontrolle hat innerhalb der letzten sechs Monate vor der Nachuntersuchung zu erfolgen und ist der Behörde schriftlich zu bestätigen.

Begrenzung des Partikelausstoßes von Dieselmotoren — Artikel 13.11d

(1) Der Partikelausstoß von Dieselmotoren mit einer Leistung des einzelnen Motors von mehr als 37 kW ist mit geeigneten Mitteln zu begrenzen. Dies gilt nicht für Dieselmotoren,

a) die in Vergnügungsfahrzeugen eingesetzt werden oder in Fahrgastschiffen, die für die Beförderung von bis zu zwölf Fahrgästen zugelassen sind, oder

b) die die Grenzwerte des Partikelausstoßes ohne beschränkende Mittel einhalten.

(2) Als geeignete Mittel zur Begrenzung des Partikelausstoßes gelten:

1. ein System, für das nach dem Programm der UN/ECE zur Partikelmessung (PMP) in den für Schiffe relevanten Zyklen gemäß EN ISO 8178-4:1996 (Hubkolben-Verbrennungsmotoren - Abgasmessung - Teil 4: Prüfzyklen für verschiedene Motorverwendungen) der Nachweis erbracht wurde, dass der Grenzwert für die Partikelanzahl von 1 × 1012 kWh-1 für Feststoffpartikel mit einem Durchmesser ab 23 nm eingehalten werden kann,

2. ein Partikelfiltersystem, das der Filterliste der österreichischen Allgemeinen Unfallversicherungsanstalt), der deutschen Berufsgenossenschaft der Bauwirtschaft), oder des Schweizer Bundesamtes für Umwelt und der Schweizerischen Unfallversicherungsanstalt entspricht oder

3. bezüglich der Partikelemissionen gleichwertige Filter.

(3) Die Bestimmungen der Absätze 1 und 2 gelten für Fahrzeuge,

1. die nach dem 1. Januar 2015 das erste Mal im Geltungsbereich dieser Verordnung zum Verkehr zugelassen oder

2. die am Tag des Inkrafttretens der Verordnung des Ministeriums für Verkehr und Infrastruktur zur Änderung der Verordnung zur Einführung der Bodensee-Schifffahrts-Ordnung vom 8. April 2014 bereits im Geltungsbereich dieser Verordnung zugelassen waren und danach mit einem oder mehreren neuen Dieselmotoren für den Schiffsantrieb ausgerüstet werden (Neumotorisierung), sofern diese Maßnahmen zur Begrenzung des Partikelausstoßes bei einer Neumotorisierung technisch machbar und wirtschaftlich vertretbar sind.

Abgasleitungen — Artikel 13.12

Die Abgasleitungen der Motoren müssen gasdicht ausgeführt und so verlegt, erforderlichenfalls auch isoliert oder gekühlt sein, dass Feuersgefahren und Gesundheitsschädigungen ausgeschlossen sind.

1. Die Leitungen müssen gasdicht, so verlegt und beschaffen sein, dass kein Wasser in den Motor eindringen kann. Auspufftöpfe, Abgasleitungen und deren Verbindungen sind so einzurichten, zu verlegen und zu isolieren oder zu kühlen, dass eine Brandgefahr sicher vermieden wird.

2. Auspuffleitungen in Form von Schläuchen müssen temperatur- und ölbeständig sein und über eine ausreichende Festigkeit verfügen. Schläuche sind je Anschluss mit mindestens 2 Schlauchklemmen auf den Anschlussrohren zu befestigen.

Kraftstoffbehälter — Artikel 13.13

(1) Kraftstoffbehälter müssen aus geeigneten Werkstoffen hergestellt, im Fahrzeug sicher befestigt und erforderlichenfalls mit Schwallwänden ausgestattet sein.

(2) Bei fest eingebauten Kraftstoffbehältern muss die Fülleitung auf Deck, ausgenommen bei Kraftstoff mit einem Flammpunkt über 55° C, und die Entlüftungsleitung ins Freie führen. Die Füll- und Entlüftungsleitungen müssen beim Austritt aus dem Schiffskörper mit diesem dicht verbunden und so angelegt und gebaut sein, dass es auch beim Betanken zu keinem Kraftstoffaustritt kommt.

(3) Die Kraftstoffleitungen müssen absperrbar sein.

1. Kraftstoffbehälter müssen aus korrosionsbeständigen und dem verwendeten Kraftstoff geeigneten Werkstoffen hergestellt sein. Bestehen Zweifel über deren Eignung, kann ein Attest verlangt werden!

2. Kraftstoffbehälter und -leitungen dürfen weder eingeschäumt noch einlaminiert sein.

3. Kraftstoffleitungen müssen dicht und kraftstoffbeständig sein. Sie dürfen nicht aus leicht entflammbarem Material bestehen und sind vom Motor und anderen Teilen, die sich stark erhitzen, zu trennen oder abzuschirmen. Der Übergang von einer starren Kraftstoffleitung zum Motor ist flexibel auszuführen.

4. Alle festeingebauten Kraftstofftankanlagen sind mit einem Be- und Entfüftungssystem auszurüsten. Das Be- und Entlüftungssystem ist so auszuführen, dass in keinem Betriebszustand Kraftstoff ins Freie austreten kann.

5. Die Entlüftungsleitungen von Kraftstoffbehältern für Benzin sind mit Flammschutzsieben zu versehen.

6. Hähne und Ventile in Kraftstoffleitungen für Benzin müssen außerhalb des Motorraumes bedienbar & leicht zugänglich sein.

7. Kraftstoffbehälter für Benzin sind, sofern sie in der Nähe eines Motors aufgestellt sind, durch Wände aus schwer entflammbarem Material zu schützen. Bewegliche Kraftstoffbehälter und Reservekanister müssen im Boot sicher befestigt sein.

8. Kraftstoffbehälter für Benzin sowie Einfüllstutzen sind zwecks Ableitung elektrostatischer Aufladung mit einem Schutzleiter nicht unter 4 mm² (2,2 mm Durchmesser) zu versehen.

9. Beim Ersatz einer Kraftstoffanlage oder einzelner Komponenten ist die EN ISO 10088 in ihrer aktuellen Fassung anzuwenden.

Fragen	Antworten
Welche Anforderungen werden hinsichtlich des Gewässerschutzes an Kraftstoffbehälter auf Wasserfahrzeugen gestellt?	☒ geeigneter Werkstoff, sichere Befestigung, die Schiffsaußenhaut darf nicht gleichzeitig eine Wand des Kraftstoffbehälters bilden

Elektrische Anlagen und Flüssiggasanlagen — Artikel 13.14

Elektrische Anlagen und Flüssiggasanlagen müssen den anerkannten Regeln der Technik entsprechen.

Elektrische Anlagen müssen den geltenden Vorschriften oder gleichwertigen Regeln entsprechen und sind mit Ausnahme von Kleinspannungsanlagen (bis 24 V) entsprechend den nationalen Vorschriften zu überprüfen.

Auf freiem Deck und in Plichten liegende Schalter bzw. Schaltgeräte und Steckdosen müssen spritzwasserdicht ausgeführt sein.

Kabel dürfen nicht durch Motorbilgen geführt werden.

Der Stromkreis für Positionslaternen muss getrennt von anderen Stromkreisen abgesichert sein.

Bei Fahrzeugen mit Innenbordmotoren und Außenbordmotoren mit Elektrostarteinrichtungen muss die elektrische Anlage durch einen Hauptschalter stromlos gemacht werden können, der möglichst nahe an der Batterie und gut zugänglich anzubringen ist. Ausgenommen sind Gebrauchsgeräte wie Alarmanlagen, Kühlschränke etc., wenn diese gesondert abgesichert sind.

Bei fest verlegten Landanschlüssen ist zwischen dem Steckanschluss im Fahrzeug und den nachgeschalteten Verbrauchern ein Fehlerstromschutzschalter (FI-Schalter) vorzusehen, der bei einem Nennfehlerstrom von höchstens 30 mA anspricht.

Auf der Hauptschalttafel des Fahrzeuges muss angezeigt sein, ob der Landanschluss unter Spannung steht.

Flüssiggasanlagen (Propan, Butan und dgl.) sind entsprechend den nationalen Vorschriften bzw. technischen Regeln zu errichten, instandzuhalten und zu betreiben, sowohl vor der Inbetriebnahme, nach größeren Instandsetzungen und Veränderungen als auch wiederkehrend in regelmäßigen Fristen durch einen anerkannten Sachverständigen zu überprüfen.

Fragen	Antworten
Was ist bei Gasanlagen an Bord zu beachten?	☒ dass diese fachgerecht eingebaut und alle 2 Jahre durch einen Sachkundigen geprüft werden
Welche besonderen Gefahren können bei Flüssiggasanlagen auftreten?	☒ Flüssiggas ist schwerer als Luft, kann sich deshalb in der Bilge ansammeln, hohe Explosionsgefahr
Wo sollen Gasbehälter (Flaschen) gelagert bzw. installiert werden?	☒ in einem geschlossenen Raum mit einer Öffnung nach außenbords über der Wasserlinie
Wie kann die Brand- und Explosionsgefahr auf Sportbooten mit Koch- und Heizeinrichtungen vermindert werden?	☒ sorgfältige Bedienung und ständige Wartung
Innerhalb welchen Zeitraumes müssen Flüssiggasanlagen, wenn keine Änderungen durchgeführt wurden und die Anlage nicht außer Betrieb gesetzt war, in Wassersportfahrzeugen einer Prüfung durch einen Sachkundigen unterzogen werden?	☒ alle zwei Jahre

Akkumulatoren (Batterien) — Artikel 13.15

(1) Akkumulatoren für den Schiffsbetrieb dürfen nur in einer hierfür geeigneten Bauart verwendet werden.

(2) Die Akkumulatoren müssen so befestigt sein, dass sie sich bei Bewegungen des Fahrzeuges nicht verschieben können. Sie müssen gegen Beschädigung geschützt sein.

(3) Fahrzeuge mit eingebauten Lithium-Ionen-Akkumulatoren für den Antrieb oder die Stromversorgung müssen mit dem Warnzeichen W012 »Warnung vor gefährlicher elektrischer Spannung« nach der Norm EN ISO 7010 gekennzeichnet sein. Das Zeichen muss gut sichtbar auf beiden Seiten des Fahrzeuges neben dem Kennzeichen und am Heck angebracht werden.

Batterien sind an ihrem Einbauort gegen Verschieben durch Fahrzeugbewegungen zu sichern.
Blei-, Säure- oder alkalische Batterien sind mit einem nichtleitenden Werkstoff abzudecken, wobei der Luftaustausch oberhalb der Zelle nicht behindert werden darf.

Heiz-, Koch- und Kühleinrichtungen — Artikel 13.16

Heiz-, Koch- und Kühleinrichtungen einschließlich ihres Zubehörs müssen betriebssicher sein.

Geräte müssen gegen seitliches Verrutschen gesichert und eine Überhitzung der benachbarten Bauteile muß ausgeschlossen sein. Während des Betriebes muß eine ausreichende Frischluftzirkulation im Aufstellungsraum gegeben sein.

Bei Heizgeräten, die mit flüssigem Brennstoff betrieben werden und eine geschlossene Brennkammer aufweisen, sind die Verbrennungsluft vom Freien zuzuführen und die Abgase wieder ins Freie abzuleiten. Diese Geräte müssen mit einer Zündsicherung versehen sein.

Motoren in Fahrgastschiffen — Artikel 13.17

In Fahrgastschiffen dürfen Motoren, die mit Kraftstoff mit einem Flammpunkt bis zu 55° Celsius betrieben oder angelassen werden, nicht verwendet werden.

Zulässige Maschinenleistung von Vergnügungsfahrzeugen — Artikel 13.18

Die Gesamtleistung der Motoren von Vergnügungsfahrzeugen muss der Bauart des Fahrzeuges angemessen sein.

Motorenräume und zulässige Maschinenleistung

Motorenräume müssen ausreichend be- und entlüftet werden.

Räume von Innenbordmotoren, die mit Benzin betrieben werden, müssen mit einem elektrischen Entlüftungsgebläse ausgerüstet sein und dieses Gebläse muss gemäß EN ISO 8846 (in ihrer aktuellen Fassung) explosionsgeschützt sein. Der Absaugschlauch ist in den unteren Bereich des Raumes zu führen und das Entlüftungsgebläse ist möglichst hoch anzubringen. Die Abluft muss nach aussenbords geführt werden.

Vergaser von Innenbordmotoren sind mit einer Sicherung gegen Flammenrückschläge auszustatten.

Die mit Hilfe der nachstehenden Berechnungsformel ermittelten maximalen Motorenleistungen sollen folgende kW-Werte nicht übersteigen:

In der Formel bedeuten:
L = Länge des Bootes ohne Anbauten in dm.
B1 = Breite des Bootes, gemessen am Spiegel an der Wasserlinie bei voller Belastung in dm.
G = Gewicht des Bootes in kg, wobei für Boote mit eingebauten Motoren das Gewicht mit Motoren, für Boote mit Außenbordmotoren das Gewicht ohne Motoren maßgebend ist.

a) Für alle Boote unter 3 m Gesamtlänge beträgt die maximale Motorisierung 3 kW.

b) Boote mit einer Länge von 3 bis 4 m: $$\frac{(L \times B1) + (2 \times G)}{48} = \text{max. kW}$$

c) Boote mit einer Länge von 4 bis 6,5 m:

1. Gleitboote mit eingebauten Motoren: $$\frac{(L \times B1) + (2 \times G)}{15} = \text{max. kW}$$

2. Gleitboote mit Außenbordmotoren: $$\frac{(L \times B1) + (2 \times G)}{27} = \text{max. kW}$$

3. Verdrängungsboote mit eingebauten Motoren: $$\frac{(L \times B1) + (2 \times G)}{27} = \text{max. kW}$$

4. Verdrängungsboote mit Außenbordmotoren: $$\frac{(L \times B1) + (2 \times G)}{48} = \text{max. kW}$$

d) Motorenanlagen mit Z-Antrieb werden in Booten von weniger als 5 m Länge nach den Richtwerten für Boote mit Außenbordmotoren, in längeren Booten nach den Richtwerten für eingebaute Motoren bewertet.

e) Für Boote mit einer Länge von über 6,5 m ist die Motorenleistung nicht begrenzt.

f) Bei der Bestimmung der Motorenleistung werden in der Regel die Angaben des Herstellerwerkes in kW genommen.

g) Für die Zulassung von Booten mit Motoren ist eine Minimallänge von 2,5 m erforderlich.

Mindestausrüstung der Fahrzeuge — Artikel 13.19

(1) Fahrzeuge müssen mit den optischen und akustischen Geräten ausgerüstet sein, die zur Abgabe der im zweiten Teil dieser Verordnung vorgeschriebenen Zeichen erforderlich sind.

(2) Mit Feuerlöschgeräten oder -einrichtungen müssen ausgerüstet sein
   a) Fahrzeuge mit Heiz- oder Kocheinrichtungen,
   b) Fahrzeuge mit Innenbordmotoren, deren Maschinenleistung 4,4 kW übersteigt und
   c) Fahrzeuge mit Außenbordmotoren, deren Maschinenleistung 7,4 kW übersteigt.

(3) Fahrzeuge, ausgenommen Ruderboote und Segelfahrzeuge ohne festen Ballast bis 4,4 kW Maschinenleistung, müssen mit einem Ankergeschirr mit ausreichender Wirkung ausgerüstet sein.

(4) Fahrgastschiffe und Güterschiffe mit Maschinenantrieb müssen darüber hinaus als Ausrüstung haben
   a) Kompass,
   b) Verbandkasten,
   c) Megaphone oder Lautsprecheranlagen.

(5) Absatz 4 Buchst. c gilt nicht für Fahrgastschiffe mit einer zulässigen Anzahl von nicht mehr als 12 Fahrgästen sowie für Güterschiffe.

(6) Segelfahrzeuge und Vergnügungsfahrzeuge mit Maschinenantrieb, die behelfsmäßig mit Paddel oder Ruder fortbewegt werden können, müssen damit ausgerüstet sein.

(7) Die vorgeschriebene Ausrüstung muss stets in gebrauchsfähigem Zustand an Bord sein.

Größe und Füllgewicht von Feuerlöschern:

Es dürfen nur typengeprüfte Feuerlöscher, die den nationalen Vorschriften entsprechen, mit einem Füllgewicht von mindestens 2 kg verwendet werden.

Die Fahrzeuge sind entsprechend der Brandgefahr mit geeigneten Feuerlöschern auszurüsten.

Feuerlöscher sind in regelmäßigen Fristen durch einen Fachkundigen nachweislich prüfen zu lassen.

Für geschlossene begehbare Räume ist der Einsatz von Co_2-Feuerlöschern unzulässig oder vergleichbaren Geräten unzulässig.

Festinstallierte Co_2-Feuerlöscheinrichtungen oder vergleichbare Einrichtungen dürfen nur für den Maschinenaufstellungsbereich vorgesehen werden, sofern keine Verbindungen zu Wohnräumen bestehen.

Die Größe der Feuerlöscher bzw. das erforderliche Löschmittelfüllgewicht richtet sich nach dem Umfang der an Bord befindlichen und verwendeten brennbaren Stoffe. Mindestens sind erforderlich für Fahrzeuge mit Koch- bzw. Heizeinrichtungen oder mit Innenbordmotoren, deren Maschinenleistung über 4,4 kW oder mit Außenbordmotoren, deren Maschinenleistung über 7,4 kW beträgt, ein Löschgerät mit 2 kg Füllgewicht je angefangene 100 l Kraftstoffinhalt, jedoch maximal 12 kg. Als zusätzliches Gerät für Koch- und Heizeinrichtungen kann auch eine Löschdecke anerkannt werden.

Fragen	Antworten
Welche wichtigen Ausrüstungsgegenstände müssen sich an Bord eines zugelassenen Wasserfahrzeuges auf dem Bodensee befinden?	☒ die in der Zulassungsurkunde vorgeschriebenen
Welche Gegenstände gehören zur vorgeschriebenen Mindestsicherheitsausrüstung?	☒ Mundsignalhorn, Notflagge, Rettungsmittel, Festmacherleinen, Lenzeinrichtung, Anker, Paddel, Notbeleuchtung, Feuerlöscher
Innerhalb welchen Zeitraumes müssen an Bord vorgeschriebene Feuerlöscher einer Wartung durch einen Fachkundigen unterzogen werden?	☒ Alle zwei Jahre gemäß Prüfplakette
Wann müssen Feuerlöscher an Bord mitgeführt werden?	☒ Wenn eine Heiz- oder Kocheinrichtung vorhanden ist oder bei Fahrzeugen mit Innenbordmotoren über 4,4k W Maschinenleistung oder mit Außenbordmotorenn über 7,4 kW Maschinenleistung

Rettungsmittel — Artikel 13.20

(1) Für Fahrgastschiffe legt die zuständige Behörde Art und Anzahl der Rettungsmittel fest.

(2) Auf Fahrgastschiffen, Güterschiffen und auf schwimmenden Geräten muss mindestens ein Rettungsring an geeigneter Stelle griffbereit vorhanden sein. Auf Fahrgastschiffen mit einer zulässigen Anzahl von mehr als 100 Fahrgästen muss für je 100 zugelassene Fahrgäste mindestens ein weiterer Rettungsring vorhanden sein.

(3) Auf folgenden Fahrzeugen muss für jede an Bord befindliche Person mit einem Körpergewicht von 40 kg oder mehr eine Rettungsweste mit Kragen mit mindestens 100 N Auftrieb mitgeführt werden.

1. Vergnügungsfahrzeuge mit Maschinenantrieb,
2. Fahrzeuge der Berufsfischer,
3. Ruderboote, die sich außerhalb der Uferzone (Artikel 6.11 Absatz 1) aufhalten, ausgenommen Rennruderboote, sofern diese von einem Fahrzeug mit Maschinenantrieb begleitet werden,
4. Segelfahrzeuge.

(4) Für jede an Bord befindliche Person mit einem Körpergewicht von weniger als 40 kg muss auf Fahrzeugen gemäß Abs. 3 eine geeignete Rettungsweste mit Kragen mit entsprechendem Auftrieb vorhanden zu sein.

(5) Auf Fahrzeugen gemäß Abs. 3, die nicht über ausreichend spritzwasser- oder wetterdicht verschließbaren Stauraum zur Mitführung von Rettungsmitteln gemäß Abs. 3 oder 4 verfügen, so muss von den auf dem Fahrzeug befindlichen Personen eine Schwimmhilfe gemäß EN ISO 12402-5:2006 (Teil 5: Schwimmhilfen (Stufe 50) – sicherheitstechnische Anforderungen) mitgeführt oder getragen werden. Dies gilt insbesondere für:

1. Drachensegelbretter, Segelsurfbretter, Stand-Up-Paddles und ähnliche Geräte,
2. Segelsurfbretter,
3. Segeljollen oder Mehrrumpfboote,
4. Kanus oder Kajaks.

(6) Auf Vergnügungsfahrzeugen mit mehr als 30 kW Maschinenleistung und auf Segelfahrzeugen mit festem Ballast muss zusätzlich zu den in Abs. 3 und 4 genannten Rettungsmitteln ein geeignetes Rettungswurfgerät mit mindestens 100 N Auftrieb und einer schwimmfähigen Wurfleine von mindestens 10 m Länge mitgeführt werden.

Als Rettungsmittel sind geeignet:
a) Rettungswesten, -ringe und -kragen mit einem Mindestauftrieb von 100 N für erwachsene Personen

Rettungswesten retten Leben

Hinweise der See- und Wasserschutzpolizeien rund um den Bodensee

POLIZEI BADEN-WÜRTTEMBERG | Landespolizei Bayern | POLIZEI | Strassenverkehrs- und Schifffahrtsamt des Kantons St.Gallen Abt. Schifffahrt / Seepolizei | Thurgau Kantonspolizei

Tipps

- Sorgen Sie dafür, dass für jede an Bord befindliche Person eine funktionstüchtige, ohnmachtsichere Rettungsweste von mindesten 100 N (Feststoff- oder Automatikwesten) vorhanden ist
- Rettungswesten stets griffbereit halten
- Unerfahrene an Bord in die Handhabung der Rettungsweste einweisen
- Nicht nur bei schlechtem oder unsichtigem Wetter trägt man Rettungswesten, wenn nötig auch bei Manövern und Arbeiten an Deck
- Kinder und Nichtschwimmer tragen obligatorisch Rettungswesten
- Sorgfältiges und trockenes Lagern der Rettungsweste an Bord erhöhen deren Lebensdauer
- Regelmäßige Sichtprüfung zur Erhaltung der Einsatzbereitschaft der Rettungsweste
- Einhaltung der Wartungsintervalle
- Nutzungsdauer maximal 10 Jahre gem. Herstellerangaben
- Beachten Sie schon beim Kauf die Mindestanforderungen, die an eine Rettungsweste gestellt werden müssen Schwimmhilfen sind keine Rettungswesten

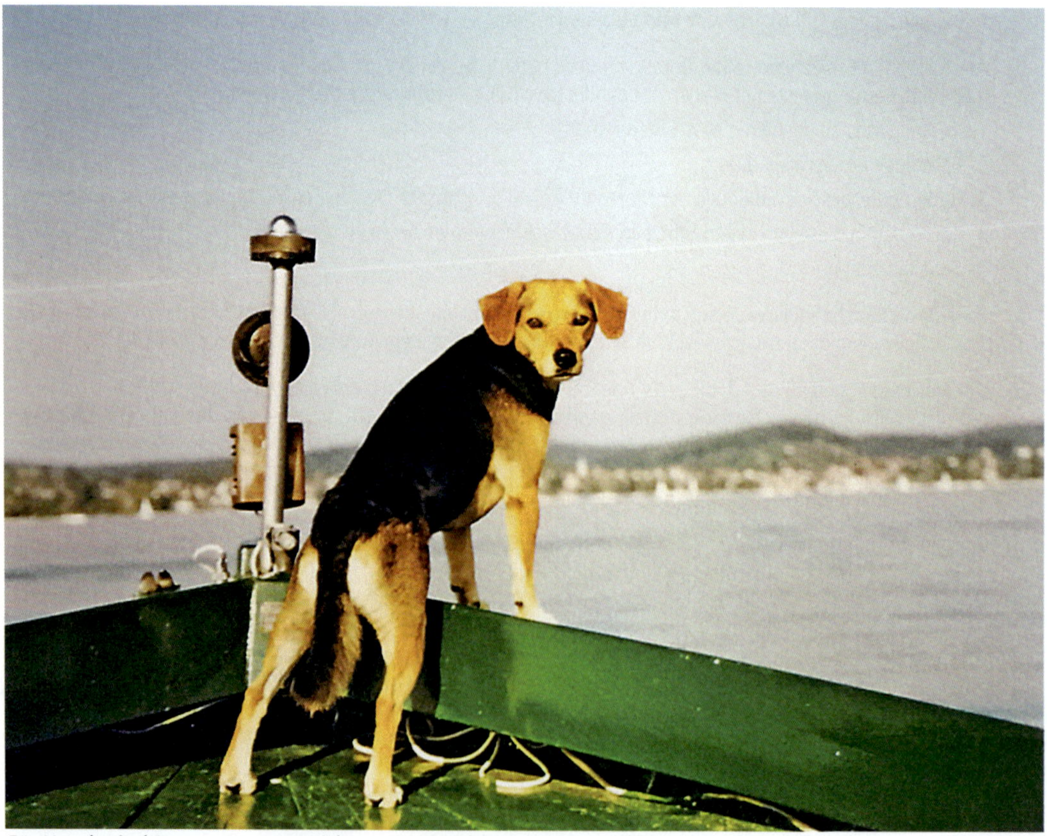

Für Hunde sind Rettungswesten nicht vorgeschrieben, aber sinnvoll.

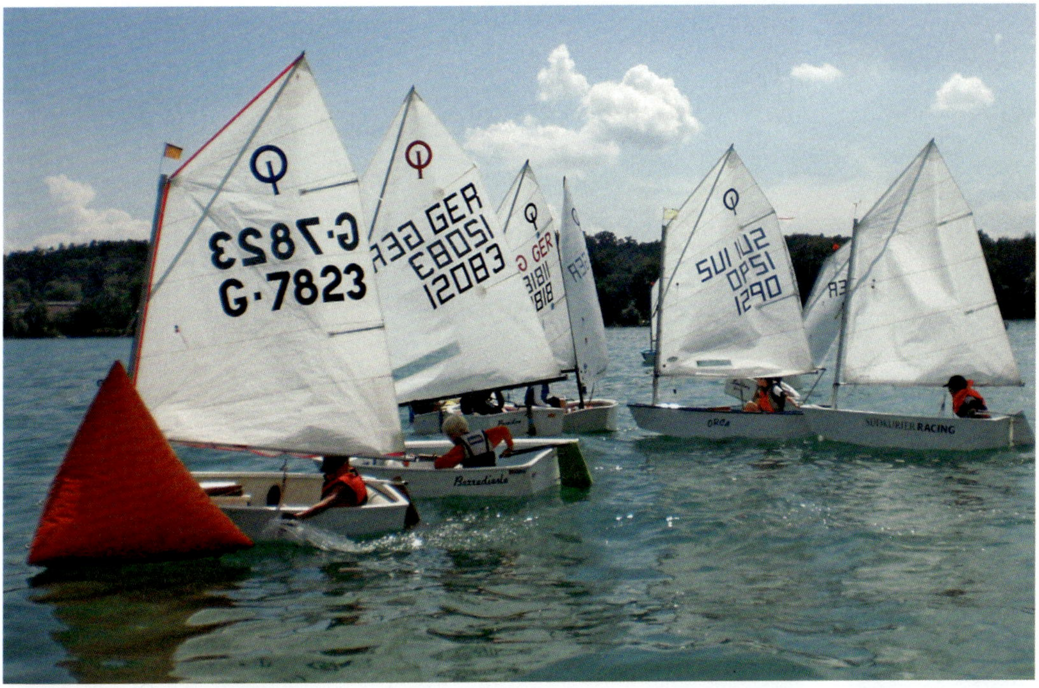

Einteilung nach Auftriebsklassen

Zugelassene Rettungswesten unterliegen der Normenreihe DIN EN ISO 12402 und sind mit einem CE-Zeichen gekennzeichnet. Man unterscheidet vier Klassen. Hauptkriterien sind die Tragkraft (Auftrieb) in Newton (N), die Ohnmachtsicherheit sowie die Gewässer, in denen sie eingesetzt werden sollen.

50 N Schwimmhilfe, EN ISO 12402-5 (alt EN 393)
Keine Rettungsweste! Nur in geschützten Gewässern von guten Schwimmern zu nutzen, solange Hilfe in der Nähe ist. Nicht ohnmachtsicher. Für Kinder (bis 30 kg) ungeeignet.

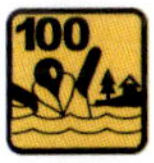

100 N Rettungsweste, EN ISO 12402-4 (alt EN 395)
In Binnengewässern und geschützten Revieren benutzbar.
Nur eingeschränkt ohnmachtsicher, nicht bei schwerer wetterfester Schutzkleidung verwenden.

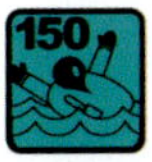

150 N Rettungsweste, EN ISO 12402-3 (alt EN 396)
Für alle Gewässer, ohnmachtsicher, eingeschränkt beim Tragen schwerer, wetterfester Kleidung.

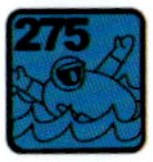

275 N Rettungsweste, EN ISO 12402-2 (alt EN 399)
Für Hochsee und extreme Bedingungen.
Uneingeschränkte Ohnmachtsicherheit, auch mit schwerer Kleidung.

Fragen	Antworten
Wie viele Rettungsmittel müssen sich an Bord eines Vergnügungsfahrzeuges befinden?	☒ so viele, wie Personen an Bord sind
Welche Anforderungen müssen die Rettungsmittel für Kinder unter 12 Jahren erfüllen?	☒ für Kinder unter 12 Jahren nur Rettungswesten mit Kragen erlaubt

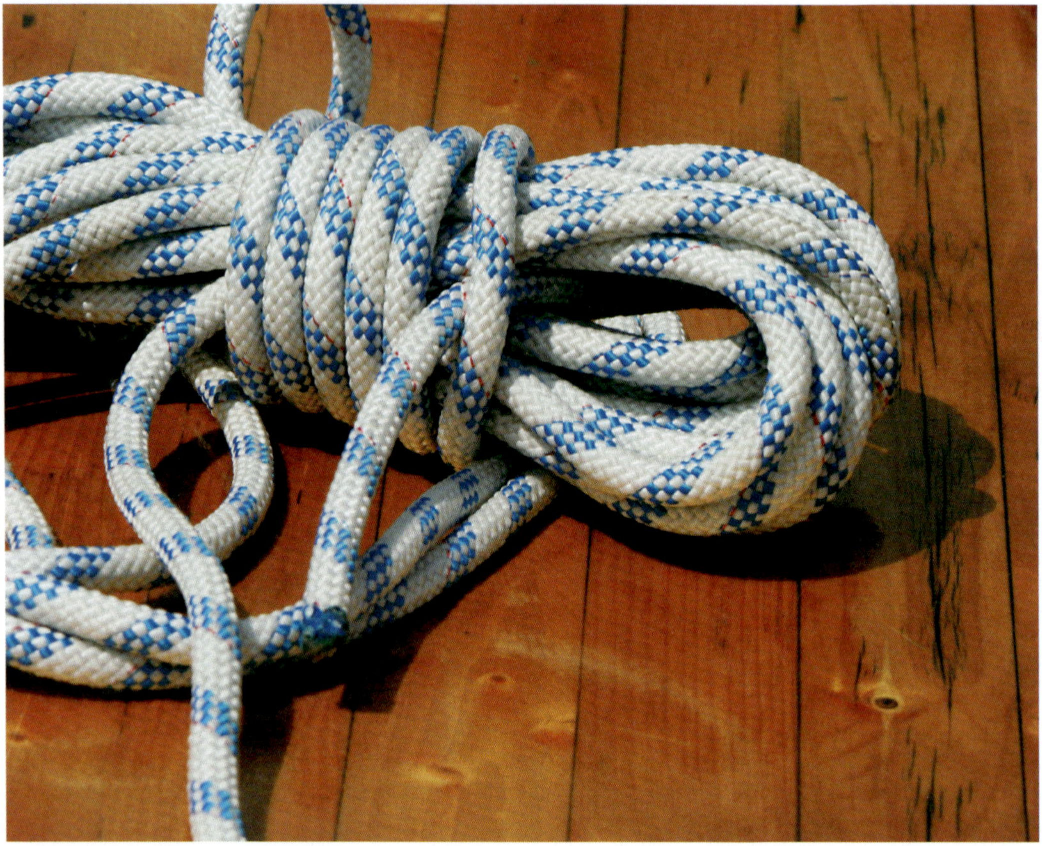

Fragen	Antworten
Wann müssen automatische Rettungswesten gewartet werden?	☒ in der Regel nach zwei Jahren, es gelten die Herstellerangaben
Auf welchen Vergnügungsfahrzeugen muss ein Rettungswurfgerät mit einer mindestens 10 m langen, schwimmfähigen Wurfleine mitgeführt werden?	☒ Auf Vergnügungsfahrzeugen mit mehr als 30 kW Motorleistung sowie Segelbooten mit festem Ballast
Müssen Stand-up-Paddler persönliche Auftriebsmittel mitführen?	☒ Ja, wenn sie außerhalb der 300m-Uferzone fahren
Wie groß muss der Mindestauftrieb von Rettungsmitteln bei Personen von mehr als 40 kg Körpergewicht bei Booten mit Maschinenantrieb und ausreichendem Stauraum sein?	☒ 100 Newton
Wie muss eine Rettungsweste beschaffen sein bei Personen von weniger als 40 kg Körpergewicht?	☒ Die Rettungsweste muss ohnmachtssicher, d. h. mit einem Kragen versehen sein.
Wird ein Rettungswurfgerät, z. B. ein Rettungsring, als Mindestausrüstung auf einem Wasserfahrzeug benötigt, wie groß muss der Mindestauftrieb sein?	☒ 100 Newton

Sprechfunkanlagen **Artikel 13.21**

(1) Folgende Fahrzeuge müssen mit einer Sprechfunkanlage ausgerüstet sein, welche die Kommunikation der Schiffe untereinander und zum Land ermöglicht:

1. Fahrgastschiffe, die für die Beförderung von mehr als 12 Fahrgästen zugelassen sind,
2. Güterschiffe mit einer Länge von mehr als 20 m,
3. Fahrzeuge, die Radar als Navigationshilfe verwenden (Artikel 6.12.),
4. Fahrzeuge, die für hoheitliche Aufgaben oder im gewässerkundlichen Dienst eingesetzt werden,
5. Fahrzeuge, die Zwecken der Rettung und Hilfeleistung dienen.

(2) Die Anforderungen an die Sprechfunkanlagen nach Abs. 1 und die Nutzung des Frequenzspektrums richten sich nach den nationalen Vorschriften.

Wichtige Telefonnummern

Deutschland:	Notruf **110** oder **112**
Wasserschutzpolizei	
– Friedrichshafen	0049 7541 2893-0
– Langenargen	0049 7543 9316-0
– Konstanz	0049 7531 5902-0
– Reichenau	0049 7534 9719-0
– Überlingen	0049 7551 94959-0
– Lindau	0049 8382 910-0
Schweiz:	Notruf **117**
Seepolizei Thurgau	0041 5 83 45 20 50
Schifffahrtsamt St.Gallen	0041 58 229 93 20
Österreich:	Notruf **133**
Seepolizei Hard	0043 59 1338 134100

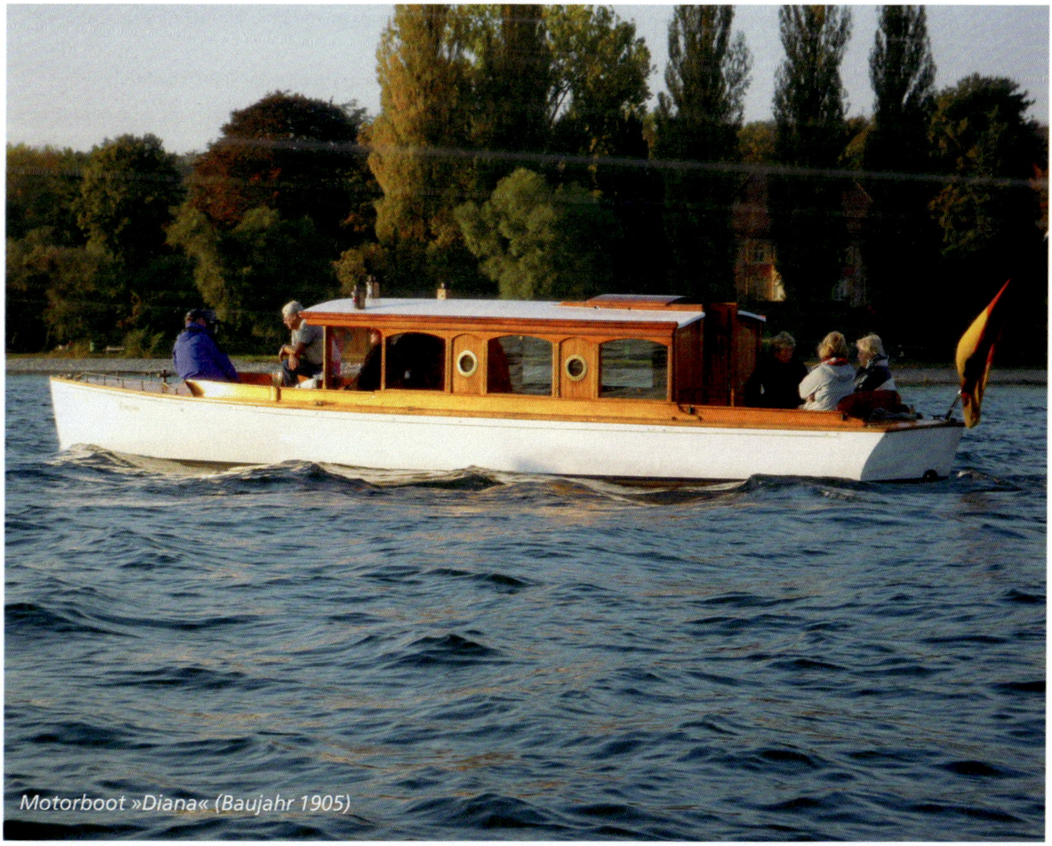

Motorboot »Diana« (Baujahr 1905)

Zulassung und Untersuchung von Fahrzeugen

Zulassung — Artikel 14.01

(1) Fahrzeuge mit Maschinenantrieb, Güterschiffe, schwimmende Geräte und Segelfahrzeuge, die mit einem Motor oder mit Wohn-, Koch- oder sanitären Einrichtungen ausgerüstet sind, dürfen nur in Betrieb genommen werden, wenn sie durch die zuständige Behörde zugelassen sind.

(2) Die Zulassung wird erteilt, wenn das Fahrzeug nach dem Ergebnis einer amtlichen Untersuchung nach Artikel 14.03 Abs. 1 den Vorschriften dieser Verordnung entspricht

(3) Die Zulassung für ein Fahrzeug, das dem Geltungsbereich der Sportboot-Richtlinie unterliegt, wird abweichend von Abs. 2 erteilt, wenn eine gültige Konformitätserklärung nach Anhang XV der Sportboot-Richtlinie vorgelegt wird und die Untersuchung nach Artikel 14.03 Abs. 3 ergibt, dass das Fahrzeug den dort genannten Bestimmungen entspricht. Ist die Vorlage einer Konformitätserklärung nicht zumutbar, so kann dieses Fahrzeug nach Absatz 2 untersucht und zugelassen werden.

(4) Die Zulassung kann Bedingungen und Auflagen enthalten. Über die Zulassung wird eine Urkunde (Zulassungsurkunde) ausgestellt.

(5) Die Zulassung von Vergnügungsfahrzeugen mit Maschinenantrieb erlischt nach drei Jahren.

(6) Die zuständige Behörde kann die Zulassung von Fahrzeugen besonderer Bauart wie zum Beispiel Luftkissenbooten, Hydrogleitern, Tragflügelbooten, Unterseebooten versagen, wenn es aus Gründen der Sicherheit und der Leichtigkeit des Verkehrs oder zum Schutz der Umwelt oder der Fischerei erforderlich ist.

(7) Folgende Fahrzeuge werden nicht zugelassen:

1. Fahrzeuge, die nach ihrer Bau- oder Betriebsart oder nach ihrer Ausstattung überwiegend für Wohnzwecke bestimmt sind (zum Beispiel Haus- oder Wohnboote),
2. Amphibienfahrzeuge, ausgenommen zeitlich beschränkt und eingeschränkt für die Gewässerfreihaltung,
3. Fahrzeuge mit Maschinenantrieb mit einer Rumpflänge (EN ISO 8666:2002) von weniger als 2,50 m und
4. Unterseeboote, ausgenommen für wissenschaftliche oder behördliche Zwecke.

Fragen	Antworten
Welche Fahrzeuge unterliegen der Untersuchungs- und Zulassungspflicht?	☒ alle motorbetriebenen Fahrzeuge sowie alle Fahrzeuge mit Wohn-, Koch- oder sanitärer Einrichtung
Dürfen sogenannte Tauchscooter für Hobbyzwecke am Bodensee benutzt werden?	☒ nein
Ist das Fahren mit Aqua-Scootern, Jet-Bikes und ähnlichen Schwimmkörpern auf dem Bodensee erlaubt?	☒ nein
Dürfen Stand-up-Paddelbretter mit Elektromotoren am Bodensee verwendet werden?	☒ nein
Welche besonderen Aufgaben nehmen die Schifffahrtsbehörden/Schifffahrtsämter wahr?	☒ Erteilung von Zulassungen und Patenten
Wann erlischt die Zulassung von Vergnügungsfahrzeugen mit Maschinenantrieb	☒ nach 3 Jahren

Inhalt der Zulassungsurkunde — Artikel 14.02

(1) Die Zulassungsurkunde muss mindestens folgende Angaben enthalten;
  a. Art und Fabrikat des Fahrzeuges,
  b. Kennzeichen und/oder Name des Fahrzeuges,
  c. gewöhnlicher Standort des Fahrzeuges,
  d. Länge und Breite über alles,
  e. zulässige Anzahl von Fahrgästen,
  f. Wasserverdrängung bei Fahrgast- und Tragfähigkeit bei Güterschiffen
  g. Art, Fabrikat und Typ des Motors, Motornummer, Motorleistung und Abgastypenprüfnummer
  h. Segelfläche,
  i. Mindestbesatzung,
  j. vorgeschriebene Ausrüstung,
  k. Bedingungen und Auflagen,
  l. Geltungsdauer bei Vergnügungsfahrzeugen mit Maschinenantrieb,
  m. Name und Wohnsitz des Eigentümers oder sonst Verfügungsberechtigten,
  n. ausstellende Behörde, Ort und Datum der Ausstellung
  o. Schalen (HIN)-, Bau- oder Fabrikationsnummer (sofern vorhanden)

(2) Artikel 12.06 Abs. 2 gilt entsprechend.

Fragen	Antworten
Welche Behörden sind für den Vollzug der Bodensee-Schifffahrts-Ordnung am deutschen Ufer zustandig?	☒ in der Regel nach 3 Jahren oder bei baulichen Änderungen
Welche Behörden sind am deutschen Ufer für die Erteilung von Schifferpatenten und für die Zulassung von Wasserfahrzeugen zuständig?	☒ Landratsämter Konstanz, Lindau, Bodenseekreis und Wasserschutzpolizei
Sie sind Besitzer eines EU-Sportbootes im Sinne der EU-Sportbootrichtlinie. Was kann die Zulassungsbehörde verlangen, wenn erhebliche Veränderungen im Bereich der Sicherheitsanforderungen durchgeführt wurden?	☒ die Zulassungsbehörde kann eine neue Konformitätserklärung verlangen

Berechnung der Segelfläche, Vermessungsart

Großsegel: Länge Großbaum (a) × Länge Mastliek (b) : 2.
Vorsegel: Höhe des Vorsegels (c), gemessen vom Deck bis zum Schnittpunkt Vorstag/Vorderkante Mast , mal Basis (d), gemessen von der Vorderkante Mast bis zum Schnittpunkt Vorstag/Deck, geteilt durch 2
Ungewöhnliche Segelformen werden durch den amtlichen Sachverständigen ausgemessen.

a = Länge Großbaum = ___________ m

b = Länge Mastliek = ___________ m

c = Länge des Vorsegels = ___________ m

d = Basis = ___________ m

Ausrechnung: $\frac{a \times b}{2} + \frac{c \times d}{2} = m^2$

= ___________ m^2

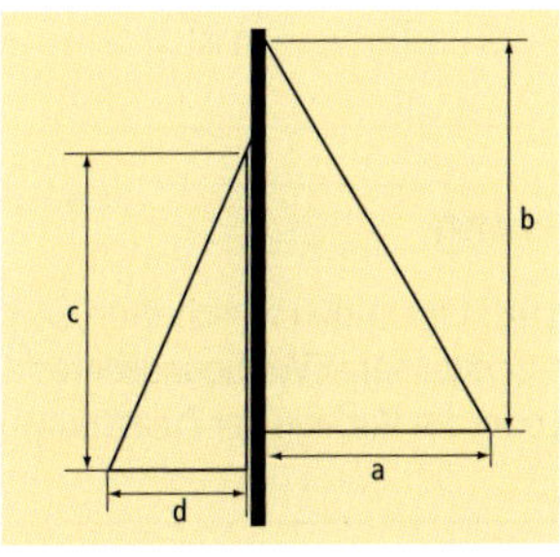

Untersuchung

Artikel 14.03

(1) Bei der Untersuchung ist festzustellen, ob das Fahrzeug den Vorschriften entspricht. Einzelheiten der Untersuchung werden durch die zuständige Behörde festgelegt.

(2) Eine Untersuchung kann entfallen, wenn durch eine Bescheinigung einer amtlich anerkannten Untersuchungsstelle nachgewiesen ist, dass Bau und Ausrüstung des Fahrzeuges den Vorschriften entsprechen.

(3) Die Untersuchung von Fahrzeugen, die dem Geltungsbereich der Sportboot-Richtlinie unterliegen (Artikel 14.01 Abs. 3), beschränkt sich auf die Einhaltung der Vorschriften der Artikel 13.05, 13.10 und 13.11a. Die zuständige Behörde kann Angaben im Handbuch für den Eigner als Nachweis anerkennen, dass die Vorschriften der Artikel 13.05 und 13.10 erfüllt sind.

Nachuntersuchung, Sonderuntersuchung, Untersuchung von Amts wegen

Artikel 14.04

(1) Zugelassene Fahrzeuge sind in Abständen von drei Jahren zu untersuchen (Nachuntersuchung). Die zuständige Behörde kann in besonderen Fällen andere Fristen setzen.

(2) Nach jeder wesentlichen Veränderung oder Instandsetzung, welche die Festigkeit des Schiffskörpers, die in der Zulassungsurkunde angegebenen baulichen Merkmale oder die Stabilität beeinflusst, muss das Fahrzeug erneut untersucht werden (Sonderuntersuchung).

(3) Ergeben sich Zweifel, ob ein Fahrzeug den Vorschriften entspricht, kann die zuständige Behörde von Amts wegen eine Untersuchung anordnen (Untersuchung von Amts wegen).

(4) Wirkt sich eine wesentliche Veränderung oder Instandsetzung gemäß Absatz 2 auf die Sicherheitsanforderungen der Sportboot-Richtlinie aus oder ergeben sich bei der Untersuchung von Amts wegen gemäß Absatz 3 Anhaltspunkte, dass die Sicherheitsanforderungen der Sportboot-Richtlinie nicht eingehalten sind, kann die Behörde die Vorlage einer neuen Konformitätserklärung nach Anhang IV der Sportboot-Richtlinie verlangen, sofern dies zumutbar ist.

Fragen	Antworten
Wann erlischt die Zulassung von Vergnügungsfahrzeugen mit Maschinenbetrieb?	☒ nach 3 Jahren
Wann müssen zugelassene Fahrzeuge erneut zugelassen werden?	☒ in der Regel nach 3 Jahren oder bei baulichen Änderungen

Maßnahmen bei Feststellung von Mängeln

Artikel 14.05

Werden bei einem Fahrzeug Mängel festgestellt, so kann die zuständige Behörde die Weiterverwendung des Fahrzeuges beschränken oder verbieten, die Zulassungsurkunde zurückbehalten oder das Fahrzeug aus dem Verkehr ziehen, bis die Beseitigung der Mängel nachgewiesen ist.

Entzug der Zulassung

Artikel 14.06

Entspricht ein Fahrzeug nicht mehr den Vorschriften, so kann die zuständige Behörde die Zulassung entziehen. Gleiches gilt, wenn der Eigentümer oder sonst Verfügungsberechtigter trotz Mahnung der zuständigen Behörde einer Aufforderung zur Untersuchung oder zur Vorlage der Zulassungsurkunde nicht nachgekommen ist.

Fragen		Antworten
Wann kann die zuständige Behörde die Zulassung entziehen?	☒	wenn das Fahrzeug nicht mehr den Vorschriften entspricht

Änderung, Neuerteilung und Rückgabe der Zulassungsurkunde — Artikel 14.07

(1) Tatsachen, die eine Änderung der Zulassungsurkunde erfordern, hat der Eigentümer oder sonst Verfügungsberechtigte der Behörde, welche die Zulassungsurkunde ausgestellt hat, innerhalb von zwei Wochen mitzuteilen.

(2) Wird der gewöhnliche Standort eines Fahrzeuges oder, wenn das Fahrzeug keinen gewöhnlichen Standort in einem Bodenseeuferstaat hat, der gewöhnliche Aufenthalt des Eigentümers oder sonst Verfügungsberechtigten in den Bereich einer anderen für die Zulassung zuständigen Behörde verlegt, so ist bei dieser innerhalb von zwei Monaten unter Vorlage der Zulassungsurkunde die Ausstellung einer neuen Zulassungsurkunde zu beantragen. Die Zulassungsurkunde kann ohne Untersuchung des Fahrzeuges ausgestellt werden. Dabei ist der Zeitpunkt der nächsten Nachuntersuchung festzulegen.

(3) Wird ein Fahrzeug veräußert, so hat der Veräußerer innerhalb von zwei Wochen der Behörde, welche die Zulassungsurkunde ausgestellt hat, die Anschrift des Erwerbers und den künftigen gewöhnlichen Standort des Fahrzeuges anzuzeigen.

(4) Wird ein Fahrzeug dauernd aus dem Verkehr gezogen oder nicht mehr auf dem Bodensee eingesetzt, so hat der Eigentümer oder sonst Verfügungsberechtigte dies der Behörde, welche die Zulassungsurkunde ausgestellt hat, unter Vorlage der Zulassungsurkunde unverzüglich anzuzeigen.

Fragen		Antworten
Innerhalb welcher Frist ist der Verkauf eines registrierten oder zugelassenen Wasserfahrzeuges der zuständigen Behörde zu melden?	☒	innerhalb von zwei Wochen
Muss bei Verlegung des Liegeplatzes in den Bereich einer anderen für die Zulassung zuständigen Behörde die Ausstellung einer neuen Zulassungsurkunde beantragt werden?	☒	ja, innerhalb von 2 Monaten
Welche Angaben sind der zuständigen Behörde beim Verkauf eines Wasserfahrzeuges zu machen?	☒	Anschrift des Erwerbers und zukünftiger Standort

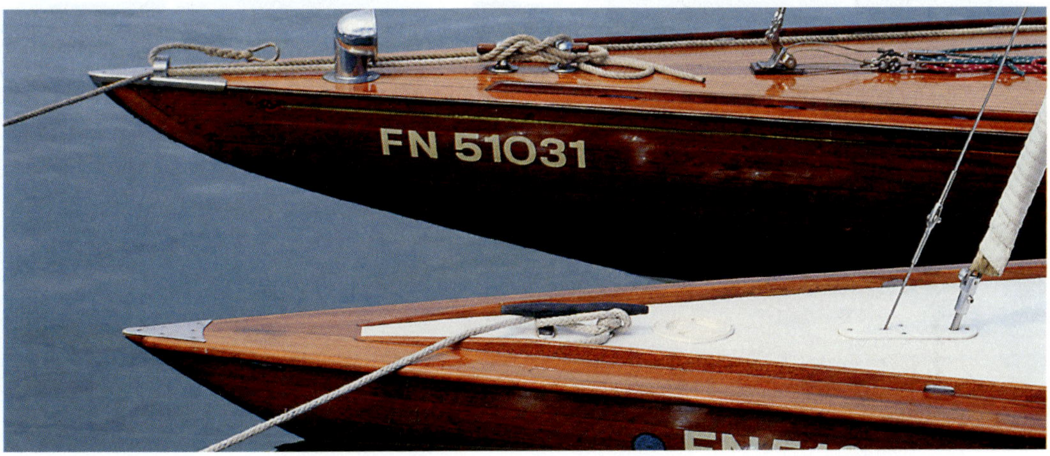

Probe- und Überstellungszulassung **Artikel 14.08**

(1) Die Probe- und Überstellungszulassung wird Personen und Unternehmungen erteilt, die in ihrem Betrieb beruflich-regelmäßig Schiffe oder Schiffsmotoren herstellen, damit handeln, sie reparieren, umbauen oder an ihnen ähnlicheArbeiten vornehmen.

(2) Berechtigt zum Führen von Schiffen mit Probe- und Überstellungszulassungen sind:

a. Inhaber und Angestellte des Betriebes;
b. Experten der Zulassungsbehörde.

Sie müssen im Besitze des erforderlichen Schifferpatentes sein.

(3) Die Probe- und Überstellungszulassung darf nur verwendet werden:

a. zu Fahrten für die Behebung von Pannen und zum Abschleppen;
b. zum Überführen und Erproben von Schiffen im Zusammenhang mit den amtlichen Prüfungen und dem Schiffshandel sowie mit Reparaturen, Umbauten und anderen Arbeiten an Schiffen.

(4) Der Inhaber der Zulassungsurkunde hat den mit Probe- und Überstellungsfahrten verbundenen erhöhten Gefahrenhinreichend Rechnung zu tragen.

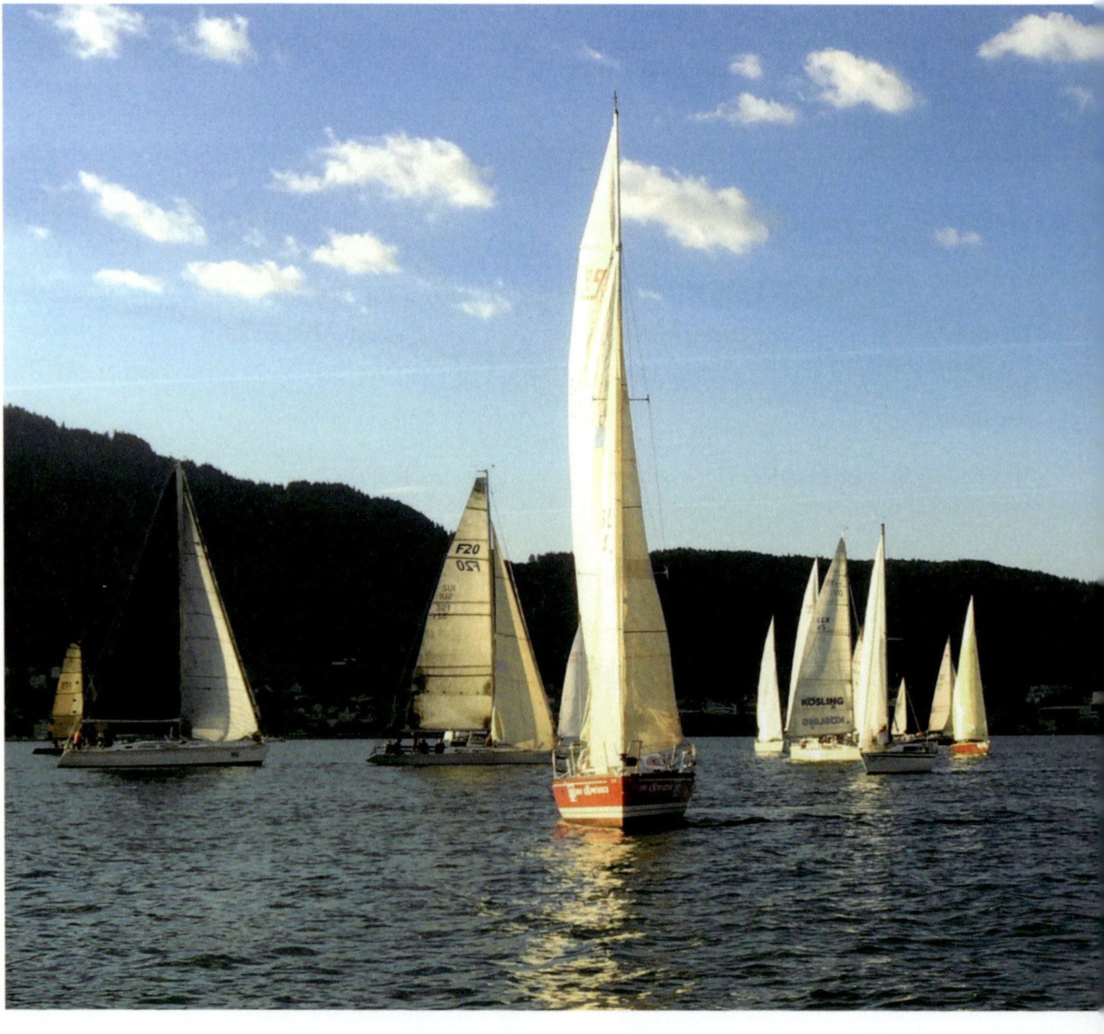

Besatzung

Besatzung	**Artikel 15.01**

(1) Die Besatzung aller Fahrzeuge muss nach Zahl und Eignung ausreichen, um die Sicherheit der an Bord befindlichen Personen, der Schifffahrt und der sonstigen Gewässerbenutzer zu gewährleisten.

(2) Bei Fahrgastschiffen und Güterschiffen setzt die zuständige Behörde die Mindestbesatzung entsprechend Größe, Bauart, Ausrüstung, Verwendung und Einsatzbereich des Fahrzeuges fest. Wenn die Besatzung aus mehr als einer Person besteht, muss ein Besatzungsmitglied in der Lage sein, den Schiffsführer vorübergehend zu ersetzen. Außerdem muss ein Besatzungsmitglied in der Bedienung und Wartung der Maschinenanlage ausgebildet sein.

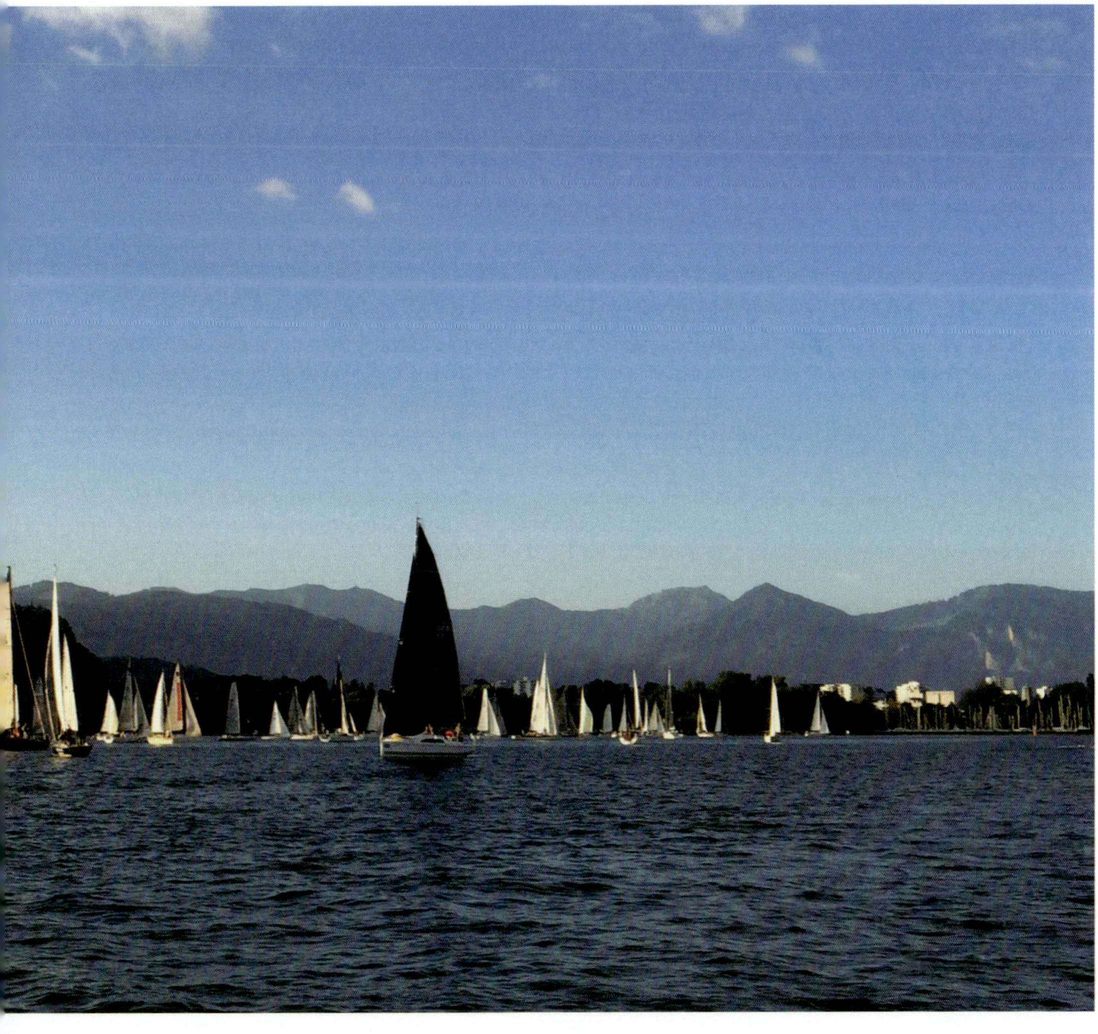

Schlussvorschriften

Sonderrechte — Artikel 16.01

Fahrzeuge, die für hoheitliche Aufgaben oder im gewässerkundlichen Dienst eingesetzt werden, und Fahrzeuge, die Zwecken der Rettung und Hilfeleistung dienen, sind von den Vorschriften der Abschnitte V bis VII, X, XI und XIII bis XV so weit befreit, als es die Erfüllung ihrer Aufgaben unbedingt erfordert. Fahrzeuge der Polizei, der Zollverwaltung und der Fischereiaufsicht sind darüber hinaus unter den Voraussetzungen des ersten Satzes von den Vorschriften des Artikels 3.06 befreit, soweit die Sicherheit der Schifffahrt dadurch nicht beeinträchtigt wird.

Ausnahmen — Artikel 16.02

(1) Die zuständige Behörde kann für den Einzelfall Ausnahmen von den Vorschriften der Artikel 3.06, 5.02 Abs. 1, 2, 4und 5, 6.02, 6.11, 6.15, 9.01, 10.03, 10.08, 11.02, 11.04, 12.03 Abs. 1 Buchst. a, 12.04, 13.03 letzter Satzteil,13.05, 13.06, 13.10, 13.11, 13.11a, 13.11b, 13.18, 13.19 und 14.08 zulassen, wenn hierdurch die Sicherheit undLeichtigkeit des Verkehrs nicht beeinträchtigt werden sowie Gefahren oder Nachteile, die durch die Schifffahrtverursacht werden können, nicht zu erwarten sind.

(2) Bei der Genehmigung von Veranstaltungen nach Artikel 11.05 sowie zur Durchführung von Versuchen und zur Erprobung technischer Entwicklungen auf dem Gebiet der Schifffahrt kann die zuständige Behörde unter den Voraussetzungen des Absatzes 1 Ausnahmen von einzelnen in Absatz 1 nicht genannten Vorschriften dieserVerordnung zulassen.

(3) Die zuständige Behörde kann unter den Voraussetzungen des Absatz 1 für Fahrzeuge mit Außenbordmotoren, für Fahrzeuge mit einer zulässigen Anzahl von nicht mehr als 12 Fahrgästen und für Fahrgastschiffe mit neuen Antriebstechnologien Ausnahmen von der Vorschrift des Artikels 13.17 zulassen.

(4) Die zuständige Behörde kann Ausnahmen von Artikel 13.20 Abs. 1 zulassen, wenn nach der Bauart des Fahrzeugeseine ausreichende Schwimmfähigkeit bei Havarie gewährleistet ist.

(5) Die zuständige Behörde kann unter den Voraussetzungen des Absatzes 1 in bestimmten Uferbereichen die Verwendung von Vergnügungsfahrzeugen, die den Bestimmungen des Abschnittes XIII nicht entsprechen, zum Beispiel Segelsurfbretter oder Drachensegelbretter, zulassen.

(6) Die zuständige Behörde kann unter den Voraussetzungen des Absatzes 1 Ausnahmen vom Verbot des Artikels 8.01 Abs. 1 zulassen. Vor der Erteilung einer derartigen Ausnahme sind die zuständigen Behörden der anderen Bodenseeuferstaaten zu verständigen um im Einvernehmen mit deren zuständigen Behörden gleiche Bedingungen für den Transport der Stoffe beziehungsweise Güter festzusetzen. Dies gilt auch, wenn die Beförderung im Gebiet einund desselben Anrainerstaates durchgeführt wird.

(7) Die Behörde kann unter den Voraussetzungen des Absatzes 1 in besonders berücksichtigungswürdigen Fällen, wie zum Beispiel im Leistungs- und Spitzensport beim Segeln, auch amtliche Befähigungsnachweise, die nicht in einem Bodenseeuferstaat ausgestellt wurden, gemäß Artikel 12.09 anerkennen.

Übergangsvorschriften — Artikel 16.03

(1) Nach bisherigem Recht erteilte Schifferpatente gelten weiter.

(2) Für den Erwerb des amtlichen Radarpatentes oder eines diesem gleichwertigen Patentes gemäß Artikel 6.12 Nummer 1 gilt eine Übergangsfrist bis zum 1. April 2016. Bis dahin findet Artikel 6.12 Satz 1 in der am Tag vor Inkrafttreten der Verordnung des Ministeriums für Verkehr und Infrastruktur zur Änderung der Verordnung zur Einführung der Bodensee-Schifffahrts-Ordnung vom 8. April 2014 geltenden Fassung Anwendung.

(3) Bis zum Inkrafttreten der Verordnung des Ministeriums für Verkehr und Infrastruktur zur Änderung der Verordnung zur Einführung der Bodensee-Schifffahrts-Ordnung vom 8. April 2014 zulässige Rettungsmittel, die nicht Artikel 13.20 dieser Verordnung entsprechen, sind innerhalb von drei Jahren nach deren Inkrafttreten auszutauschen.

(4) Für die Anschaffung und Zulassung der Sprechfunkanlage gemäß Artikel 13.21 gilt eine Übergangsfrist bis zum 1. April 2015.

Seemannschaft

Unter dem Begriff »Seemannschaft« sind alle Prüfungsaufgaben aufgeführt, die sich keinem Artikel der Bodensee-Schifffahrts-Ordnung zuordnen lassen.

Knoten

Wir unterscheiden: Stopperknoten,
Knoten zum Zusammenstecken von Leinen und Trossen,
Knoten zum Festmachen und Belegen

Stopperknoten

Als Stopperknoten wird der Achtknoten verwendet. Er hat den Zweck, das »Ausrauschen« von Fallen und Schoten zu verhindern. Wenn keine Gefahr durch ihre Anwendung hervorgerufen werden kann, sind sie grundsätzlich am Tampen von Schoten und Fallen vorzusehen.

Knoten für Leinenverbindungen

Diese Knoten sollen nicht nur gut halten, sie sollen sich auch leicht öffnen lassen. Haben wir eine Verbindung von gleichartigen, etwa gleich starken Enden herzustellen, so verwenden wir den Kreuzknoten.
Sind die Enden nicht gleich stark, so muss der Schotstek genommen werden. Der Einfache Schotstek hält so lange gut, wie ständig Kraft auf ihn steht. Tritt starke Wechselbelastung insbesondere mit völliger Entlastung auf, kann er ausrauschen, wenn das Tauwerk zu glatt ist (Nylon, Perlon usw.). Hier muss dann der doppelte Schotstek Anwendung finden.

Knoten zum Festmachen

Knoten zum Festmachen unterscheiden sich durch ihren Verwendungszweck ganz wesentlich voneinander. Zum vorübergehenden Festmachen, zum Anbinden von Fendern und Leinen an Bord, dient der Webeleinstek. Er hält bei glattem Tauwerk nicht ganz sicher und sollte in jedem Fall mit einem halben Schlag gesichert werden.
Soll an einem Anker oder an einem Ring belegt werden, so verwenden wir den Roringstek. Hier kommt es vor allem auf die Sicherheit des Knotens, nicht so sehr auf die Möglichkeit, ihn leicht wieder zu öffnen, an. Der Roringstek hält auf jeden Fall, wenn erst einmal richtig Kraft auf ihn gestanden hat.
Ein Universalknoten ist der Palstek. Er ergibt ein Auge, welches sich weder auf- noch zuzieht. Er dient für alle möglichen Verwendungszwecke an Bord und ist der Knoten, der einem über Bord Gegangenen um die Brust gelegt wird, um ihn wieder an Bord nehmen zu können.
Zu den Festmacherknoten gehört auch das Belegen von Klampen.

Anker

Der Anker zählt zu den wichtigsten Ausrüstungsgegenständen eines Schiffes, bietet er doch die letzte Möglichkeit, bei Ausfall von Segel oder Maschine eine Strandung zu vermeiden. Der Auswahl eines geeigneten Ankers ist daher größte Sorgfalt zu schenken.
Alle Anker haben gemeinsam, dass sie mit einer »Hand«, auch »Pflug« genannt, in den Grund greifen. Bei vielen Ankerarten greifen gleich zwei Pflugen, so dass ein größerer Widerstand entsteht.
Um ein gutes Eingraben zu ermöglichen, muss die Ankertrosse oder -kette möglichst schräg stehen. In der Praxis verwendet man daher die 3- bis 5fache Wassertiefe als Ketten- bzw. Trossenlänge.
Ist der Ankergrund steinig, so müssen die Pflugen nicht nur ganz spitz, sondern auch nicht zu breit sein. Liegt dagegen ein schlammiger Grund vor, so sind möglichst große Flächen von Vorteil.
Man kann also nicht grundlegend sagen, dass es einen Universalanker für jeden Grund gibt, und sollte daher, wenn Gebiete sehr unterschiedlicher Grundbeschaffenheit bereist werden, möglichst zwei verschiedene und ausreichend schwere Anker an Bord haben.

Stock- oder Admiralitätsanker

Diese Ankerart ist wohl die älteste. Hier greift eine Hand (Pflug) in den Grund, während der obere Arm, der Stock, dafür sorgt, dass der Anker sich richtig legt.

Die wichtigsten Knoten

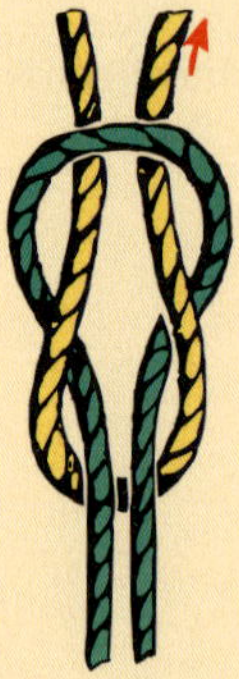

Kreuzknoten
Verbindung von zwei gleichstarken Enden

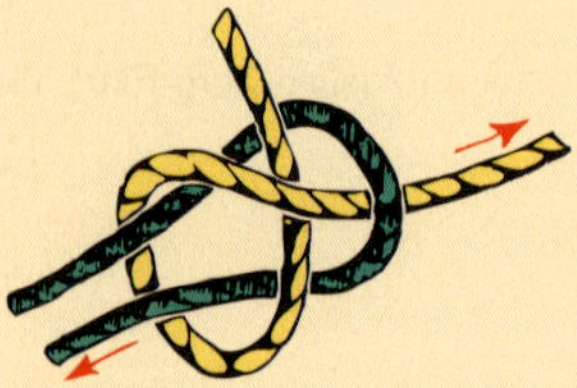

Einfacher Schotstek
Verbindung von zwei ungleich starken Enden

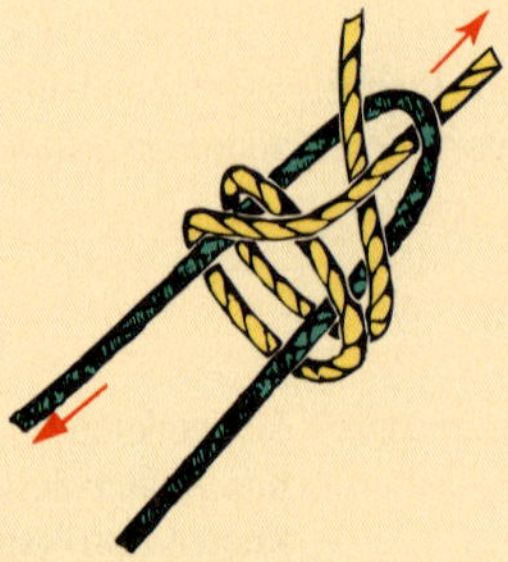

Doppelter Schotstek

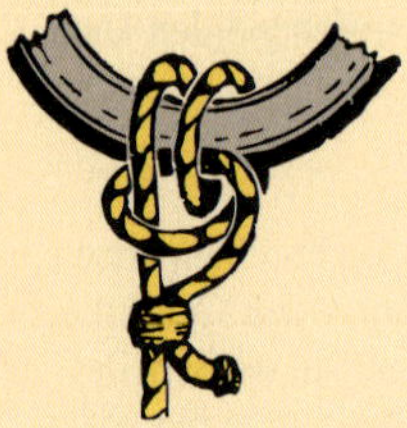

Roringstek
An Ringen und Anker

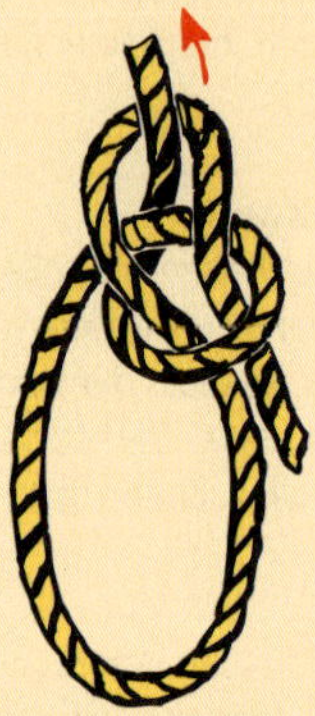

Palstek
Pfahlwurf

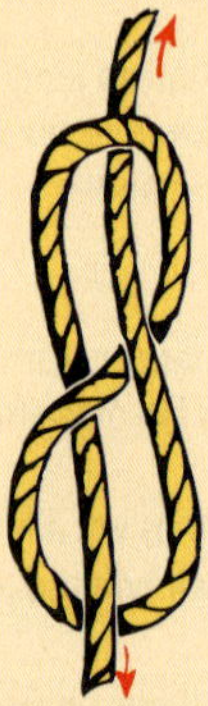

Achtknoten

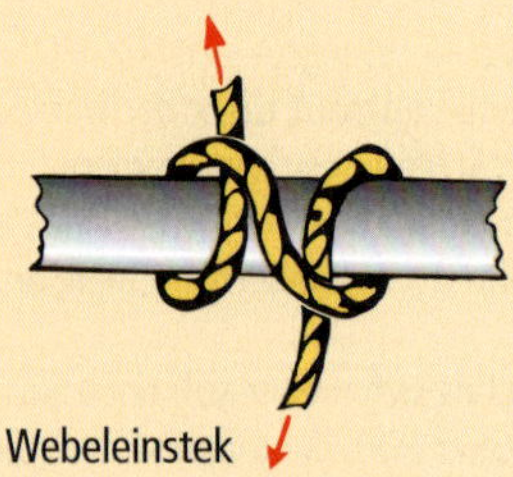

Webeleinstek

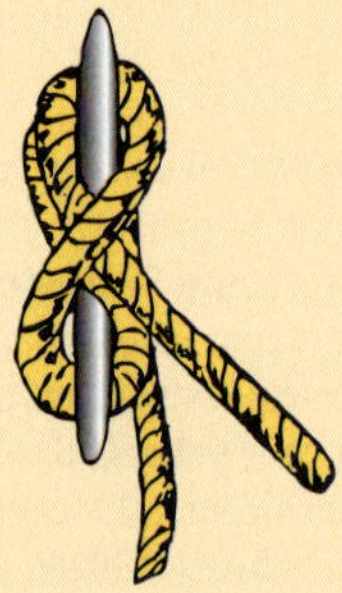

Belegen einer Klampe mit Kopfschlag

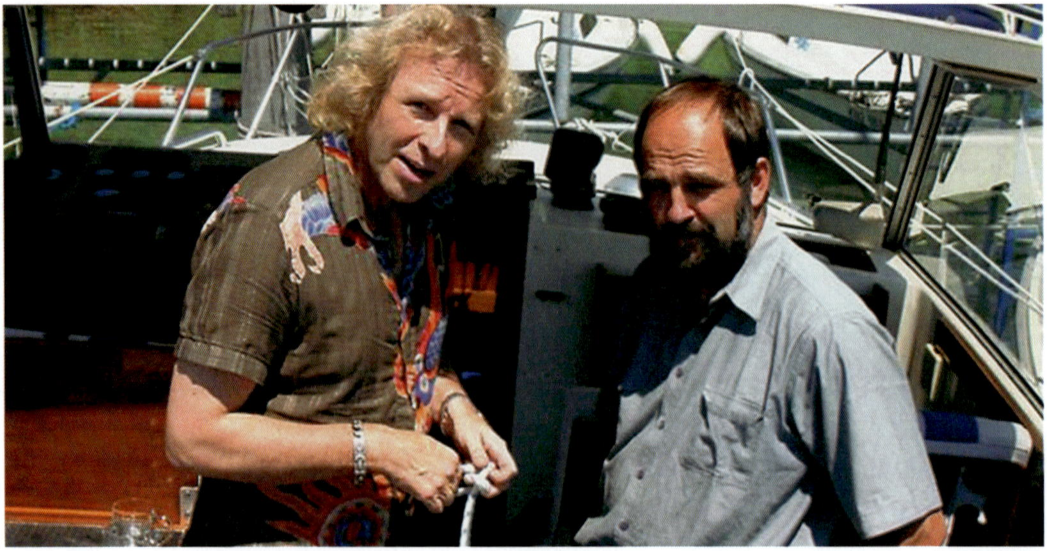

Die wichtigsten Ankertypen

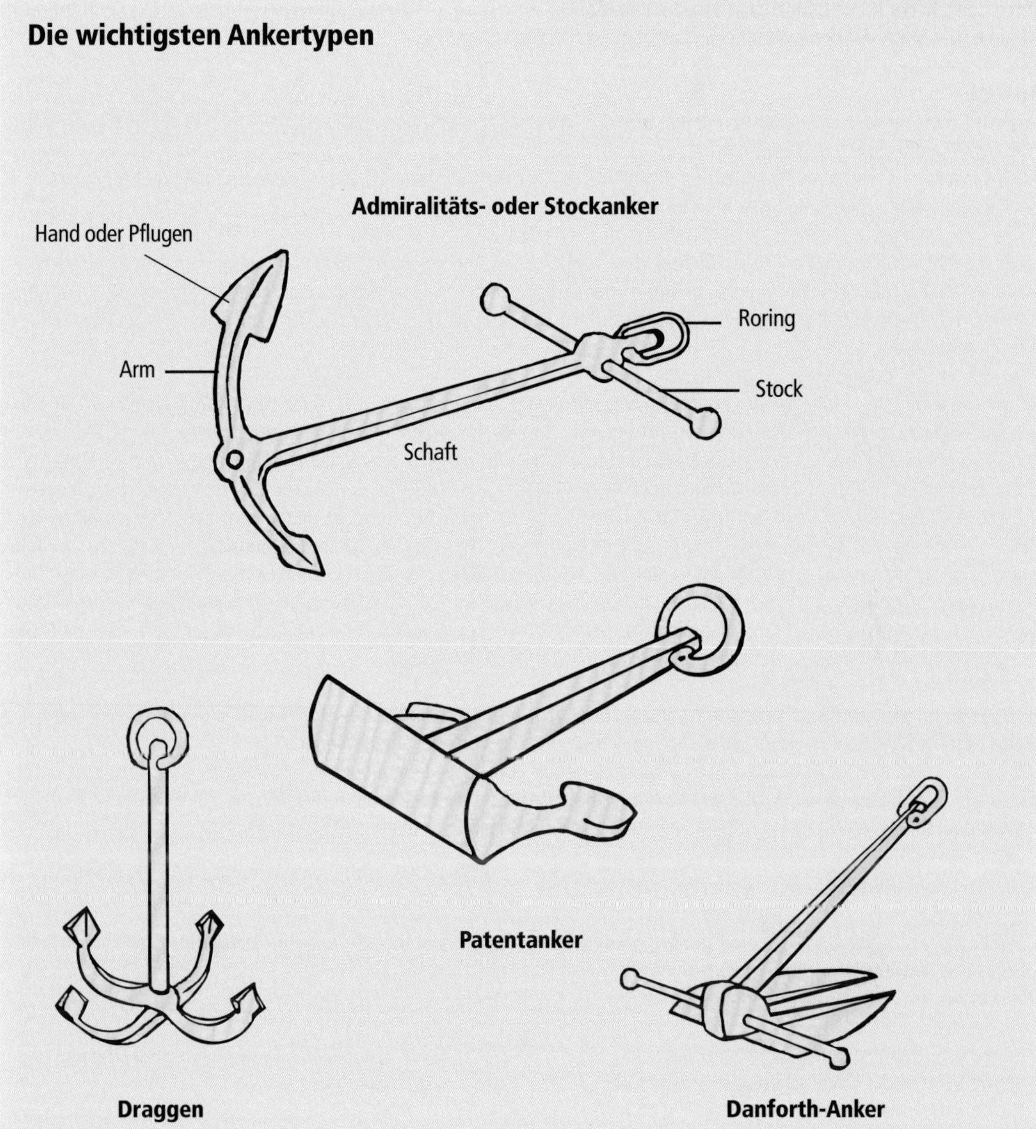

Draggen

Der Draggen ist ein Universalanker, der auch auf Sportbooten weit verbreitet ist.

Beim Draggen greifen immer zwei Pflugen, da er vier Arme mit Pflugen besitzt. In seiner ursprünglichen Form ist er sehr sperrig, daher wurde er, um ihn besser stauen zu können, in kleinerer Ausführung als »Schirmanker«, d.h. klappbar, ausgeführt. Außerdem wird er auch als »Umsteckdraggen« hergestellt. Hier wird der untere Teil des Schaftes quadratisch geformt und der obere Arm lose entweder parallel zum unteren gelegt, um Platz zum Stauen zu sparen, oder aber in Arbeitsstellung quer zum unteren gestellt.

Patentanker

Auch ein für jeden Grund brauchbarer Anker, der mit zwei Pflugen greift, ist der Patentanker. Die Arme sind am Schaft durch ein Gelenk verbunden, so dass der Anker immer richtig liegt. Die Arme sind sehr schwer, also gleich als Gewicht ausgebildet.

Danforthanker

Das ist die leichteste der üblichen Ankerarten, mit großen, breiten Pflugen. Er ist nur bei sandigem und Schlickgrund zu verwenden. In der Konstruktion ist er wie der Patentanker, jedoch aus Blech und Rundeisen hergestellt. Der Danforthanker ist mit einem Stock versehen, damit er sich richtig auf den Grund legt.

Ankern

Das Wissen um die Ankermanöver ist wichtig, weil der Anker nur zu oft das letzte Mittel ist, einen auf Land treibenden Havaristen vor der Strandung zu bewahren.
Auch sonst kann Ankern unter schwierigen Umständen erforderlich sein, um z. B. auf sehr engem Raum die Segel zu bergen, um Fahrt aus dem Schiff zu nehmen und Ähnliches.

Soll ein Schiff vor Anker gehen, so ist wichtig, dass zunächst das Ankergeschirr völlig klar gelegt wird. Der Anker selbst ist aus der Bettung oder dem Stauraum zu nehmen und klarzumachen. Die Ankertrosse oder -kette ist anzustecken. Wird hierbei ein Schäkel verwendet, so ist er unbedingt zu sichern. Durch die Bewegung des Schiffes am Anker löst sich der Schäkelbolzen nur zu leicht.

Ist alles klar und das Ende der Ankertrosse am Schiff belegt, dann ist zum Ankerplatz hin ein Aufschießer zu machen, d. h. in den Wind zu gehen, wobei zu berücksichtigen ist, dass nach Lee genug Seeraum vorhanden sein muss. Stört hierbei das Vorsegel, so ist es vorher zu bergen. Ist das Boot nach dem Aufschießer zum Stillstand gekommen, wird der Anker über Bord gegeben und langsam Trosse nachgesteckt. Niemals Trosse oder Kette mit dem Anker über Bord werfen. Verfängt sich die Trosse in den Pflugen, kann der Anker nicht halten! Hat der Anker Grund, so ist mindestens dreifache Wassertiefe bei Kette oder fünffache Wassertiefe bei Trosse nachzustecken. Bei schwerem Wetter und ungünstigem Grund eher fünfmal. Ankert man vor langer Trosse oder im Hafen, so ist der Anker noch durch eine Boje, die man Döpper nennt, ersatzweise einen Fender, zu kennzeichnen. Die Anker haben zu diesem Zweck unten am Schaft ein Auge, in welches eine Leine gesteckt werden kann, an deren anderem Ende dann die Boje gesteckt wird. Hier ist natürlich nur einfache Wassertiefe als Leinenlänge zu wählen, damit die Boje möglichst genau über dem Anker zu stehen kommt.

Beim Ankeraufholen ist darauf zu achten, dass das Boot segelfertig ist bzw. die Maschine laufen muss, bevor der Anker ausgebrochen wird. Bei Seglern ist das Großsegel zu setzen und das Vorsegel anzuschlagen.
Bei »Anker auf« unter Segeln wird zunächst kurzstag geholt, d. h. so weit eingeholt, dass Kette oder Trosse etwa einen Winkel von 45 Grad bilden. Alsdann folgt das Kommando »Anker auf«, die Fock wird, sowie der Anker frei ist, gesetzt und back genommen, so dass das Boot über den Achtersteven dreht. Alsdann Fock über und Großschot dicht.

Fragen		Antworten
Welche Bestimmungen muss ein Sportbootfahrer und seine Mitfahrer beachten, wenn sie den Fischfang als Sportfischer ausüben wollen	☒	Erlaubnis und Befähigung muss vorhanden sein
Ist für das Manövrieren unter Motor die Kenntnis über die Drehrichtung des Propellers (Schiffsschraube) wichtig?	☒	ja, um den Radeffekt beim An- und Ablegen ausnutzen zu können
Sind die Drehkreise bei Schiffen mit starrer Antriebswelle verschieden groß?	☒	ja, weil der Radeffekt des Propellers eine Drehrichtung unterstützt und der anderen entgegenwirkt
Bei einem Schiff mit rechtsdrehendem Propeller (Schiffsschraube) legen Sie den Rückwärtsgang ein; nach welcher Seite dreht sich das Heck?	☒	nach Backbord
Bei einem Schiff mit linksdrehendem Propeller (Schiffsschraube) nehmen Sie Fahrt achteraus auf, nach welcher Seite wird das Schiff abdrehen?	☒	nach Steuerbord
Warum ist beim Starten einer Maschine die Getriebestellung stets auf »neutral« zu stellen?	☒	damit das Fahrzeug nicht unkontrolliert und ruckartig anfährt

Fragen	Antworten
Ihr Boot hat eine Motorenanlage mit linksdrehender Schraube (Propeller); welches ist die günstigste Anlegeseite?	☒ die Steuerbordseite
Es ertönt der Ruf »Mensch über Bord«; was tun Sie als Rudergänger auf einem Motorboot?	☒ auskuppeln, Ruder auf die Seite legen, an der die Person über Bord gegangen ist
Wie sollten Sie Ihr Boot unter Motor zum Stehen bringen, um bei Starkwind eine Person an Bord zu nehmen?	☒ gegen den Wind/Strömung anfahren, auskuppeln, Person aufnehmen
Wie legen Sie unter Motor bei starkem Wind an?	☒ wenn möglich gegen den Wind
Welches ist der wesentliche Unterschied zwischen einem Gleitboot und einem Verdrängerboot?	☒ Gleitboot gleitet leicht und schnell über das Wasser
Wie verhalten sich Gleitboote bei geringer Fahrstufe?	☒ sie werden zum Verdränger und erzeugen starkes Gewell
Was müssen Sie beim Schleppen eines anderen Fahrzeuges beachten?	☒ Geschwindigkeit an das geschleppte Fahrzeug anpassen, nicht ruckartig anfahren, Schleppleine nicht vertörnen
Wo wird am zweckmäßigsten die Schleppleine beim Geschleppten befestigt?	☒ am Mast oder am Mittschiffspoller
Wann können Sie ein Fahrzeug nicht längsseits schleppen?	☒ bei grober See und ungleichen Fahrzeugtypen
Was bezeichnet man als Tauwerk?	☒ Bezeichnung für sämtliche in der Schifffahrt verwendete Leinen
Wozu wird ein Palstek verwendet?	☒ um ein festes Auge, das sich nicht zusammenzieht, herzustellen
Wozu verwenden Sie einen Schotstek?	☒ zum Verbinden zweier ungleich starker Leinenenden
Wozu wird der Roringstek verwendet?	☒ zum Festmachen an einem Ring
Wozu wird der Kreuzknoten verwendet?	☒ zum Verbinden zweier gleichstarker Leinenenden
Wozu wird der Achtknoten hauptsächlich verwendet?	☒ am Ende von Schoten, um das Ausrauschen an Blöcken und Ösen zu verhindern
Wie lang müssen Sie die Ankerkette stecken?	☒ mindestens 3fache Wassertiefe

Fragen	Antworten
Wieviel Meter Ankerkette sollten Sie beim Ankern auf 4 m Wassertiefe stecken?	☒ 12 m
Wie lang muss eine Ankerleine gesteckt sein, wenn bei normalen Grund- und Wetterverhältnissen geankert wird?	☒ mindestens 5fache Wassertiefe
Welches Tauwerk muss eine hohe Bruchlast und Elastizität aufweisen?	☒ Ankerleinen, Festmacher und Schleppleinen
Welchen Anforderungen müssen seemännische Knoten gerecht werden?	☒ schnell und einfach zu machen und zu lösen, zuverlässig halten
Was ist beim Ausbrechen eines Feuers an Bord unbedingt zu tun?	☒ Ruhe bewahren, Rettungsmittel anlegen, rechtzeitig Notsignale geben, versuchen das Feuer zu löschen
Wie verhalten Sie sich bei Vergaserbränden?	☒ Benzinhahn schließen, Vollgas geben, nicht unnötig Sauerstoff zuführen, Feuer bekämpfen
Wo sind Feuerlöscher an Bord unterzubringen?	☒ an gut zugänglichen Orten, an denen Feuerausbruch unwahrscheinlich ist
Was hat der Bootsführer vor Anlassen des Motors zu tun?	☒ Motorenraum und Bilge auf Booten mit Benzinmotoren gut belüften, auskuppeln
Welche Sicherheitsmaßnahmen sind beim Tanken von Benzin unbedingt erforderlich?	☒ Feuer, offenes Licht und Rauchen verboten, Motor abstellen
Wie verhalten Sie sich nach einer Kenterung?	☒ gegebenenfalls Notsignale geben, beim Boot bleiben
Wie muss sich ein Schiffsführer verhalten, wenn sein Schiff gesunken ist?	☒ Kennzeichnung der Unfallstelle, wenn die übrige Schifffahrt gefährdet wird
Was muss beim Herstellen einer Schleppverbindung besonders beachtet werden?	☒ ausreichende Stärke der Schleppleine, Schleppleine nicht in die eigene Schraube bringen
Wie muss Abfall entsorgt werden?	☒ im Hafen ordnungsgemäß entsorgen
Wie hat sich ein Schiffsführer bei einem Brand auf seinem Schiff zu verhalten?	☒ Rettung von Personen, wenn möglich Brandbekämpfung
Wann ist die Gefahr einer Kollision gegeben?	☒ wenn sich die Peilung zu einem anderen Fahrzeug nicht oder nur unwesentlich ändert
Was sollen Sie als Schiffsführer unternehmen, wenn Sie durch schlechtes Wetter oder andere Umstände längere Zeit an einem fremden Ort aufgehalten und möglicherweise vermisst werden können?	☒ Angehörige, Hafenmeister oder Polizei verständigen
Was tun Sie, wenn ein Mitglied Ihrer Crew über Bord geht?	☒ Ruf »Mensch über Bord«, Rettungsmittel zuwerfen und versuchen Person an Bord zu nehmen

Fragen	Antworten
Wie können Sie dazu beitragen, möglichst wenig Kraftstoff zu verbrauchen?	☒ Motoren richtig einstellen lassen
Was muss eine Person beachten, wenn sie außerhalb der Uferzone ohne Begleitfahrzeug schwimmt?	☒ Sie muss einen gut sichtbaren Schwimmkörper mitführen
Welche Nachrichten dürfen mit Sprechfunkanlagen, die auf Kanal 16 geschaltet sind, gesendet werden?	☒ Nur die für die Sicherheit der Schifffahrt notwendigen Nachrichten

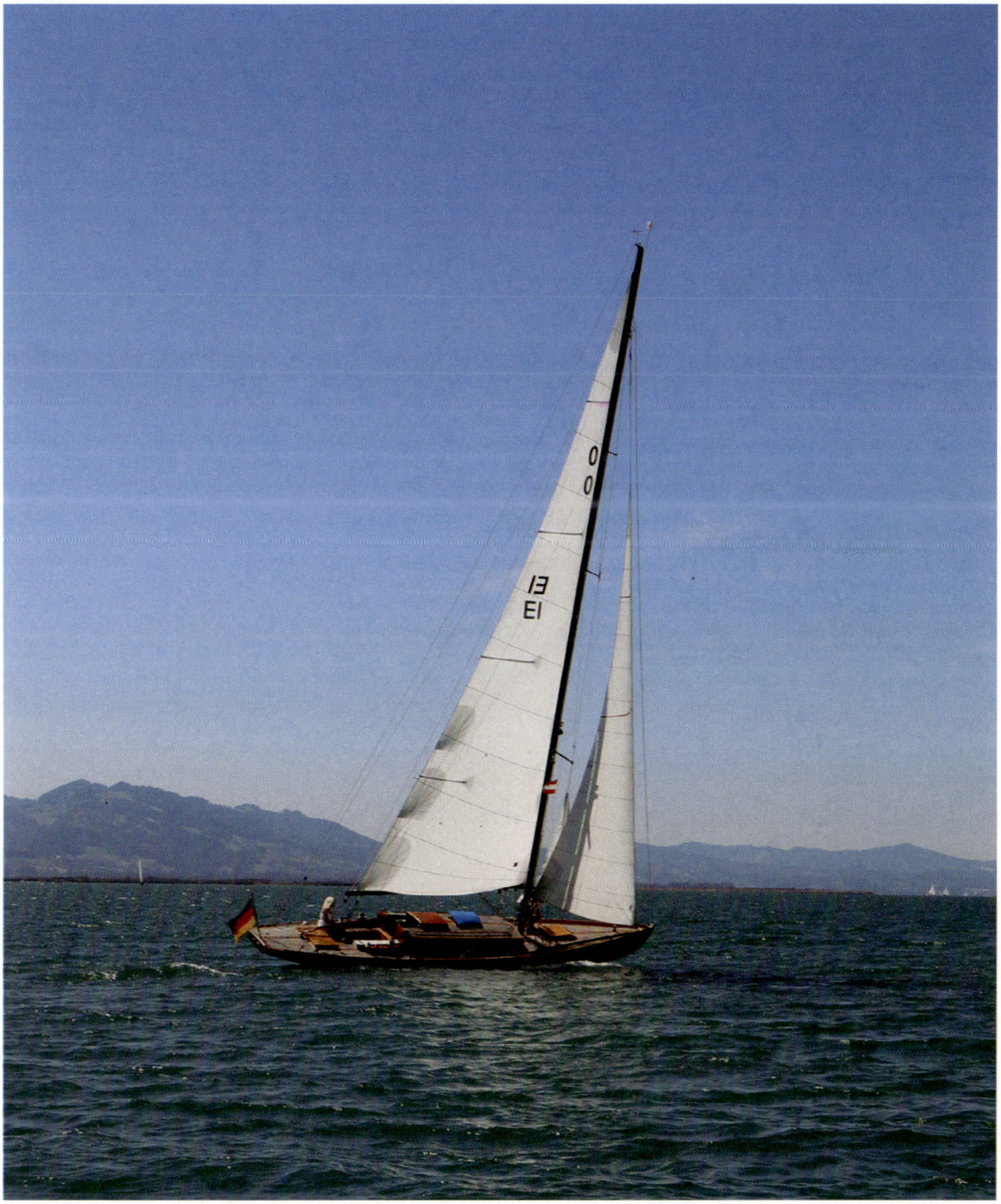

Der Kompass

Zur Einhaltung des auf der Karte ermittelten rechtweisenden Kurses ist ein Kompass erforderlich. Da am Bodensee der Kurs zumeist nicht mit der Karte bestimmt wird, dient hier der Kompass bei schlechter Sicht vor allem zur Einhaltung des Kurses. Auf Sportfahrzeugen werden fast ausschließlich Magnetkompasse verwendet. Da eine sich in Luft frei bewegliche Magnetnadel zu unruhig wäre, wird sie von einer Flüssigkeit umgeben, die ihre Ausschläge dämpft. Wir sprechen dann von einem flüssigkeitsgedämpften Magnetkompass. Um auch die langsamen Bewegungen des Schiffes weitgehend vom Kompass fernzuhalten, wird er doppelt kardanisch aufgehängt. Ein solcher Kompass ergibt eine brauchbare Lösung, während die aufwendigen Kreiselkompasse nur in der Berufsschifffahrt Verwendung finden.
Der Kompass zeigt uns nun den Kurs zur Nord-Süd-Richtung an, wobei die Kompassrose in 360 Grad eingeteilt ist. Da der magnetische Nordpol jedoch nicht mit dem Kartennordpol zusammenfällt, liegt hier bereits der erste Fehler vor, der zu berücksichtigen ist.
Der magnetische Nordpol liegt in Nordkanada bei Boothia-Felix. Hätte die Erde sonst keine magnetischen Massen, wäre die Korrektur einfach. Da aber zum Teil erhebliche Magnetfelder der Erde den Kompass zusätzliche beeinflussen, ist der Fehler sehr unterschiedlich. Er wird auf den Karten für das Gebiet der Karte angegeben und als Ortsmissweisung bezeichnet.
Da sich die magnetischen Massen auf der Erde zudem noch ändern, wird, um eine korrekte Navigation zu ermöglichen, noch die Jahreszahl angegeben, auf die sich die Missweisung bezieht, und außerdem, bei guten Karten, noch die jährliche Änderung, die die Missweisung erfährt.
Die Kompassrose ist in 360 ° eingeteilt. Die vier Quadranten

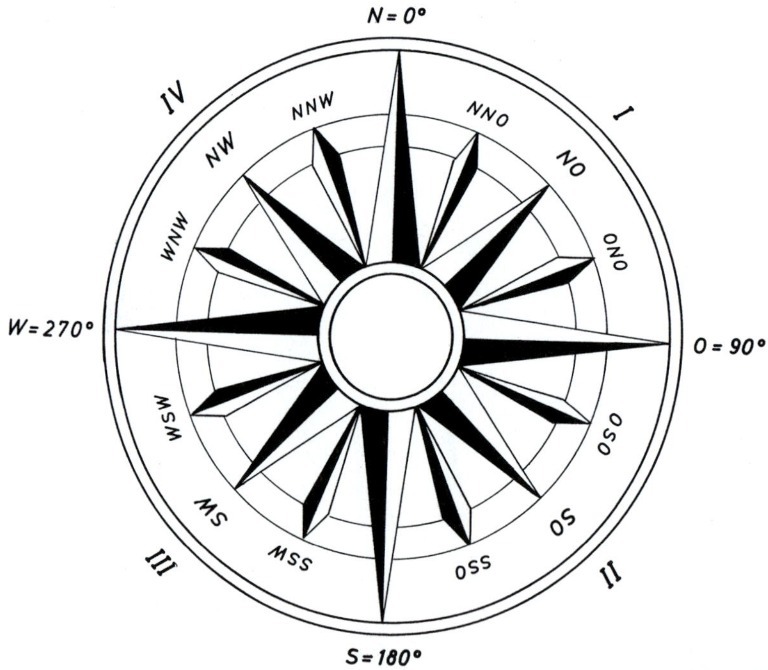

sind:

I. 0 ° – 90 ° = N – Ost
II. 90 ° – 180 ° = Ost – S
III. 180 ° – 270 ° = S – W
IV. 270 ° – 360 ° = W – N

Ablenkungstabelle (Steuertafel) einer Yacht

Mgk+ mwk	Abl.	Mgk+ mwk	Abl.	Mgk+ mwk	Abl.	Mgk+ mwk	Abl.
000	−2	100	+4	200	−2	300	−5
010	−1	110	+4	210	−3	310	−5
020	0	120	+3	220	−3	320	−4
030	+1	130	+2	230	−4	330	−4
040	+1	140	+2	240	−5	340	−3
050	+2	150	+1	250	−6	350	−3
060	+2	160	+1	260	−6	360	−2
070	+3	170	0	270	−7		

Wer lediglich das Bodensee-Schifferpatent machen möchte, hat bis hierher ausreichend Kenntnisse zum Thema Kompass erworben.
Möchten Sie jedoch vom Bodensee-Schifferpatent Kategorie A die praktische Prüfung für den Sportbootführerschein See anerkannt haben, so müssen Sie bei der praktischen Motorbootprüfung eine Zusatzprüfung »Navigation« ablegen. Hierzu brauchen Sie Kenntnisse über Kompassablenkung durch Erdmagnetismus (Ortsmissweisung auch Deklination genannt) sowie die Ablenkung durch das eigene Schiff (auch Deviation genannt). Unter Ortsmissweisung versteht man den Winkel in Graden, um den die Kompassnadel zum geographischen Nordpol abweicht. Die Nordrichtung in die die Kompassnadel zeigt, nennt man magnetische bzw missweisende Nordrichtung. Am Bodensee ist zur Zeit die Ortsmissweisung nahezu bei Null und kann deshalb für die Navigation vernachlässigt werden. Jedoch ist bei starker Ortsmissweisung diese für die Bestimmung des Kurses bei einer Peilung unbedingt zu berücksichtigen. Die Werte für die Ortsmissweisung entnimmt man aus der Seekarte. Dort ist auch die jährliche Veränderung aufgeführt. Weicht die Ortsmissweisung nach Westen von geographisch Nord ab, wird diese mit Minus (–) bezeichnet und nach Osten mit Plus (+).

Beispiel: Angabe, die unter der Kompassrose einer Bodensee-Schiffskarte steht:
Die Missweisung 2006 betrug +1,0° E
die jährliche Änderung beträgt +0,1° E
D. h., dass die Missweisung (Deklination) 2012 +1,6° E beträgt. Wie mit diesen Werten umgegangen wird, wird nach der Erklärung der Deviation anhand von Rechenbeispielen erläutert.

Deviation = Kompassablenkung durch das Schiff (Abl)
Sämtliche Eisenteile eines Schiffes beeinflussen den Kompass (Schiffsmagnetismus). So muss bei einem Schiff der Kompass in regelmäßigen Abständen neu kompensiert werden. Bei Sportbooten kann man die Deviation des Kompasses selbst überprüfen. Dies geht am einfachsten, indem man einen Vergleich zu einer bekannten missweisenden Peilung vornimmt (Pfahl – Kirchturm). An einem Pfahl dreht man die Yacht von 10° zu 10° Kompasskurs und trägt jeweils die entsprechende Deviation zur missweisenden Peilung in eine Steuertabelle (Ablenkungstabelle S. 128) ein. Wichtig dabei ist, dass die Yacht in voll ausgerüstetem Zustand ist, d. h. sämtliche Ausrüstungsgegenstände sind am entsprechenden Ort verstaut. Aber man muss auch wissen, dass ein Schlüsselbund oder eine Tabakdose etc., die in der Nähe des Kompasses liegen, eine erhebliche Ablenkung des Kompasses verursachen können. Hierauf sollte immer geachtet werden.

Rechenbeispiel:
Aus einer Karte entnehmen Sie einen rechtweisenden Kurs (rwK) von 95°. Die Ortsmissweisung (Mw) beträgt –2,0°. Aus der Steuertafel (Ablenkungstabelle S. 122) entnehmen Sie bei 90° Kompasskurs eine Deviation (Abl) von +5°. (In der Regel liegt für ein Sportboot keine Steuertafel [Ablenkungstabelle] vor. Die Deviation wird dann vernachlässigt.)
Welchen Kompasskurs (MgK) müssen Sie steuern?

Deviation (Abl)	= +5°	rechtweisender Kurs (rwK) =	90°
Missweisung (Mw)	= –2°	Fehlweisung	= (+) –3°
Fehlweisung	= +3°	Kompasskurs (MgK) =	87°

rwK	MW	mwK	Abl	MgK
90°	(–)+2°	92°	(+)–5°	87°

(mwK = missweisender Kompasskurs)

Regel:
Vom Richtigen (rechtweisender Kurs) zum Falschen (Kompasskurs) mit umgekehrten Vorzeichen.
Im Beispiel wurde die Fehlweisung von +3° in –3° umgewandelt, bzw. die Vorzeichen im blauen Kasten (rechts) umgekehrt.

Eine Yacht steuert einen Kompasskurs (MgK) von 160°. Die Ortsmissweisung (Mw) beträgt +2°. Die Deviation (Abl) aus der Ablenkungstabelle beträgt +1° (S. 120). Wie lautet der rechtsweisende Kurs? Wie groß ist die Fehlweisung?

Deviation (Abl)	= +1°	Kompasskurs (MgK) =	160°
Missweisung (Mw)	= +2°	Fehlweisung =	+ 3°
Fehlweisung	= +3°	rechtsweisender Kurs (rwK) =	163°

MgK	Abl	mwK	MW	rwK
160°	+1°	161°	+2°	163°

Merke:
Vom Falschen zum Richtigen: (Die Vorzeichen bleiben unverändert) mit richtigem Vorzeichen!
Bei einer Peilung geht man gleich vor. Man hat zwei fehlweisende Peilungen (Kompasspeilungen), die in rechtweisende Peilungen umgerechnet werden müssen. Dabei gilt wieder die Regel vom Falschen zum Richtigen, mit richtigen Vorzeichen der Fehlweisung.

Nun sollten Sie auf der Seekarte einige Kursaufgaben durchführen. Aber auch dies gelingt nur, wenn Ihnen hierzu ein Praktiker entsprechende Hilfestellung gibt. Vor allem müssen Sie lernen, wie man mit Winkeldreiecken und Zirkel umgeht. Da dieses Wissen für die Fahrt auf dem Meer gebraucht wird, sollte man sich hier nichts vormachen und 100% sicher sein, wenn man einen Kurs bestimmen muss.

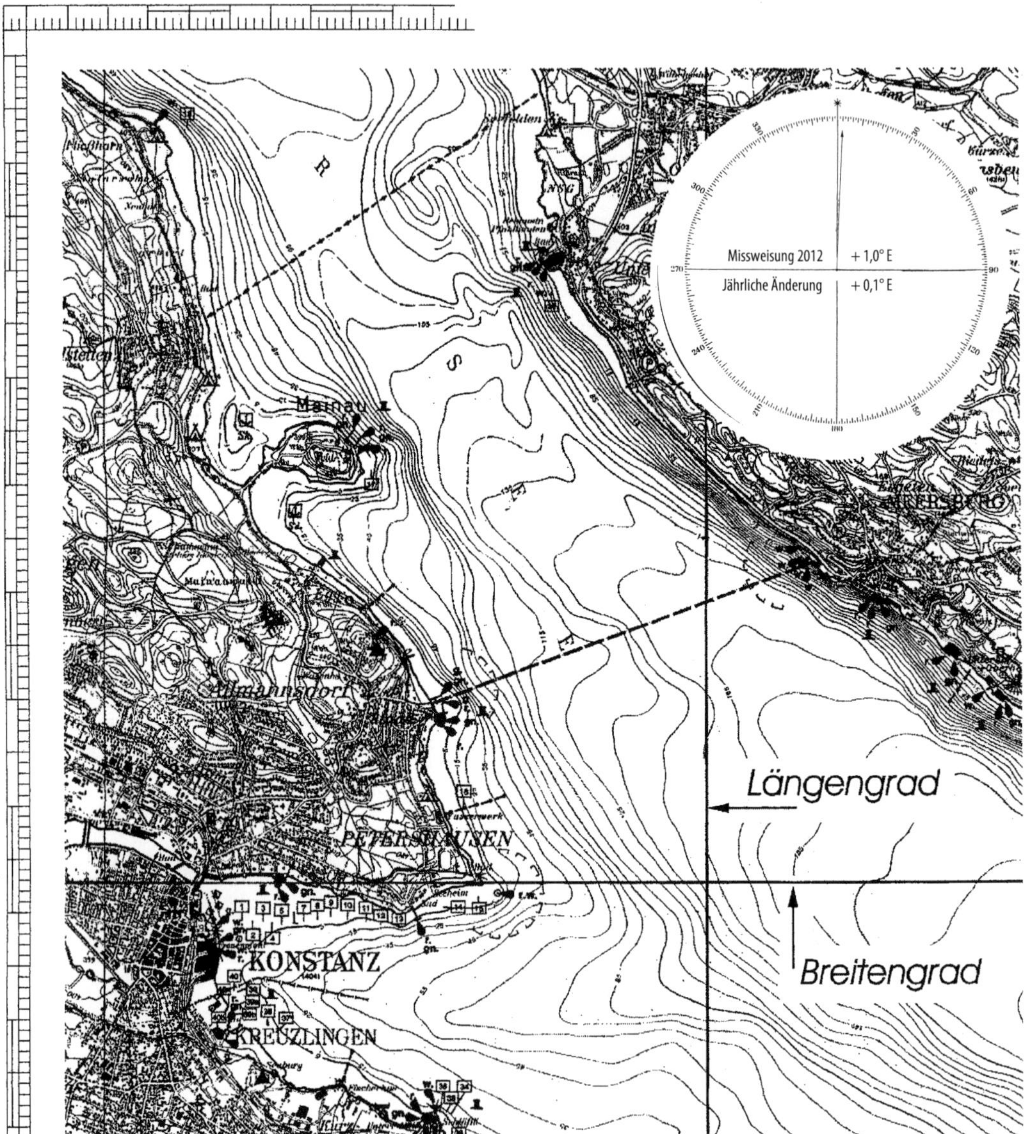

47°40'

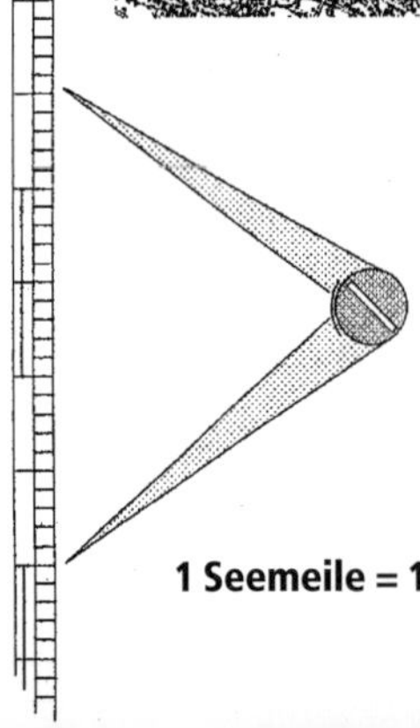

Zirkelabstand = 2,6 Sm

1 Seemeile = 1852 m

Die Ortsmissweisung am Bodensee, also die Abweichung von geographisch Nord zu Kompassnord, beträgt 2006 +1,0° E.
Die jährliche Änderung wird mit + 0,1° E berechnet, so dass z. B. im Jahr 2014 mit einer Ortsmissweisung von + 1,8° E gerechnet werden kann.

Eigene Kursberechnungen

Fragen	Antworten
Wozu dienen am Bodensee Schifffahrtskarten?	☒ zur Bestimmung von Standorten und Kursen
Wieviel Zentimeter auf der Seekarte entsprechen einem Kilometer bei einem Maßstab von 1:50 000?	☒ 2,0 cm
Sie entnehmen aus der Seekarte eine Distanz von 4 cm. Wieviel km entspricht diese Strecke bei einem Maßstab von 1:50 000?	☒ 2 km
Was verstehen Sie unter Navigationsbesteck?	☒ Kursdreieck, Anlegedreieck und Zirkel
Wie lang ist eine Seemeile?	☒ 1.852 m
Wo werden die Distanzen (Wegstrecken) in der Seekarte abgenommen?	☒ seitlich am Kartenrand
Welche Informationen können Sie einer Seekarte entnehmen?	☒ Längen-, Breitengrade, Tiefenangaben, Entfernungen
Welche Art der Navigation wird in der Regel am Bodensee angewandt?	☒ terrestrische Navigation
Welche Hilfsmittel sind für die Navigation am Bodensee erforderlich?	☒ Kompass, Seekarte, Stoppuhr, Steuertafel, Logbuch, Handpeilkompass
Nennen Sie die am Bodensee gebräuchlichste Kompassart.	☒ Magnetkompass
In wieviel Grade wird eine Kompassrose unterteilt?	☒ 360 Grad
Welche Richtung zeigt die Nadel eines Magnet kompasses an?	☒ magnetisch Nord
Wodurch wird die Magnetkompassnadel abgelenkt?	☒ Schiffsmagnetismus und Erdmagnetismus
Bei welcher Gradzahl liegt Westen?	☒ 270 Grad
Bei welcher Gradzahl liegt Osten?	☒ 90 Grad
Bei welcher Gradzahl liegt Norden?	☒ 0 Grad / 360 Grad
Bei welcher Gradzahl liegt Süden?	☒ 180 Grad
Nennen Sie die gebräuchlichste Standort-bestimmung!	☒ Kreuzpeilung
Welche Peilpunkte verwenden Sie bei Ihrer Peilung?	☒ Objekte die auch in die Karte eingetragen sind
Was verstehen Sie unter Ortsmissweisung (Deklination)?	☒ Abweichung der Kompassnadel von geographisch Nord durch den Erdmagnetismus am jeweiligen Ort

Fragen	Antworten
Was verstehen Sie unter Ablenkung?	☒ Ablenkung der Kompassnadel durch Schiffsmagnetismus
Was ist eine Deviationstabelle?	☒ tabellarische Auflistung der Ablenkung der Kompassnadel von der Nordrichtung durch Einfluss des Schiffsmagnetismus von 10 zu 10 Grad

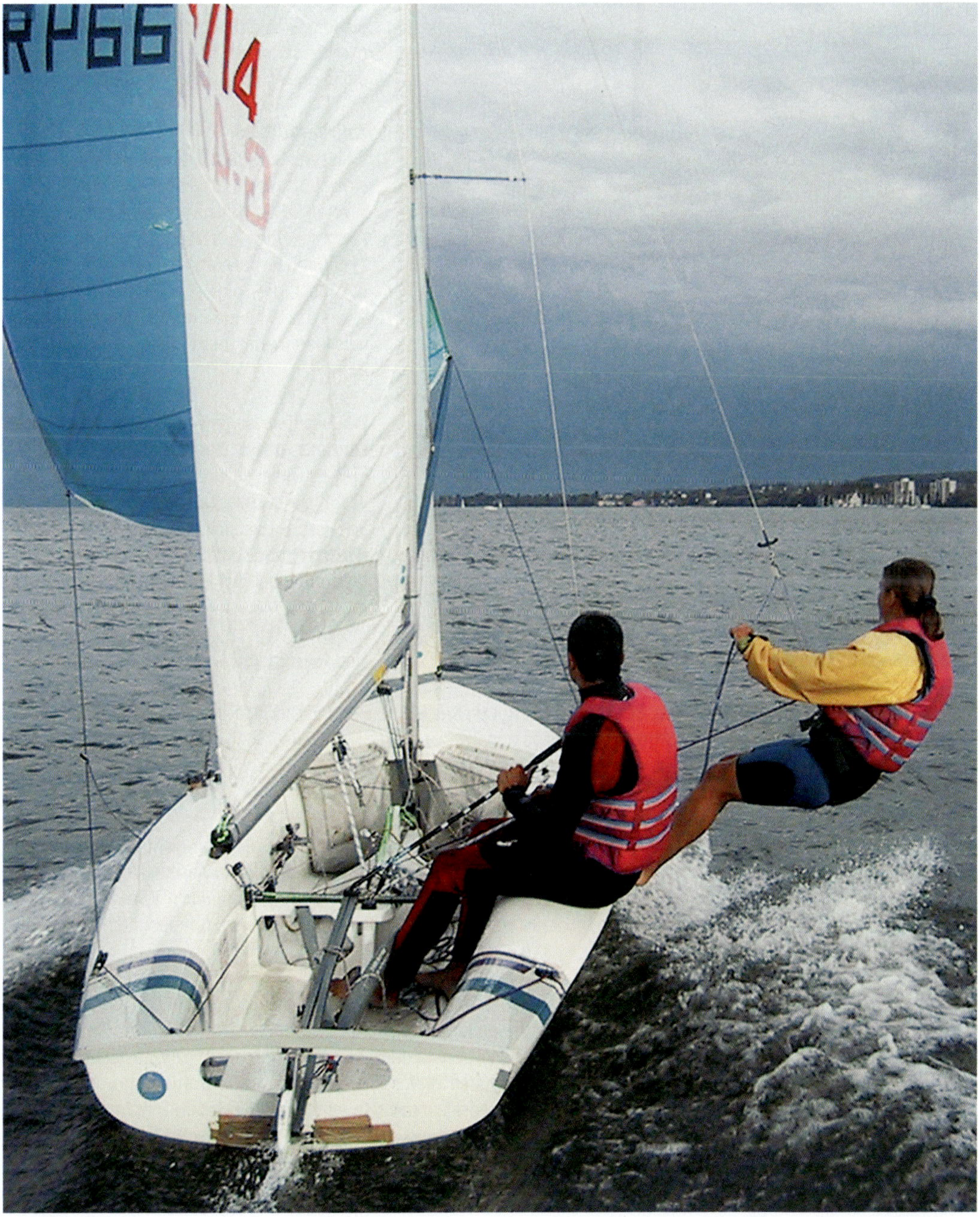

Segeln, Allgemeines, Begriffe

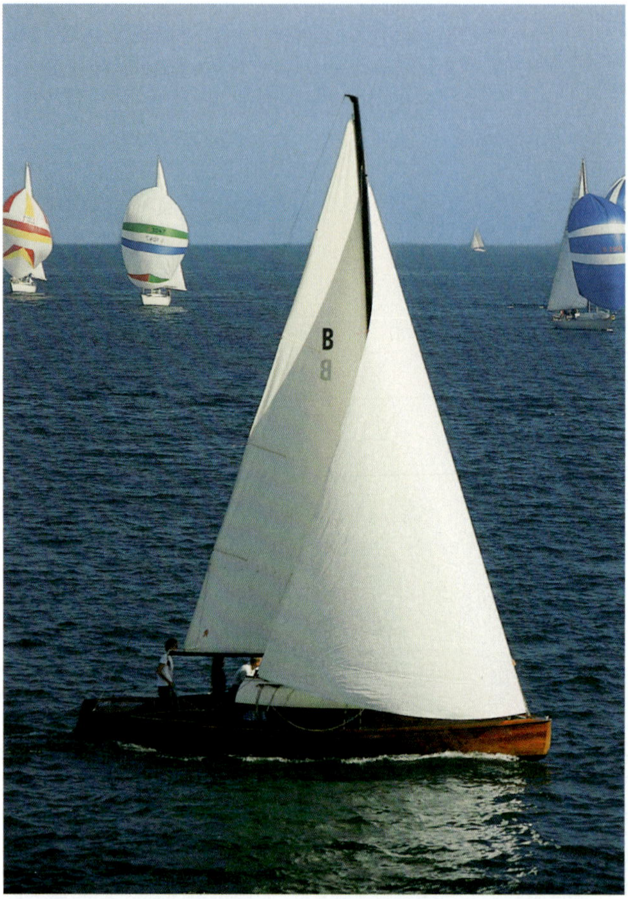

Segeln ist nicht auf die schnelle Art zu erlernen. In jeder Segelschule lernt man die Grundbegriffe sowie die einzelnen Manöver. Es ist unmöglich, dass eine praktische Ausbildung alles mitteilen kann, was einen erfahrenen Segler ausmacht. Segeln kann man nicht theoretisch lernen. Es ist unbedingt notwendig, sich die Begriffe und Manöver praktisch zu verinnerlichen. Im Folgenden werden die Begriffe und Manöver aufgeführt.

Takelage/Rigg

Alles, was ein Boot braucht, um durch Segel einen Vortrieb zu erzielen, bezeichnet man als Takelage. Hier wird auch gern der englische Ausdruck Rigg verwendet, der das gleiche bedeutet. Zur Takelage gehören insbesondere der Mast, die Spieren und das stehende Gut sowie das laufende Gut. Ein Boot mit Takelage versehen nennt man daher auftakeln oder aufriggen.

Bei Segelbooten unterscheidet man in **Yachten** und **Jollen.** Yachten haben einen festen Kiel als Ballast. Durch diesen Ballast ist eine Yacht **gewichtsstabil.** Eine Jolle hat ein Schwert. Dieses Schwert verhindert zwar die **Abdrift** (das seitliche Abtreiben eines Bootes), um aber bei Wind nicht zu **kentern,** muss das Mannschaftsgewicht so weit wie möglich nach Luv gebracht werden. Jollen sind **formstabil.**

Man unterscheidet bei den Rumpfformen, Bootsformen in Rund-, Knick- und S-Spant. Die Segelprüfung enthält auch Fragen nach den Bug- bzw. Heckformen. Dieses Thema ist aber so unwichtig, dass die hier (Seite 134 ff) abgedruckten Fragen völlig ausreichen, um sich auf die Patentprüfung vorzubereiten.

Erzeugung von Vortrieb

Beim praktischen Segeln kommt es zunächst darauf an, dass wir uns darüber klar sind, dass man nicht direkt gegen den Wind segeln kann. Die Segel müssen, um Vortrieb zu erzeugen, eine Schrägstellung zum Wind besitzen, so dass sich ein Profil ergibt, welches die Umsetzung der Strömungsenergie in eine am Segel wirkende Kraft ermöglicht. Wie weit, man sagt, wie hoch man am Wind segeln kann, hängt also nicht nur vom Boot, sondern vielmehr von der Formgebung der Segel und deren richtiger Einstellung ab.

Man kann, bei richtiger Segeleinstellung, davon ausgehen, dass bei einem Windeinfallswinkel von 45 Grad immer noch ein guter Vortrieb zu erzielen ist, so dass ein Anfänger sich diesen Einfallswinkel in etwa merken sollte. Fährt man höher am Wind, so muss man damit rechnen, dass die Strömung am Segel abreißt und viel Fahrt verlorengeht bzw. das Boot ganz zum Stehen kommt. Da das Ruderblatt, um wirksam werden zu können, aber immer eine Mindestanströmungsgeschwindigkeit haben muss, wird unser Boot manövrierunfähig. Oberster Grundsatz muss also sein: »Immer Fahrt im Schiff.«

Fällt der Wind von der falschen Seite ein, so sagen wir, das Segel steht back, im Gegensatz zu einem Segel, welches zu lose gegen den Wind gestellt ist und flattert, was wir Killen nennen.

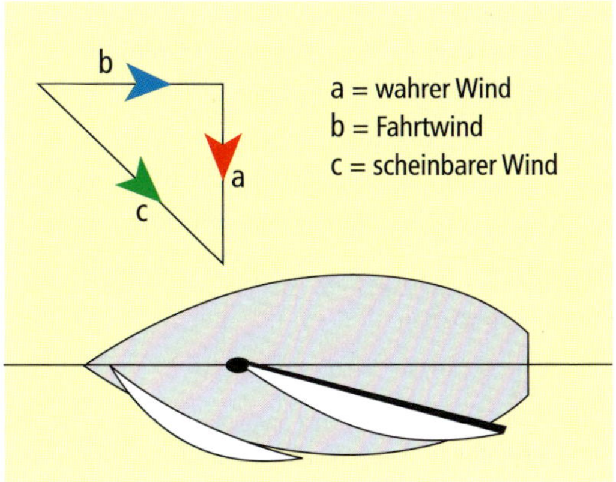

Wahrer und scheinbarer Wind

Wesentlich ist auch zu wissen, dass der Wind, der das Segel eines in Fahrt befindlichen Schiffes trifft, der sogenannte scheinbare Wind ist, der sich aus wahrem Wind und Fahrtwind zusammensetzt, wobei wir als wahren Wind den Wind verstehen, den wir bei ruhendem Boot wahrnehmen, während der scheinbare Wind die Resultierende aus wahrem Wind und Fahrtwind darstellt.

Luv und Lee

Für das Wegerecht der Segelboote untereinander ist zunächst maßgebend, von welcher Seite der Wind auf das Segel trifft. Wir bezeichnen die dem Wind zugekehrte Seite als Luv, die dem Wind abgekehrte Seite als Lee. Bei einem segelnden Boot befinden sich die Segel also immer auf der Lee-Seite.
Ein Segel, welches gegen den Wind steht, steht back. Es erzeugt dann negativen Vorschub, also eine Bremsung oder Rückwärtsfahrt, was bei schwierigen Manövern ausgenutzt werden kann, wenn man z. B. bei einer missratenen Wende im Wind stehen bleibt oder rückwärts vom Steg ablegen muss.

Anluven und Abfallen

Wollen wir das Boot höher an den Wind bringen, so sprechen wir von »anluven«.
Wollen wir mit dem Bug weg vom Wind, so nennt man das »abfallen«.

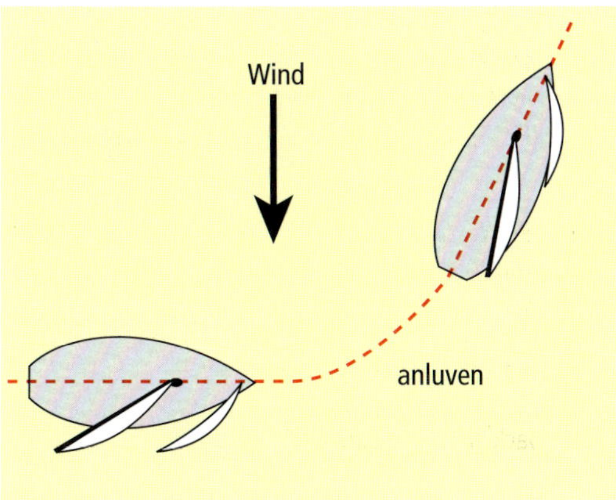

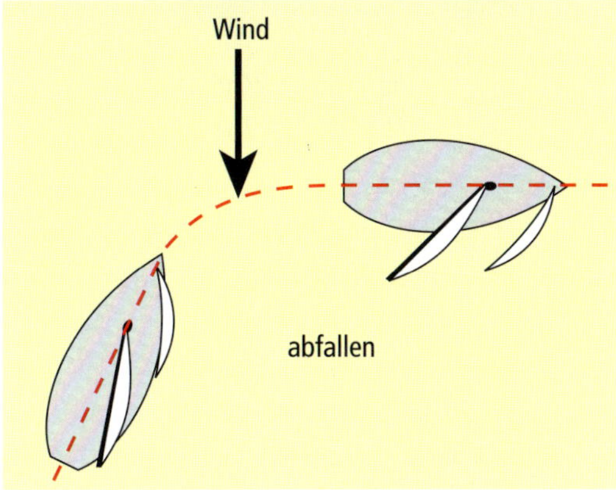

Will ein Boot (von alleine) immer mit dem Bug zum Wind, so ist es luvgierig, will es dagegen immer abfallen, so nennen wir es leegierig.

Wende

Liegt ein Ziel, das wir erreichen wollen, soweit luvwärts, dass wir es auf geradem Kurs nicht erreichen können, wir sagen, wir können den Kurs nicht mehr anlegen, so müssen wir uns durch Kreuzen an das Ziel heranarbeiten. Die Manöver, die wir dazu ausführen müssen, nennt man Wenden. Eine Wende ist ein Manöver mit dem Bug durch den Wind.

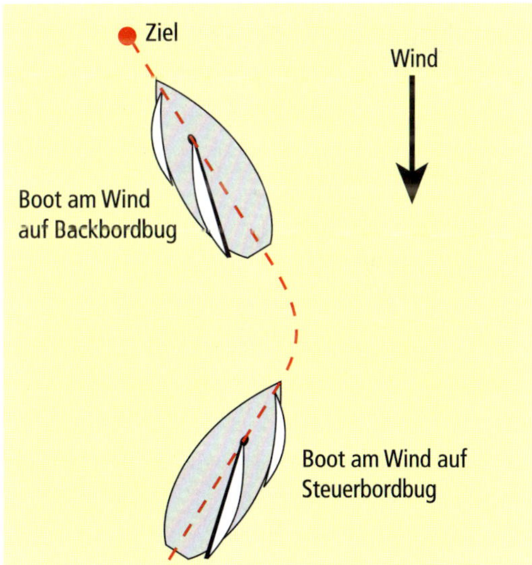

Halse

Halsen ist der Wechsel (Kursänderung) der Windseite vor dem Wind, d. h. mit dem Heck durch den Wind drehen.
Bei der Halse wechseln wir den Bug zunächst aus raumem Wind in einen Vorwindkurs. Die Halse muss in den einzelnen Phasen bei viel Wind sehr sorgfältig gefahren werden. Vor dem Wind ist zunächst die Großschot ganz dichtzunehmen, damit das Großsegel nicht schlagartig die Seite wechselt.

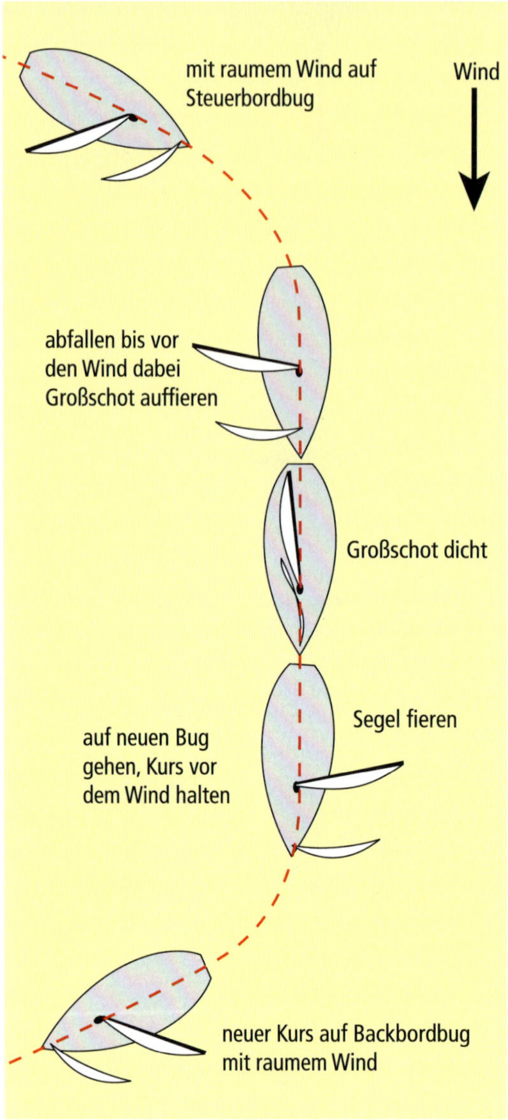

Der Rudergänger macht dann einen kleinen Ausschlag mit dem Ruder, so dass der Wind von der neuen Seite einfällt. Die Großschot wird dann sofort ganz aufgefiert. Hierbei wird erneut Kurs vor dem Wind genommen, d. h. Stützruder gelegt. Erst wenn alles klar ist, wieder anluven.

Eine Halse ist also ein Manöver mit dem Heck durch den Wind. Wird eine Halse auf Kurs vor dem Wind ausgeführt und bleibt der neue Kurs auch vor dem Wind, so nennt man das Manöver schiften.

Q-Wende

Bei der Q-Wende wird zunächst angeluvt auf Kurs am Wind, dann eine normale Wende gefahren und wieder auf raumen Kurs abgefallen.

Eine Q-Wende ist eine Wende, bei welcher der alte Kurs gekreuzt wird.

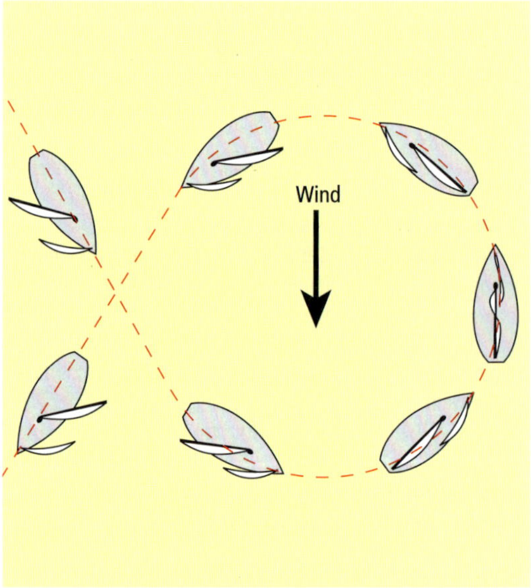

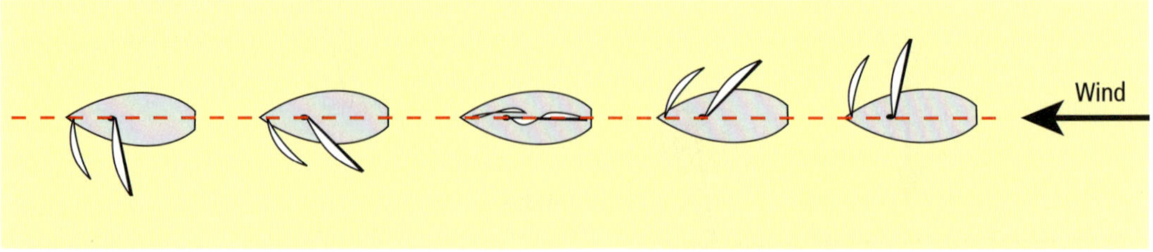

Schiften

Bringt man das Großsegel beim Vorwindkurs auf die andere Seite und hält den Kurs bei, nennt man das Schiften.

Segelyacht hoch am Wind
Hochtakelung auch Slup genannt

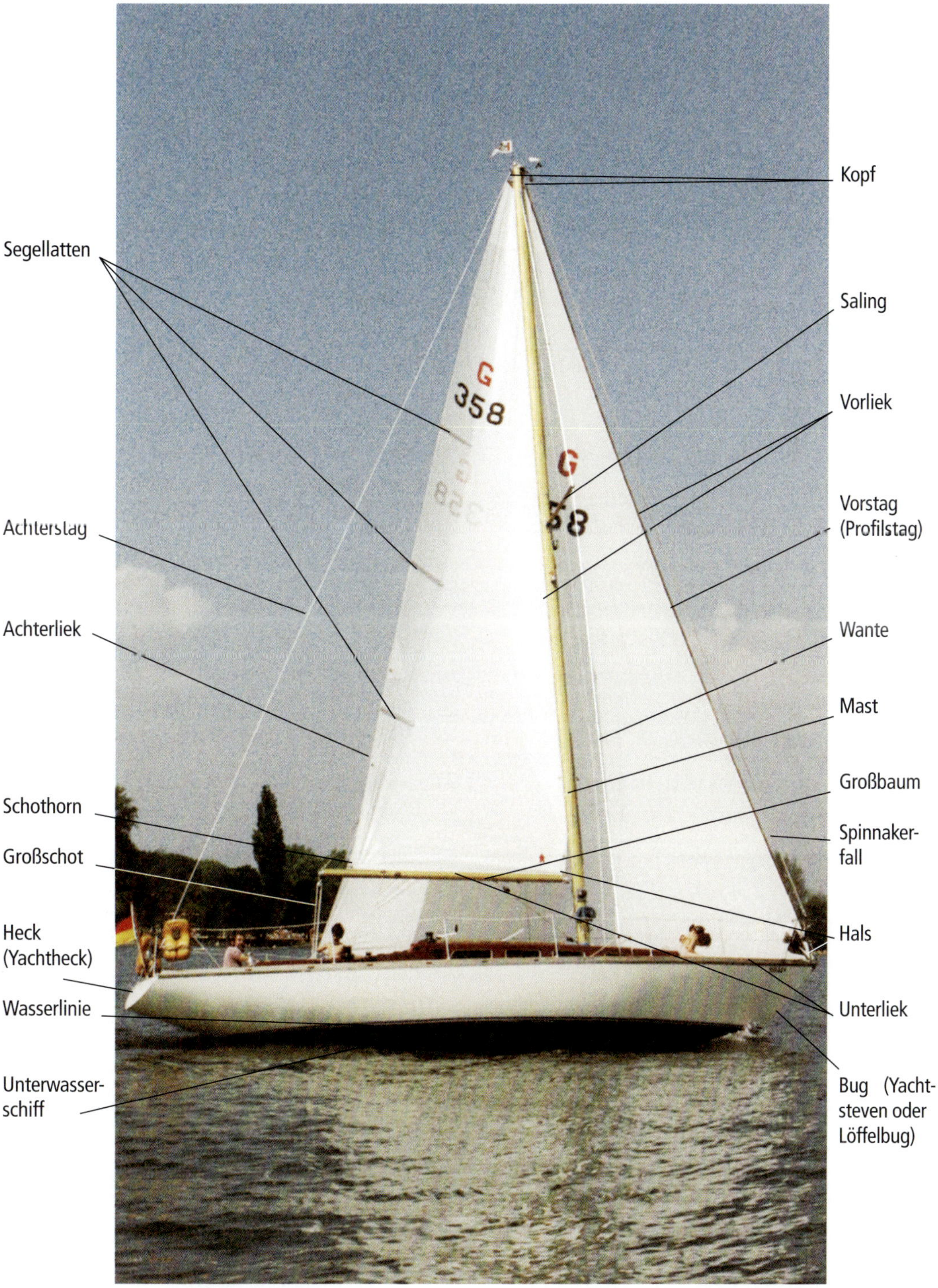

Fragen	Antworten
Erklären Sie die wesentlichen Merkmale (hinsichtlich Bauart) der Kielyachten!	☒ Segelfahrzeuge mit Ballastkiel (gewichtsstabil)
Erklären Sie die wesentlichen Merkmale (hinsichtlich Bauart) der Jollen!	☒ kleinere offene Segelboote mit Schwert (formstabil)
Nennen Sie die Arten der Stabilität bei Jollen!	☒ formstabil
Nennen Sie die Arten der Stabilität bei Kielbooten	☒ gewichtsstabil
Was verstehen Sie unter dem »Rigg«?	☒ die gesamte Takelage eines Schiffes
Was ist der Unterschied zwischen Slup- und Cattakelung?	☒ Slup = ein Mast mit Groß- und Vorsegel Cat = nur ein Segel
Was verstehen Sie unter »Backstagen« oder »Preventer«?	☒ lösbare seitliche Abstützung des Mastes nach achtern
Welche Funktion hat die Saling?	☒ Versteifung des Mastes durch Abspreizen der Wanten
Welche Teile eines Segelbootes gehören zur Takelage?	☒ Mast, feste und bewegliche Spieren, stehendes und laufendes Gut
Was verstehen Sie unter »festen Spieren«?	☒ z. B. Saling und Klüverbaum
Was verstehen Sie unter »beweglichen Spieren«?	☒ z. B. Großbaum, Fockbaum, Gaffel, Spinnakerbaum
Was zählt zum stehenden Gut?	☒ Wanten, Stagen
Was zählt zum laufenden Gut?	☒ alles Tauwerk, das durch Rollen, Ösen oder Blöcke läuft
Womit wird der Mast nach vorn und achtern abgestützt?	☒ Vorstag, Achterstag, Backstagen
Wozu dient das laufende Gut?	☒ zum Bedienen und Führen der Segel, des Ruders und des Schwerts
Wie erfolgt die seitliche Verstagung des Mastes?	☒ durch Wanten wie Oberwant, Unterwant

Fragen	Antworten
Wie heißen die drei Ecken eines Segels?	☒ Schothorn, Kopf, Hals
Wo befinden sich die drei Ecken eines Segels?	☒ Kopf oben, Hals vorne unten, Schothorn hinten
Wie heißen die drei Kanten eines Segels?	☒ Vorliek, Unterliek, Achterliek
Wo befinden sich die drei Kanten des Segels?	☒ Vorliek = vorne, Achterliek = hinten, Unterliek = unten
Wo befindet sich das Schothorn am Vorsegel?	☒ achtern, zwischen Achterliek und Unterliek
Wo befindet sich der Hals am Großsegel?	☒ zwischen Vorliek und Unterliek
Welche Vorsegel finden auf Segelbooten Verwendung?	☒ Normalfock, Genua, Sturmfock, Spinnaker, Gennacker
Wozu dienen Spreizlatten?	☒ zur Versteifung der Segel
Wie nennt man das Verkleinern der Segelfläche?	☒ Reffen
Was verstehen Sie unter abtakeln?	☒ stehendes und laufendes Gut sowie Mast abbauen
Wie heißen die Sturmsegel?	☒ Sturmfock, Trysegel
Mit welchem Wind segelt ein Boot?	☒ mit dem scheinbaren Wind
Was bedeutet der Begriff »Killen«?	☒ Flattern der Segel
Beschreiben Sie ein Ankermanöver unter Segel in seinem Ablauf?	☒ Fock einholen, Aufschießer fahren, Anker fallen lassen, achteraus treiben lassen bis Anker hält, notfalls Groß backhalten
Welche Fahrzeuge sind gegenüber Segelfahrzeugen ausweichpflichtig?	☒ Vergnügungsfahrzeuge mit Maschinenantrieb, Ruderboote, Segelsurfbretter und Drachensegelbretter
Was ist beim Bruch einer Luvwant zu tun?	☒ sofort auf den anderen Bug gehen, nach Möglichkeit reparieren
Was verstehen Sie unter »Luv«?	☒ dem Wind zugewandte Seite
Was verstehen Sie unter »Lee«?	☒ dem Wind abgewandte Seite
Was verstehen Sie unter »luvgierig«?	☒ Schiff hat das Bestreben, ohne Ruderlage mit dem Bug in den Wind zu drehen
Was verstehen Sie unter »leegierig«?	☒ Schiff hat das Bestreben, ohne Ruderlage mit dem Bug aus dem Wind zu gehen
Woraus ergibt sich der »scheinbare Wind«?	☒ Resultierende aus Fahrtwind und wahrem Wind
Wozu dienen die Schoten?	☒ zum Führen und Bedienen der Segel

Fragen	Antworten
Was sind Lieken?	☒ Kanten der Segel
Wann wird in der Regel gerefft?	☒ bei Sturmanzeichen, Gewitter oder Sturmwarnung
Nennen Sie verschiedene Spantenformen!	☒ Rundspant, Knickspant, S-Spant
Was verstehen Sie unter dem Begriff »Trysegel«?	☒ Sturmgroßsegel
Was verstehen Sie unter »anluven«?	☒ Bug zum Wind drehen
Was verstehen Sie unter »abfallen«?	☒ Bug vom Wind wegdrehen
Was verstehen Sie unter »schiften«?	☒ unter Beibehaltung des Vorwindkurses Segel auf die andere Seite nehmen
Was verstehen Sie unter einer »Wende«?	☒ Kursänderung mit dem Bug durch den Wind
Was verstehen Sie unter einer »Halse«?	☒ Kursänderung mit dem Heck durch den Wind
Erklären Sie einen »Aufschießer«!	☒ Boot in den Wind stellen, Schoten los
Was ist ein Spinnaker, wo wird er verwendet?	☒ großes Vorsegel auf Raum- und Vorwindkursen
Welchen Windkurs müssen Sie segeln, um »schiften« zu können?	☒ vor dem Wind
Wer muss ausweichen (schwarz oder weiß) und wie lautet die Begründung?	☒ schwarz, weil Lee vor Luv

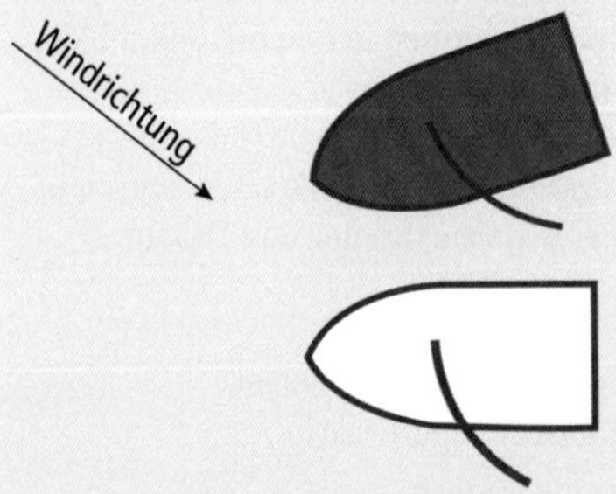

Fragen	Antworten
Wer muss ausweichen (schwarz oder weiß) und wie lautet die Begründung?	☒ weiß, weil Wind von Backbord

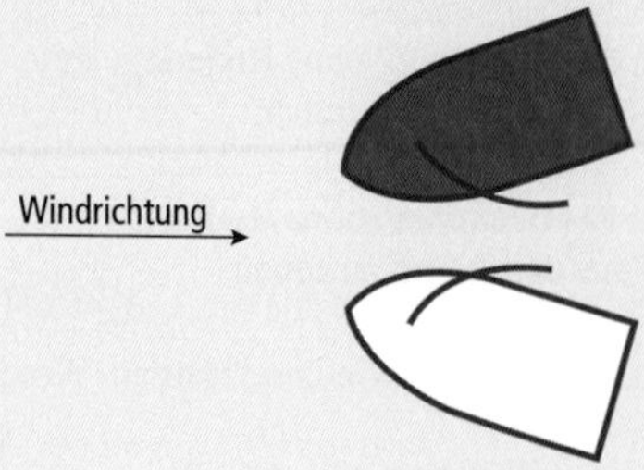

Fragen	Antworten
Wer muss ausweichen (schwarz oder weiß) und wie lautet die Begründung?	☒ weiß, weil Wind von Backbord

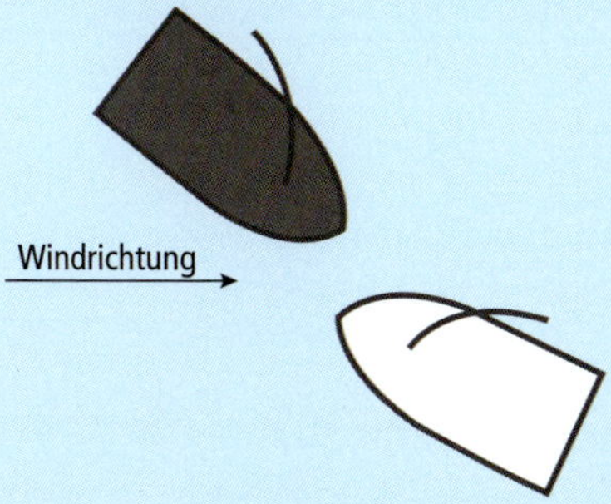

Fragen	Antworten
Wer muss ausweichen (schwarz oder weiß) und wie lautet die Begründung?	☒ weiß, weil Wind von Backbord

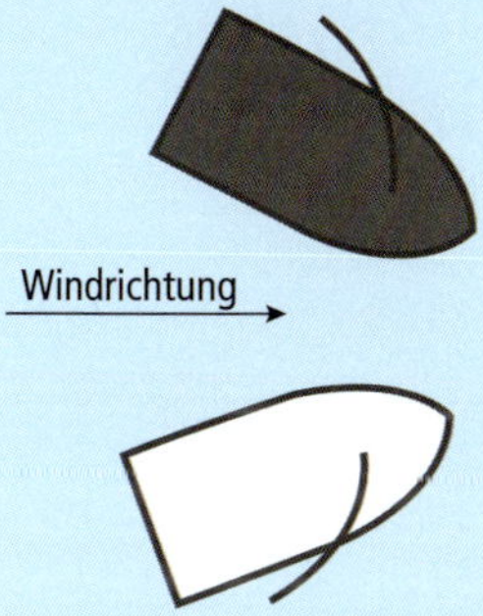

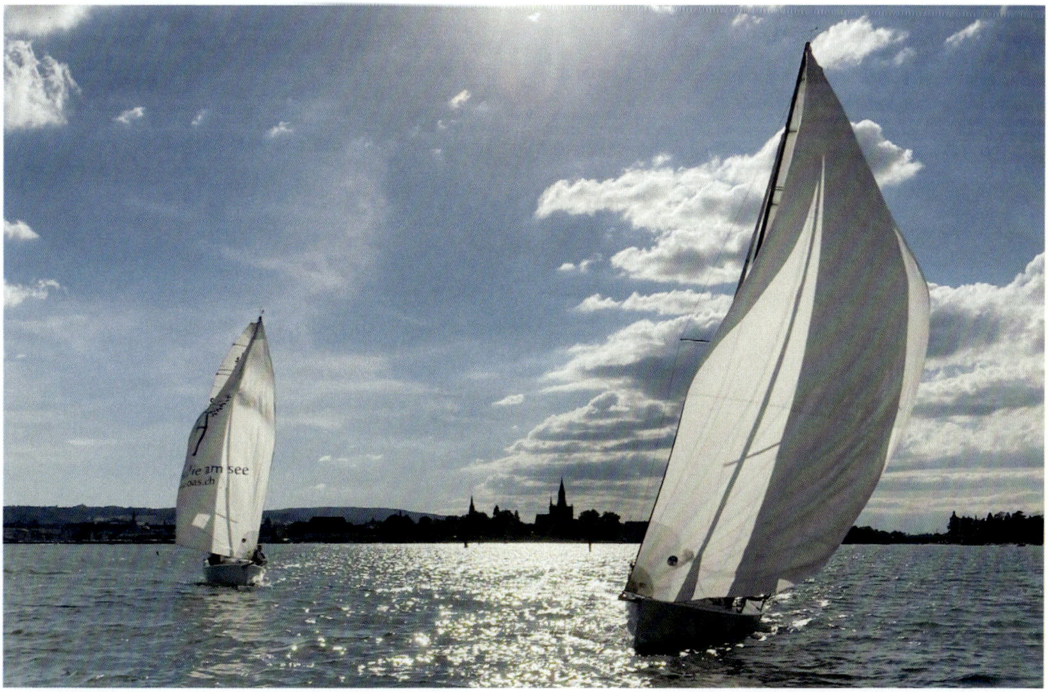

Fragen	Antworten
In welcher Reihenfolge darf gefahren werden?	☒ 1, 2, 3

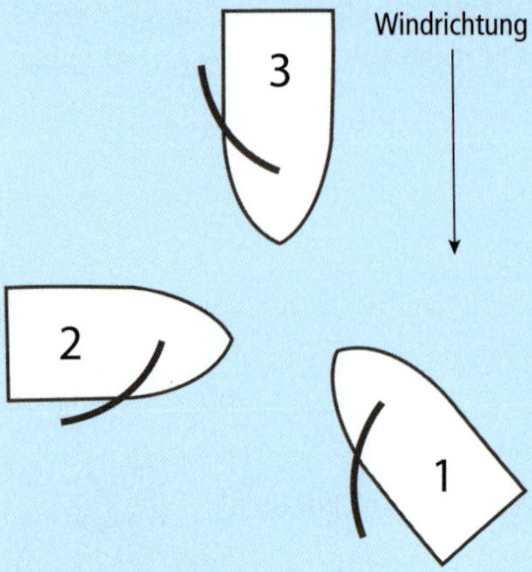

Fragen	Antworten
Wer muss ausweichen?	☒ Segelboot, da anderes Fahrzeug ein Vorrangschiff bei Nacht ist

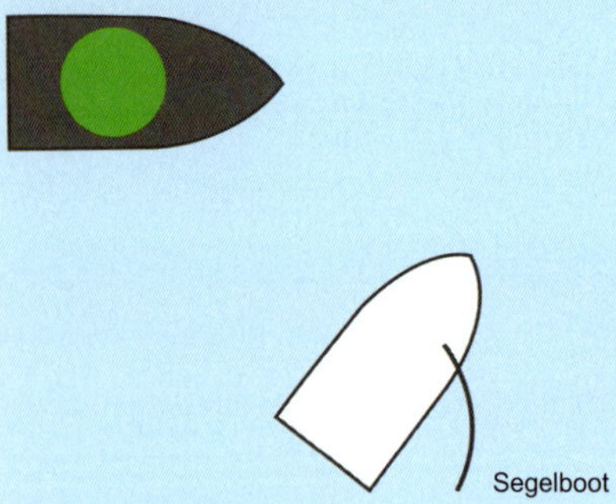

Fragen	Antworten
Wer muss ausweichen?	☒ Segelboot, da anderes Fahrzeug ein Vorrangfahrzeug bei Tag ist

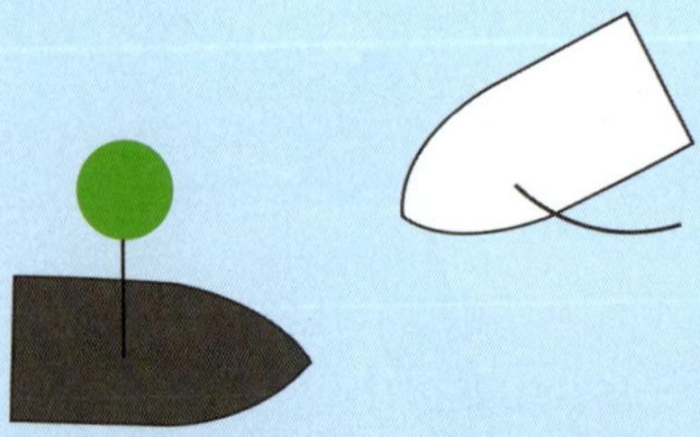

Fragen	Antworten
Welche Fahrzeuge sind gegenüber Segelfahrzeugen ausweichpflichtig?	☒ Vergnügungsfahrzeuge mit Maschinenantrieb, Ruderboote, Segelsurfbretter und Drachensegelbretter
Wie hat sich das Segelboot gegenüber dem Polizeiboot, das das blaue Blinklicht zeigt, zu verhalten?	☒ Segelboot muss Vorrecht gewähren, notfalls anhalten

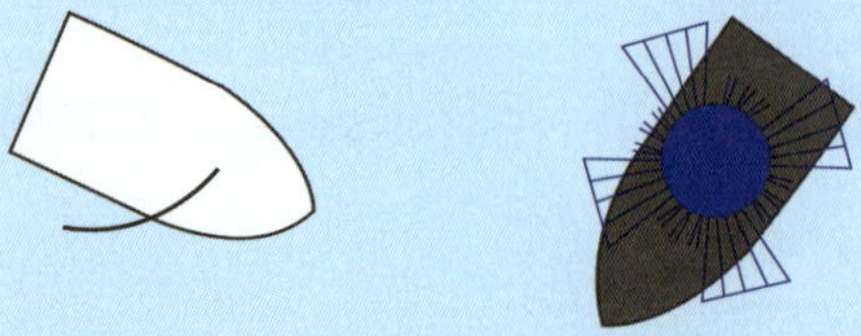

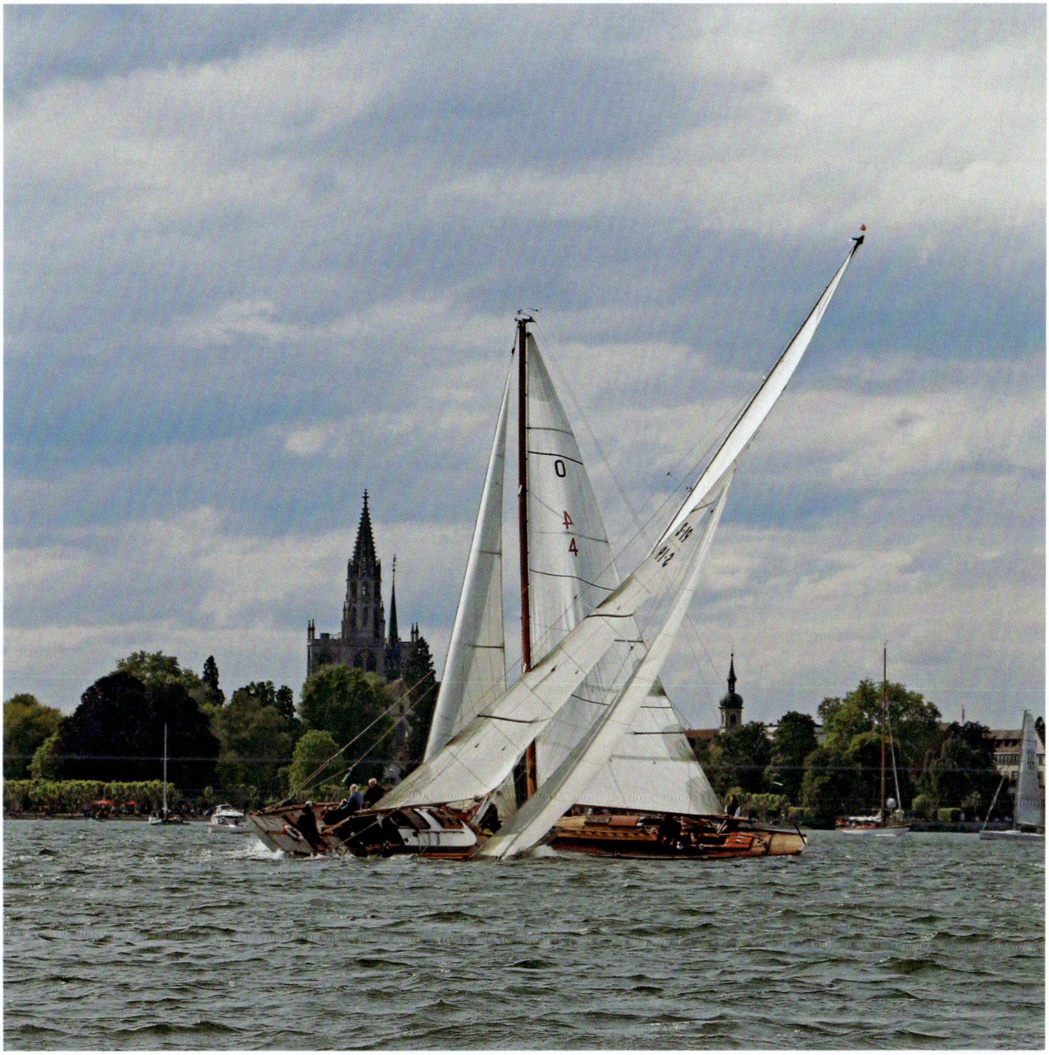

Fragen	Antworten
Wie hat sich ein Segelboot gegenüber dem Fischerboot, das einen weißen Ball gesetzt hat, zu verhalten und was ist zu beachten?	☒ Segelboot muss ausweichen. Mindestabstand 50 m, achtern 200 m

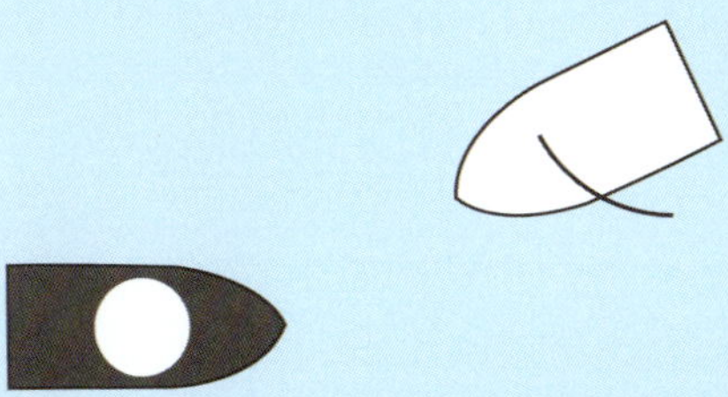

Fragen	Antworten
Wie hat sich ein Segelboot gegenüber einem Fischerboot, das eine weiße Flagge gesetzt hat, zu verhalten? 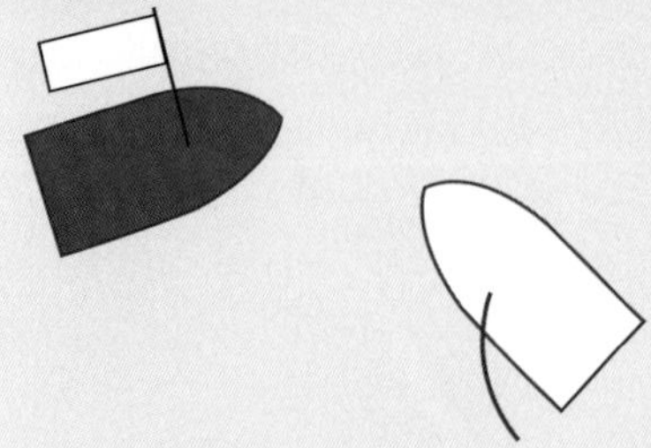	☒ Segelboot muss nicht ausweichen, sollte aber die Schleppangel beachten
Wie hat sich ein Segelboot gegenüber einem Ruderboot zu verhalten? 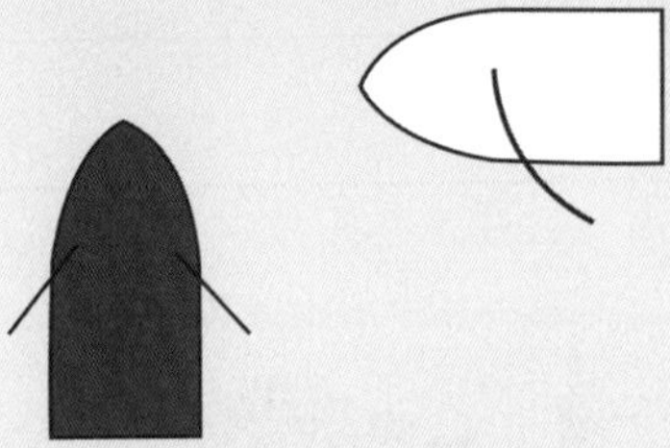	☒ Segelboot hat Wegerecht
Wer hat Wegerecht? 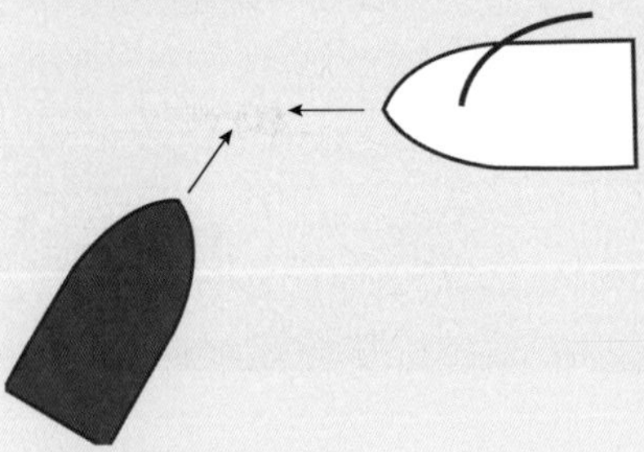	☒ Segelboot
Wer hat Wegerecht? 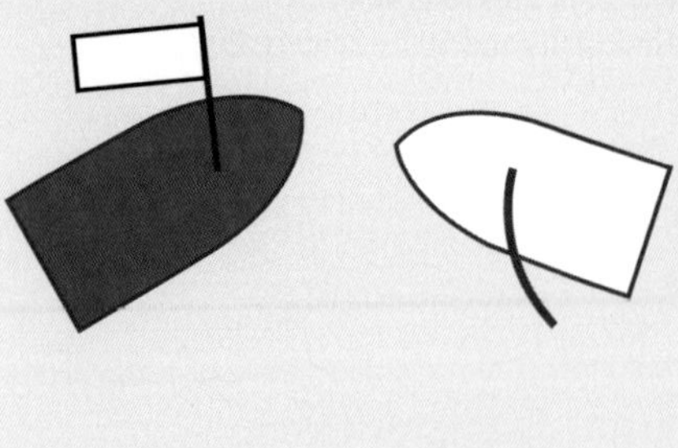	☒ Segelboot

Fragen	Antworten

Wer hat Wegerecht?

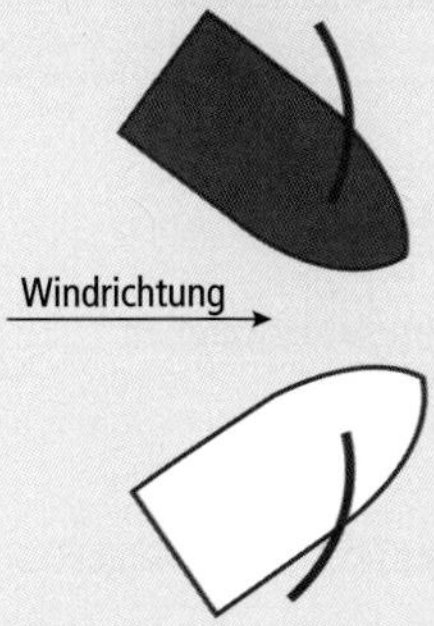

☒ schwarzes Segelboot, weil es den Wind von Steuerbord hat

Wie ist die Folge des Wegerechts?

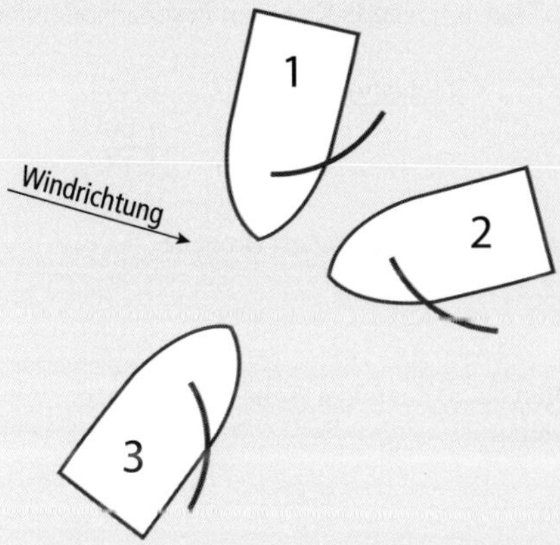

☒ 2, 1, 3

Wer hat Wegerecht und wie lautet die Begründung?

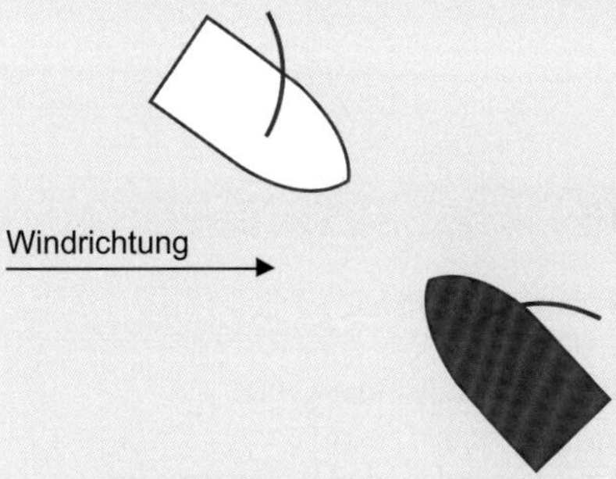

☒ das weiße Segelboot, weil es den Wind von Steuerbord hat

Allgemein Fragen

Fragen	Antworten
Wie verläuft die Nummerierung der Seezeichen in den Uferbereichen von Österreich?	☒ 66a bis 99 – Leiblach bis Alter Rhein
Wie lange dürfen Sie die Zulassungsurkunde eines Bootes überziehen?	☒ gar nicht
Wie haben sich Vergnügungsfahrzeuge gegenüber Fahrgastschiffen mit grünem Ball auf den Rheinstrecken zu verhalten?	☒ Vergnügungsfahrzeug muss ausweichen
Was ist unseemännisches Verhalten?	☒ wenn Leinen und Fender über Bord hängen
Was ist ein Fender?	☒ Polster oder Plastikkörper zum Schutz des Bootes
Was ist eine Muring?	☒ am Boden liegende Kette mit Festmacherleinen
Wie viel lichte Durchfahrtshöhe haben Sie bei der mittleren Brückendurchfahrtin Konstanz bei einem Pegel von 3,50 m ?	☒ 5,15 Rechenweg: 3,50 − 2,50 = 1,00; 6,15 − 1,00 = 5,15
Welche Behörde ist am österreichischen Ufer für die Erteilung von Schifferpatenten und für die Zulassung von Wasserfahrzeugen zuständig?	☒ Bezirkshauptmannschaft Bregenz
Welche Naturschutzgebiete liegen am Bodensee?	☒ Rheindelta, Seefelder Ache, Mehrerauer Seeufer
Wie viel Zentimeter auf der Seekarte entsprechen einem Kilometer in der Natur bei einem Maßstab von 1:25 000?	☒ 4cm
Wie viel Leine stecken Sie beim Ankern?	☒ 5-bis 6-mal die Wassertiefe
Zwischen welchen Seezeichen erfolgt die Hafeneinfahrt in den Fußacher Hafen?	☒ 89 bis 93

Segelfragen

Fragen	Antworten
Warum soll ein Segelboot leicht luvgierig sein?	☒ aus Sicherheitsgründen
Was verstehen Sie unter „fieren“?	☒ Schoten oder Enden lose geben
Was verstehen Sie unter „auftakeln“?	☒ Mast mit stehendem und laufendem Gut anbringen
Was bedeutet Segeln auf Backbordbug?	☒ Wind kommt von Steuerbord, Segel stehen auf Backbord
Was bedeutet Segeln auf Steuerbordbug?	☒ Wind kommt von Backbord, Segel stehen auf Steuerbord

Fragen	Antworten
Welche Maßnahmen treffen Sie bei Sturmgefahr auf Ihrem Segelboot?	☒ Rettungswesten anlegen und Boot sturmklar machen
Wie sollten Sie sich nach einer Kenterung verhalten?	☒ nach Möglichkeit beim Boot bleiben
Wer hat Vorrang (schwarz oder weiß) und wie lautet die Begründung?	☒ weißes Segelboot, weil es auf Backbordbug segelt

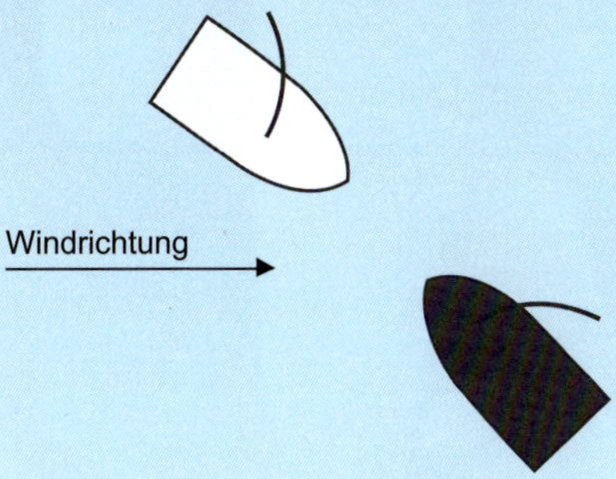

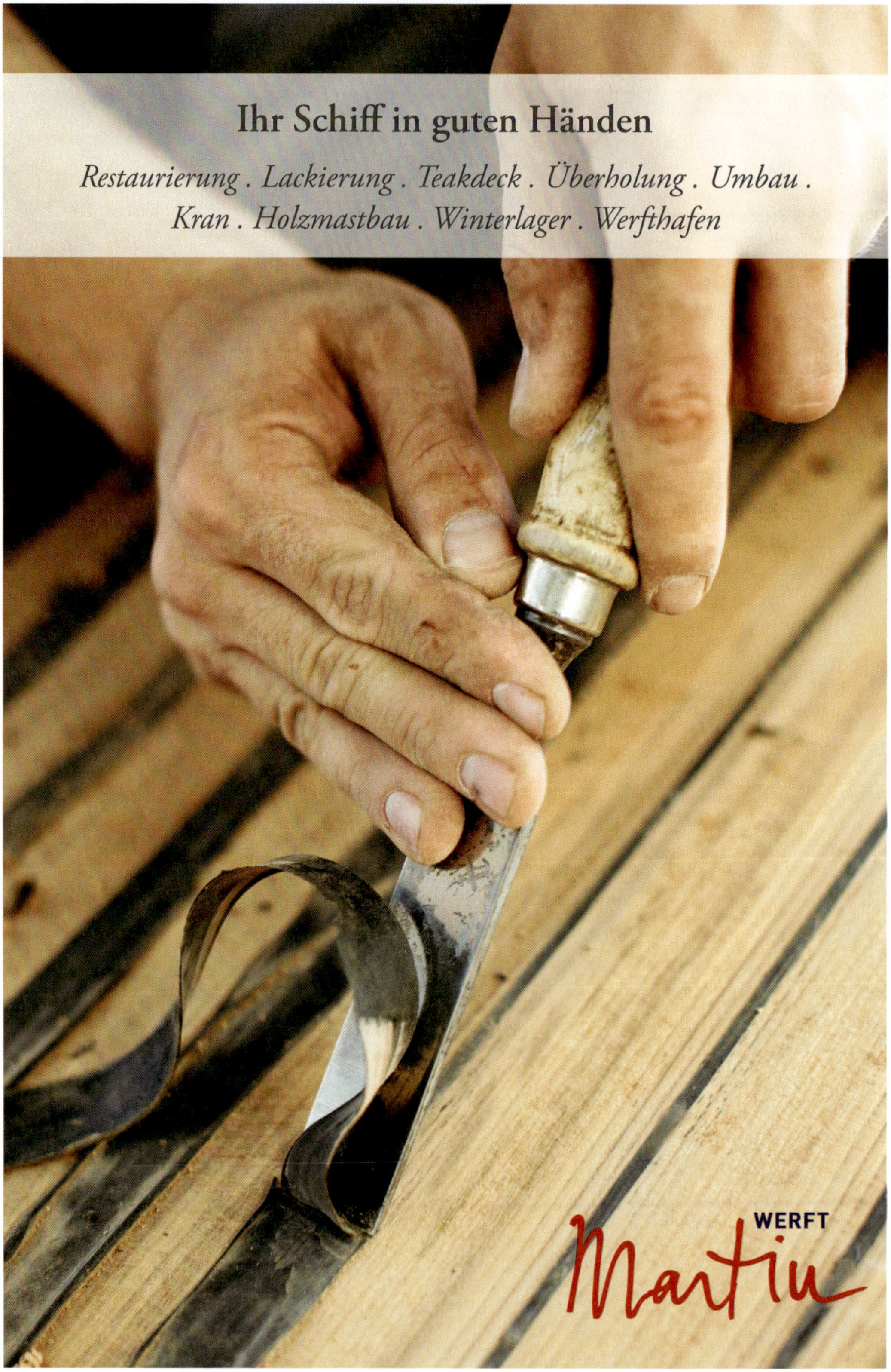

Ihr Schiff in guten Händen
Restaurierung . Lackierung . Teakdeck . Überholung . Umbau .
Kran . Holzmastbau . Winterlager . Werfthafen
WERFT
Martin

Firmenverzeichnis

Deutschland

Konstanz

Andreas Ellegast, Sachverständiger
Mainaustraße 199
78464 Konstanz
Siehe auch Anzeige Seite 4

Bodenseenautic Busse GmbH
Hegnerstr. 10
78465 Konstanz-Dettingen
Siehe auch Anzeige Innenklappe Umschlag Rückseite

Radolfzell

Yacht- und Bootsweft Josef Martin
GmbH & Co. KG
Strandbadstraße 25
78315 Radolfzell
Siehe auch Anzeige Seite 148

Graf Hardenberg Bootservice GmbH
Eisenbahnstraße 5
78315 Radolfzell
Siehe auch Anzeige Umschlag Rückseite

Sipplingen

Segelschule Yachtcharter Sipplingen
Seestr. 3
78354 Sipplingen
Siehe auch Anzeige Seite 149

Schweiz

Bottighofen – Ottoberg

ADIWA Nautic GmbH – wassersportschule.ch
Alfred Frei
Schulweg 2
8561 Ottoberg
Siehe auch Anzeige Seite 149

Verlag und Vertrieb:
Stadler Verlagsgesellschaft mbH, Ausgabe 2023
Max-Stromeyer-Straße 172
78467 Konstanz
Tel.: +49 (0)7531 898-0
Fax: +49 (0)7531 898-101
E-Mail: info@verlag-stadler.de
Homepage: www.verlag-stadler.de

Umschlaggestaltung: mediendesign ellegast | Petra Gülzow, Konstanz

ISBN 978-3-7977-0783-3

Bildnachweis
Titelbild: Holger Spiering; Andreas Ellegast Seite 29, 32, 51, 76, 110, 117, 122, 133, 136; Petra Gülzow Seite 3, 13, 14, 19 unten, 24, 35, 49, 55, 63, 65, 66, 72, 74, 75, 80, 86, 101, 111, 112, 113, 118, 119, 127, 141, 143; Hubert Menzel Zeichnungen Seite 90, 92, 94, Bild Seite 90, 94, 96; © Satellite Data ESA Eurimage/CNES Spotimage processed by Dornier Satellitensysteme GmbH Erdbeobachtungs-Datenservice 1996, 88039 Friedrichshafen Seite 2; Marie-Elisabeth Schupp Seite 151 (Abbildung entnommen aus: D. Korp/Segelspaß am Bodensee, erschienen 1995, Verlag Stadler Konstanz); Adelheid Schweizer Seite 19; Schweizerische Schifffahrtsgesellschaft Untersee und Rhein Seite 90; Reinhard Seifer Seite 38; Stadler Bildarchiv, Foto Heinz Finke Seite 15, 18, 70, 128; Stadler Bildarchiv, Foto Susanne Hollaender Seite 11; Paul Strestik Seite 25; Wasserschutzpolizei Baden-Württemberg Seite 38; adobe stock (© natural landscapes) Seite 39.